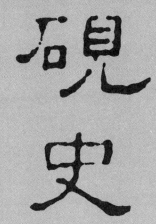

[美] 高彦颐（Dorothy Ko）著

詹镇鹏 译

砚史

清初社会的工匠与士人

The Social Life of Inkstones

Artisans and Scholars in Early Qing China

商务印书馆
The Commercial Press

不合时宜的慢书 *

中文版自序

打从十五年前开始，我便打算写一本书，把性别研究带进当时刚起步的物质文化研究领域中。在构思上一部书，也就是后来以"缠足：'金莲崇拜'盛极而衰的演变"为题的缠足史（英文原著 2005 年出版；中译本 2007 年出版）的时候，便意识到绣花鞋，甚或是缠脚带等织品文物，能和文献对照，互补不足，加强历史研究的深度和维度，更帮助我们接近不识字的小人物们的日常生活、身体感觉。虽然对文物学是外行，但我还是有些心动。中、西的汉学界，一直秉承"重道轻器"的传统，以文献史料为证史的凭据和立论的基础。用系统的理论和方法研究物质文化的，主要是考古学、人类学和鉴赏学界。把这些方法和议题带进历史研究，是一个不小的难题，更遑论添加性别视角了。

北京大学邓小南先生多年前偶尔说的一句话，成了我治学的目标："不重复别人，也不重复自己。"要不重复自己，唯一的方法是重新当学生。于是我大胆地走回教室，旁听考古学、艺术史和鉴赏方法等课程，同时积极在历史档案中找研究对象。唐宋墓出土的陶瓷粉盒和化妆品、清末民初刺绣家沈寿的仿真绣，都曾成为考虑对象，努力试图相知相交，但结果都未能如愿。琢砚家顾二娘，就是在"众里寻她千百度"的迷离境界下，渐渐现身眼前，最后成了我的"真命天子"。研究起步后，碰到的难关很多，包括鉴定顾砚的真伪和如何以图证史。不少论点，说服得了自己却说服不了别人。也许这跟科学客观主义依然主导中国史学界有关。

---

* 本文初稿曾在 CCSA（中国与比较研究学会）主办的豆瓣读书会，以作者回应方式于 2018 年 9 月发表，谨向召集人和三位读通英文原书的书评人陈妍蓉、郭靖雅和侯冬琛致谢。

描述与分析

在 19 世纪的实证主义影响下所发展出来的史学方法，以客观主义为依归。所谓科学客观性（scientific objectivity），可以理解成为一种君临天下、高高在上的俯视姿态。客观的视角，有人称为"全知神的眼睛"（god's seeing eyes）。要锻炼这双神眼，需要摒弃个人的直觉、主观经验和想象，刻意经营"知者"和"被知对象"之间的距离，才能站在更高点看得更远，并且进一步把收在眼底的丛生万象，一一比较、归类、分析。我们在研究院所受的史学训练，说穿了不外就是对这客观距离的培养。支撑我们作为专业学者、史学家的权威性的，正是这不自然、经年累月培养出来的、以神人自居的视点。

科学客观性在 19 世纪作为崭新认知价值的兴起，是和当时日新月异的制图和图像复制技术发展相辅相成的。甚至可以吊诡地说，科学客观性本身，是透过主观的视觉经验和判断，才成为可能的。柏林马普科技史研究所所长罗瑞·达丝顿（Lorraine Daston）就和哈佛大学科学史教授彼得·伽力臣（Peter Galison），合著了一本题为《客观》的书，描述了科学客观主义在欧洲逐渐取代其他视点和认证标准的漫长过程。[1]他们指出，在追求客观的同时，19 世纪的研究者们充分认识到主观认知、观察和判断的重要。

19 世纪出现的科学客观方法，是可贵的，在今天依然值得重视，但它不是唯一的科学方法。如何恰当地引进主观判断去达致更顺应这个时代的客观，是当今科学界悬而未决的问题，值得我们一起探索。我从事明清社会史研究时，一直遇到一个困惑：我们所用的分析范畴，无论是"族群""阶层"或是"性别"，都是现代概念，我们凭什么可以确定，当时人们的认知，是我们今天所想当然的呢？尤其是说到"社会身份"和"等级"，现代社会的认识可能和明清社会有较大的落差。现代科学话语，讲究精准明确。出身进士、曾为康

---

1 Lorraine Daston and Peter Galison, *Objectivity* (New York: Zone Books, 2007).

熙抄御书的林佶，应该毫无疑问被看成是学者，但是如果我们感受到他对维护自己学者或"士"这身份的极度焦虑，便认识到一个人的社会身份，不是单凭主观意愿便能定夺的，还有很多其他因素，例如穿戴打扮、身体感觉、家中有没有田产可供消费、被谁邀请参加文酒会等。在明清社会，一个人的社会身份，是一种摆出来的身段、姿态、视点，是随时会变，而且是需要不断被人认可的。用客观的社会科学词汇，很难准确地传达这不稳定性。

我在写本书时，做了一些不成熟的尝试。我首先认定，清初学者的身段和视点，不只一种，而是千姿百态，匠人、女人，也是如此。假如我们先不预设我们已经了解"文人""工匠"长什么样，从研究开始先不把这些标签套在当事人头上，我们会不会能用较新的视角，去认识清初社会的复杂性和流动性？这是我坚持在书的前数章，不用标签，只用众多的人名去述事的理由。一直写到最后"结语"的时候，才具体引入"学者型工匠"以及"工匠型学者"两个标签，把前述的现象略做解说。我采用寓分析于描述的写作策略，虽然难免议论繁杂，为读者带来困扰，但很庆幸还是达到了目的。

曾在豆瓣为本书作评的侯冬琛问得好："作为学者，在不自觉地被文人知识结构所形塑的同时，应该保有怎样的自觉性和警惕性，而不致流于学者／工匠的二分法逻辑之中？"我想"寓分析于描述"也许是可尝试的策略之一。描述越具体，就越能建构一块自由的空间，让我们行文时游移在主、客之间而不致流于模糊不清或产生歧义。小时候喜欢哲学的我，个性比较倾向抽象思维，甚至有时会不自觉地轻视"形而下"的具体叙述。读艺术史时才充分认识到，要准确地把一块手掌大小、漆黑哑亮的石砚上的凹凸形诸文字，比读通十本高深理论著作更难。

做学问也是一门手艺

把身体感知和体验带进学术研究，是我写作本书最大的愿望，也是今后继续努力的方向。在研究采石、琢砚工艺的过程当中，我有幸地认识了多位手工艺人，或是"学者型工匠"，他们钻研技艺的认真、精益求精的干劲、处事的干练周到、待人的坦率热情，都给我留下深刻印象。从他们身上，我学到专注一刀一凿，在具体而微的小方块上把大事化小的重要。学者追求概括性的抽象思维，从归纳陈述中，找普遍性的定理，恰好和工匠的具体思维相反。手工艺在现代社会应该扮演什么样的角色，是当下的热门话题，议论五花八门，都是值得关注的，希望以后有机会详细讨论。只想在这里说的是，我生长在六七十年代的香港，亲历过香港纺织、成衣和电子业的繁荣，对机械文明所服膺的高速、效率并不陌生。最近这二十多年，中国经济起飞，工业发展屡创高峰，更使人体会到速度和效率对改善人民物质生活的重要。也许是有过这些经历，我在步入中年以后，反而越来越珍惜慢条斯理的生活步调，追求"慢食"、慢思、慢写。手工艺给我最大的启示，就是任何技术的磨炼，都需要时间、耐心和专注。

另一位豆瓣书评人陈妍蓉把这种精神描述为"匠心"，最为贴切不过，她对书的综合评论，尤其敏锐，她说："正是因为作者一片匠心在书中，这本书也给读者带来挑战。书中技术性词汇也不少，加之论点不集中、没有某种具体形式的结构、同一人物或史料在全书所有地方高频率分散出现，这些因素使得这本书不太适合以浏览方式快速阅读，而是要求慢读，要求读者的匠心。"感谢译者、书评人和读者，为这本不合时宜的慢书所付出的时间、耐心和专注。您们的匠心和宽容，是对作者最大的鼓舞。

译者詹镇鹏博士，把握力度恰到好处，确是高手。他的译文我基本没有改动，只对个别章节为顺应中文读者做了或大或小的删补或改写。

高彦颐

2019 年 8 月 20 日

于纽约长岛钟港游鱼庄

如果你觉得自己的老师善待于你，无需报答，好好传递下去！

—— 康无为（Harold L. Kahn）

献给我的老师和学生们

致　谢

虽然我从小就手执毛笔练习写字，但直至对顾二娘产生兴趣之后，才开始 ix 去了解砚。许多人花费了时间和精力，引导我进入石砚制作和鉴赏的领域。在广东肇庆，我有幸能从刘演良老师、中国工艺美术大师黎铿先生及其女徒弟关红惠那里，学习到琢制端砚及鉴别真伪的精妙之处。在婺源，胡中泰老师向我展示了歙砚的魅力，虽然我未能将它们纳入本书。在天津，蔡鸿茹老师扩展了我艺术鉴定的眼光；她的学养、风度及幽默尤其令人敬佩。在北京，2012 年最后一趟考察行程中，我约见了杰出的琢砚家、学者兼藏家吴笠谷先生，其研究对我颇有启发。我与他的观点一拍即合，只为自己未能与他本人和妻子梁婧更早见面而感到遗憾。

博物馆及私人收藏的相关人员在申请提件和开拓研究方面，给予我很多帮助。我谨此衷心感谢台北故宫博物院的嵇若昕、蔡玫芬、廖宝秀和陈慧霞女士；北京故宫博物院的赵丽红、吴春燕女士；天津博物馆的臧天杰先生。若无他们协助，我将无法完成此书。友人徐艺乙、郭福祥、黄海妍这些工艺和物质文化领域的大师级学者，帮助我在中国的考察得以成行并顺利开展。连同梅玫（Mei Mei Rado）在内，他们都大力协助我从中国的多家机构取得图版的使用权。

随着自己年龄渐长，我反而更着眼于未来。在写作本书的漫长过程中，导师及年长同事逐渐退休，自己的主要对话者转为青年一辈。在早期构建融合物质文化和性别的理论框架时，我在罗格斯大学和巴纳德学院的本科学生成为重要的灵感来源。在哥伦比亚大学，参与我开设的"视觉与物质文化"研讨课的研究生做出了或大或小的贡献。尤其是许曼在墓葬器物、陈步云在丝绸、林星廷在药具、陈恺俊和梅寒（Meha Priyadarshini）在瓷器、裴景珍（Kyoungjin x

Bae）在家具、王懿君在金属器方面的相关研究，都堪称典范。他们更像是我的同事，而非学生。

我的好友乔迅（Jonathan Hay）教导我去仔细观察、深入思考，他对书稿的建设性校阅别具意义，更不必说其多年来的讲座和交流使我受益良多。白馥兰（Francesca Bray）、薛凤（Dagmar Schäfer）、艾约博（Jacob Eyferth）、傅玛瑞（Mareile Flitsch）、帕梅拉·史密斯（Pamela Smith）的前沿研究、睿智建议和体贴陪伴，在我迷失方向时鞭策我前行。白谦慎则提供了书法和碑帖的专业知识帮助。其他好友中，我还须感谢费侠莉（Charlotte Furth）、梁其姿（Angela Leung）、蔡九迪（Judith Zeitlin）、韩书瑞（Susan Naquin）、袁书菲（Sophie Volpp）、刘禾（Lydia Liu）、柯瑞佳（Rebecca Karl）、赖惠敏、贺云翔以及哥伦比亚大学的资深女性主义研读小组，他们都使我觉得从不孤单。金滋炫（JaHyun Kim Haboush）、泰利·米尔霍普特（Terry Milhaupt）、约翰·佩罗（John Perreault）原会放下手头一切来与我庆祝，可惜他们在生前未能看到本书完成。

我的丈夫马文·特拉亨伯格（Marvin Trachtenberg）与我携手度过了这十数年，虽然他自然属于本书献给的老师和学生之中的一员，但在此仍需要单独致谢。

感谢约翰·赛门·古根海姆纪念基金会（John Simon Guggenheim Memorial Foundation）、美国学术团体理事会（American Council of Learned Societies）、哥伦比亚大学东亚研究所（Weatherhead East Asian Institute）慷慨提供的研究经费。感谢普林斯顿高等研究院（Institute for Advanced Study）、柏林马普学会科学史所（Max Planck Institute for the History of Science）、英国剑桥的李约瑟研究所（Needham Research Institute）使我得以短暂脱离教学，在最需要的时候为我提供合适的研究环境。感谢美国高校艺术协会（College Art Association）提供的出版经费（The Millard Meiss Publication Fund）、巴纳德学院教务长办事处（Office of the Provost of Barnard College）以及蒋经国基金会（Chiang Ching-kuo Foundation）为出版提供必要的补贴资助。哥伦比亚大学东亚图书馆（C. V. Starr East Asian Library）的中国研究馆员王承志博士，则持之以恒地协助购藏中国善本古籍。得益于华盛顿大学出版社的洛瑞·哈格曼（Lorri Hagman）及其同事，以及设计公司 Jennifer Shontz of Red Shoe Design 的细心高效，我与他们合作无间。对于上述机构及其友好的工作人员，一并谨致谢忱。

来自陌生人的善意帮助，虽然未能记下他们的姓名，我却从中获得重大意外收获：肇庆的好心店员用摩托车载我去渡口，乘坐渡轮前往对岸的老坑；修复福州三坊七巷黄任故居的施工包工头，允许我拍摄建筑图则。最后，我的普拉提老师梅根·福鲁默（Megan Frummer）提醒我写作是一项非常辛苦的体力活儿。她不断强调一个道理：孟子将劳心者和劳力者区分开，为人类的腰、背、手腕带来无穷后患。希望我们都有像她这样的贤师。

目　录

导　言

　　砚台是近代以前东亚每张书桌上必不可少的书写工具，可惜在现代社会，特别是在欧美各国，仍长期不为人所知。我们与"他"相见恨晚。砚如人一样，分砚面、砚背，也有砚唇、砚额、砚足（图 I.1）。除被称为砚台外，"他"甚至有人名般的雅称——陶泓君。在墨水笔被发明之前，更别说打字机、键盘或触屏了，东亚的作家和画家要亲自在案头调制墨汁，而非直接从墨水瓶中汲取。这需要亲手将用松烟和胶汁混制的一小块墨饼，滴水濡湿后，在砚堂作圆周方向研磨。透过掌控研磨力度和加水多少，个人可控制墨的黏性，运笔在纸上呈现一系列不同浓淡深浅的颜色。

　　砚可由筛细的澄泥陶土、漆木、旧砖、瓦当、玻璃或半宝石等材质加工而成，但通常是采石开凿出特定砚材，经设计、雕琢和抛光后，对外销售定制，用于研墨书写、馈赠交谊；因种种机缘巧合，后来或被刻铭品鉴，或流传散佚，不一而足。就如一个人，一方砚由诞生到消逝，从被铭记到被遗忘，有一个生命历程。人也好，物也好，生命中都免不了有情、有文，这些物、人、情、文，都值得关注，也都是本书的主题。

　　作为本书主角，砚台的大小通常不超过一个人直伸的手掌，但千万不要小看"他"。除了磨墨，砚的功能多种多样，在人际关系和社会运转中扮演过或大或小的角色。一方砚可以是家藏珍品，是慈父赠送行将入学儿子的常礼，是朋友或国际间交换的信物，并可供人在面、背镌字刻铭，名传后世。如此一来，砚台被赋予斯文之意义，成为男性文人精英的有形身份表征。"他"也因此而成为活跃于清朝早期（1644—1730 年代）历史舞台的角色之一。

　　砚台在清初的政治工程中不可或缺。其重要性部分源自中华帝国官僚统治

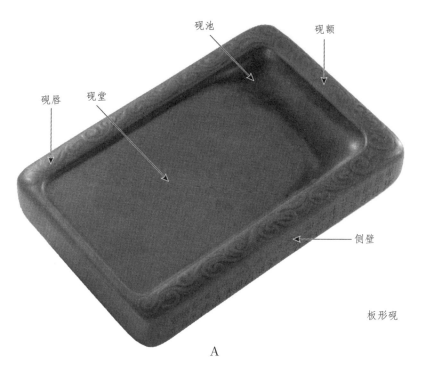

砚池　　砚额

砚唇　　砚堂

側壁

板形砚

A

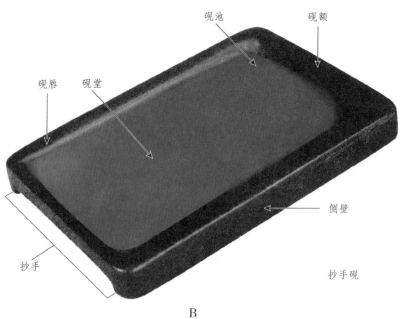

砚池　　砚额

砚唇　　砚堂

側壁

抄手

抄手砚

B

图 I. 1

砚台主要部分名称。板形砚（A）和抄手砚（B），是两种最常见的形制。

图 I. 2

西汉时期的研、研子、墨丸。在古代，书吏在砚上将墨丸放在研板上用研子磨碎，再混合水来制墨。此套砚台出土于南越王国第二代国王赵眜（前 137—前 122 年在位）墓。砚台现今的形制随着易于在砚面研磨的棒形墨在两晋时期（265—420 年）出现后，逐渐固定下来，研子随后消失。石研：长 13.2 厘米，宽 12.5 厘米，高 2.8 厘米；研子：直径 3.3 厘米，高 2.2 厘米；墨丸：直径 0.81—1.31 厘米，高 0.23—0.42 厘米。广州南越王墓博物馆藏。

4　的性质：所谓"文治"，最基本的要求是，上至皇帝，下至太监、内廷成员、书吏，乃至地方县令，都需要在日复一日的政令文牍、升迁报告等方面消耗大量文墨；再下至升斗小民，如果要与官府有任何交接，打官司要延状师，写字人更是少不了的。从中产生诸如奏折、章表等大量文书，更别说是维持宫廷日常运作而流通的单据、票函等。在物质意义上，用"挥笔治天下"一词去形容"文治"亦不为过。[1] 面对这个历朝历代都无法回避的要务，满族统治者的少数族群身份，为塑造一种新的物质文化去宣示清朝之正统性，提供了特殊的挑战和机遇。作为一种象征汉族精英文化的书写工具，砚台尺寸小巧，便于制作和赏赐翰林学士，故特别适合清帝笼络汉人的统治之需。

为了重现砚台在清初社会的发展轨迹，我们需涉足紫禁城和水下端坑，从
5　不通文墨的砚工的心手眼去认识他们的世界，并结识一群职涯非同寻常的士人。透过这段旅途，除可加深对清代开国初期的政治、艺术和手工业情况的认识外，还会增进对知识文化、文字与物品的纠葛，以及认知性别和身体性技能等抽象议题的理解。

引导我通向这一方天地的是一名身世莫名的女子，身为当时最有造诣的琢砚家之一，关于她虽留有不少记载，但后世仍知之甚少。顾二娘（活跃于1700—1722年）既是在男性主导的行业内成功打拼的杰出女性，也是一位典型寡妇，在苏州专诸巷中因丈夫早逝而继承家业，在艺品市场享有盛名，却失载于男性父系为主轴的家谱。透过顾氏及其男性赞助人和主顾，我们会发现一个几乎全由福建侯官或福清人构成的男性琢砚艺人群体。虽然他们同样技艺精湛，也与顾氏相识，名气却远逊于她。顾氏等琢砚家虽只出现在三个章节中，但他们的活跃时期却贯穿了全书的时间轴，约从1680至1730年代（康熙中期至雍正朝）。

我在书中交替使用"工匠、匠人"（craftsmen）和"手工艺人、艺人"

1　我用"挥笔治天下"与布鲁诺·拉图尔（Bruno Latour）研究的索尔克研究所（Salk Institute）进行比较。拉图在那里观察到输入精密仪器的数据是实物材料，输出结果则不外是大量文本，如实验报告、会议论文，见 Bruno Latour, *Laboratory Life: The Construction of Scientific Life* (Princeton: Princeton University, 1986)。这种从物质到文本的蜕变，点出了中国帝制–官僚政府的运作。

（artisan）等词。[2] 鉴于帝制中国的普通匠人的性别预设为男性，我唯有在论及顾氏时，才会使用"女工匠"这个词。我对砚台以及开采、雕琢砚材的人群的研究兴趣，源于希望推翻长久以来中国"重道轻器"的倾向。[3] 这种"头脑"高于"四肢"的等级制度渗透在中国人生活的各个方面，从学校课程到人民精神气质，从身份位阶到性别界定。在传统社会，各阶层的妇女都要从事手工活，不能靠读书考试出头，这便是男尊女卑制度的体现。

对于这个等级制度，我们在《孟子》这部经典中可找到最直白的背书："劳心者治人，劳力者治于人。"最初有可能是针对怀有政治抱负者的圣王谏言：运用谋略服众，而非仰赖武力。[4] 它后来演变成关于现实社会优先次序的准确描述，甚至是对一个理想社会秩序的想象。这套优先次序在帝制时期和现代的社会结构中均有所体现。在常被描述为"四民"的制度中，一个理想社会由士人（劳心者）统治，随之依次为农民、工匠（两类都是劳力者），即便其经济收益或逊于商人，但道德层面上仍高于后者。

对工匠的贬低十分普遍且根深蒂固，以至于偶有学者有意考察工艺技能，将发现诉诸文字时，也会将工艺收编到自己的理论框架中。除了理学家宋应星在 17 世纪撰写的《天工开物》是一个突出的例子外，今天不少以中、英文撰写的学术著作中仍可看到相同的取径。那么，错误绝不仅仅是文士的社会地位高于工匠（不管是否识字），因而享受话语优越权，更根本地在于学术知识及其判断标准的结构本身。学术判断标准并不是一成不变的，而是个别学术群体内不断

2　理查德·塞内特（Richard Sennett）形容早期希腊的手工艺人："文化程度高的手工艺人不仅仅是技师那么简单，他们用这些工具（刀、轮和织布机）做出大量贡献……"，并以此"将人们连结在一起"，从而形成社区，使"共和国"成为可能。见 Richard Sennett, *The Craftsman* (New Haven: Yale University Press), pp. 21-22. 关于"工匠"的中文内涵，见 Anthony J. Barbieri-Low（李安敦）, *Artisans in Early Imperial China* (Seattle: University of Washington Press, 2007), pp. 24-45。

3　这个表述是后人对《易经·系辞》"形而上者谓之道，形而下者谓之器"一句的提炼。英文翻译见 Richard John Lynn（林理彰）, *The Classic of Change: A New Translation of the I Ching as Interpreted by Wang Bi* (New York: Columbia University Press, 1994), p. 67。这种二元对立在刘勰（465—522）的文学批评巨著《文心雕龙》的阐述中变得十分明显。

4　《孟子·滕文公上》，3A. 4。英文翻译见 Derk Bodde（卜德），引自 Anthony Barbieri-Low, *Artisans in Early Imperial China*, pp. 38-39。

图 I.3

当代制砚的主要工艺流程：（A）在砚石表面规划整体形制和设计；（B）用一根凿子先刻出轮廓线；（C）用刻刀雕出浅、中、高浮雕图案，有时需木锤协助；（D）修饰和打磨；（E）制作砚盒，通常是木质。明清时代，"开池"是最考究的手艺，因为砚堂的坡度和平滑度决定研墨是否费力。但在现代，这一工序不再在一般制砚说明中出现，意味着砚从一种实用性工具转化为一种装饰品。刘文编：《中国工艺美术大师：黎铿》（南京：江苏美术出版社，2011 年），第 74—76 页。

商讨、妥协的结果，随时空差异而不断变动；不单英美学者和中文学者对史料取舍的要求有异，不同世代的学者对学术规范也各有自身的判断标准，这是值得进一步深究的课题。当今的中国研究领域中，众多学者与宋、明或清代文人产生共鸣，甚至以之为自我认同对象，导致文人的品味和价值长期主导着研究趋势和理论方法。我在本书以砚台作为主角，以工匠技艺视作其推动力，尝试去省思这个知识结构，提出不同以往的判断标准。[5]

---

5   我在本书倾向使用"技能"（skills）而非"技术"（technology），是由于后者在中文的语境和中国历史中的意涵，学者仍然议论纷纷。例如，蒂姆·英格尔（Tim Ingold）和白馥兰（Francesca Bray）对"技术"的诠释就有分歧，见 Tim Ingold, *Perceptions of the Environment: Essays on Livelihood,*

　　我尝试将工匠制作的物品作为切入点，进入他们的世界。与其用抽象的理论主张为前提，我会避免涉及自己未曾动手体验过的事，也不会花过多篇幅描述不曾亲自目验的物品。考虑到本书的研究对象是一小方暗紫色（时是绿色或黄色）石砚，带精细雕工且非装饰品，学者的自身体验尤其重要。即便是高像素照片，仍难以捕捉到工匠或鉴藏家所讲究的石质——不仅仅是砚的形态或设计，更指它如小儿肌肤般的柔润质感、细纹石品等矿物特征以及用食指轻扣发出的木质回声。

Dwelling and Skill (London: Routledge, 2011); Francesca Bray, "Toward a Critical History of Non-Western Technology," in Timothy Brook and Gregory Blue eds., *China and Historical Capitalism: Genealogies of Sinological Knowledge* (Cambridge: Cambridge University, 2007), pp. 158-209。"技能"（skills）在工匠身上展现并植根于社会，是历史研究中更具体的范畴。见 François Sigaut, "Technology," in Tim Ingold ed., *Companion Encyclopedia of Anthropology* (Oxford: Taylor & Francis, 1994), pp. 420-459; Jacob Eyferth（艾约博）, *Eating Rice from Bamboo Root: A Social History of a Community of Handicraft Papermakers in Rural Sichuan, 1920-2000* (Cambridge, MA: Harvard University Press, 2009); Lissa Roberts, Simon Schaffer, and Peter Dear eds., *The Mindful Hand: Inquiry and Invention from the Late Renaissance to Early Industrialism* (Amsterdam: Koninklijke Nederlandse Akademie van Westerschappen, 2007)。

8   对石砚的关注，并不意味着我会忽视文献记载。与此相反，我在研究砚石的早期，曾天真地试图单靠实物，摒弃一切文献，结果得到深刻教训，充分意识到文献的重要性。若无《砚史》这部顾二娘的主顾们凭题赋砚铭来记叙他们人生点滴的文本，本书恐将无法完成，更遑论在书中表达前贤们在此领域已发表的专著、论文对自己的启发。文献是穿越时空的有力信息源。通过对照文献和传世器物，可以意识到前者的话语性局限，借此去更好地理解它们。《砚史》字里行间的微妙、多重意涵以及它的遗漏，由此逐渐展现开来。研究刻在砚面的铭文及其墨拓，即砚铭、木刻版画、碑刻，作为刻本和钞稿本的补充材料，亦有所助益（图 I.4）。

9   本书的主旨是消除盛行的"重道轻器"等级观念，重建工匠在历史中的本真面貌，故在此需解释为何书名会出现"士人"。一旦我们抛弃对社会秩序的刻板印象以及对"士人"的理想化想象，会逐步发现成为士人，即是一套精心经营的社会性展演，更别说背后庞大的经济开销。士人并非生来即是，而是后天习得的。在清初，尤其当清朝皇室对汉族文士的忠诚度不乏疑心时，更令后者苦恼不已。鼓励性政策的实行下，科举生源和官职名额会优先考虑三类享有特权的人群：满族人、蒙古族人、汉军旗人，严重降低了汉族士人以科举入仕的成功率。[6] 众多士人遂急流勇退，操持起一些要求识字辨文的行当，其中以医学、绘画、刻章、古董交易最为常见。

出于此及其他种种原因，致力于观念性工艺的工匠的文化水平和专业性提高，由此迎来了中国历史上物质文化中最富革新的时代之一。反过来，即使士人的社会标签已变得模糊了，他们反而对实用技能投以更多关注；而士人标签，实有助其书画作品在市场取得高价。对于他们而言，成为士人与其说是一种营生手段，毋宁说是一个可望而不可及的理想。本书主体会展示实用技能之地位提升，其背后的"其他种种原因"究竟为何。在此有必要强调的是，"士人"

---

6 汉军是指 1644 年清兵入关前，在满洲地区归顺满族人的汉族人后裔的一种特殊身份。他们同时浸淫汉、满二族的生活方式，有助于巩固清初的统治。关于汉军旗人的早期历史，见 Pamela Kyle Crossley（柯娇燕），*The Translucent Mirrors: History and Identity in Qing Imperial Ideology* (Berkeley: University of California Press, 1999), pp.89-128。另见第一章对整体八旗制度的解释。

和"工匠"在清初不是两个固定或分明的范畴。他们的重叠关系导致我出于分析目的，将两类人群称为"工匠型学者"（scholar-artisans）和"学者型工匠"（artisan-scholars）（其区别会在本书末章变得明晰），这是 18 世纪最突出的社会现象之一。

在伊戈·科皮托夫（Igor Kopytoff）一篇发表数十年后仍切题的论文中，他设想一件物品经历制造、消费、收藏、修复至散佚或再利用的一系列社会生命历程，从单一属性转变为富有多重意涵。[7] 这个理论无疑适用于砚台，对清初的个人亦不例外。顾二娘出身为平民家庭的女儿，先后转化为一名妻子、一名寡妇、一位女工匠、一个品牌及一段传奇。她的同业谢汝奇曾受过科举教育，以刻印、琢砚为生，却热衷于写诗。谢汝奇的儿子也是位进取文士、篆刻家，并最终筹措到足够资金和赞助支持，得以刊刻父亲的诗集。另一位同业杨洞一受过科举教育，后放弃此理想，因刻砚而扬名。这种流动性让英美社会史学家界定的"阶层"（或灵活界定为"地位"）难以在本书谈及相关议题时发挥作用。至于同样受主观影响的"性别"范畴，在下面分析顾氏与这些男性的巧手工艺之后，其关联性会逐步明晰。

本书由一系列本土化的局部个案组成，只以最小限度去呈现一个概括性的整体论点。我努力地聚焦于细致的物质性描述上，学着用工匠的视角去观察世界。在本书研究的过程中，最大的收获之一便是认识到概括"工艺"或"工匠"的困难：不同行业之间的规矩千差万别；同一名匠人，从不同的赞助者身上获得的待遇亦存在差异。无论是使用何种语言，其面对的分析对象为何，概括和抽象化反倒是学者的专长。

语言和文字之所以有效，说穿了不外是其概括和抽象的力量：学者得以借助它们去收集并整合支离破碎的资料，抽象成集合体展现出跨越时空的格局或模式。不可否认的是，我是以学者身份去写作此书，而非制作石砚的工匠。

7　科氏称这段历史过程为一件物品的"社会生命"（social life），与其"文化传记"（cultural biography）同义。见 Igor Kopytoff, "Cultural Biography of Things," in Arjun Appadurai ed., *The Social Life of Things: Commodities in Cultural Perspective* (Cambridge: Cambridge University Press, 1986), pp.64-91。

A

图 I. 4

端石洞天一品砚拓片：（A）正面一长方形砚池边缘饰有夔龙纹；（B）背面。明清士人习惯撰写砚铭，再刻于砚面、背面，甚至是侧壁。砚表制成的拓本以艺术品和法帖形式流传，形成石文互融，并引发新一轮的应酬文字。这一方带顾二娘款的砚上，刻有她三位主要赞助人的三体铭文：砚面左侧（黄）任的行书铭；砚背右侧（余）甸的楷书铭和左侧鹿原（林佶）的篆书。长 23.5 厘米，宽 20.2 厘米，高 3.6 厘米。北京故宫博物院藏。

不方不圓不雕不琢略事磨
礲德脩固覽如金在冶如玉
離璞端州多才此趨卓晤言
一室君子樂　甸銘

B

但是，我尝试作为一个另类的学者，从工匠的立场去观察，并在解读文献时，不视之为一成不变的真理。我的目标不在于贬损中国士人——他们一直在社会中扮演着重要角色——而是要了解他们在展现学者身段时不得不攀交高官名士、经营文酒会、吟诗应酬等活动背后的焦虑感。唯有改变把文士价值和生活方式看成是理所当然的唯一标准，我们方可能从新路径去建构并踏入那片时空。

本书共分五章，每章都聚焦于一个特定地点：紫禁城的造办活计处，位于广东肇庆山区黄岗村群旁的端坑，苏州及其他地区的商业制砚作坊（两个章节），福建的藏砚家书斋。在每一处，工匠和文人学者之间的互动，是根据不同的地方逻辑和权力消长而展开的。敏锐的读者会意识到，造办处的匠人和身处黄岗的砚工是完全不同的，即便二者都属工匠身份。与此同理，那些放弃科举功名而执笔谋生的人，与汲汲于功名和官场者，也是生活在两个完全不同的世界，尽管二者都自称是士人。我的策略是在不设任何预设的前提下，展示这些标签在不同情境中的流动性及相互矛盾。

对于有耐心去追随砚台和砚匠在清帝国大小角落流通的读者而言，他们最突出的发现可能是：在清初社会，一个人的身份往往是模糊和多重的。若本书存在一个主题论点的话，那就是手工艺人和士人不再是泾渭分明的两个团体，在帝国东南一角，他们的技能和知识文化相互重叠。从这种"文-匠"交集中，我们或能观察到始于晚明的商业革命以及清初满人的统治对社会、技术和知识转型的深远影响。

下文将展开的砚史，也就是砚台的社会生命史，发生在特定的清初。作为兴起于中国东北边疆的少数民族，满族在入关前，缺乏象征性与物质性层面上治理广袤帝国所必需的技术生产传统，如丝织品、纸和瓷等。当强烈意识到这点不足之时，清朝皇帝对手工艺和艺术知识不断进行获取、转化和系统化，重视程度比明代有过之而无不及。对他们而言，技术力量——掌握物质加工、物品设计和制作，连同相关的知识文化——是与政治力量并驾齐驱的。[8]

---

8 薛凤（Dagmar Schäfer）：《追求技艺：清代技术知识之传播网络》，载故宫博物院、柏林马普学会科学史所编：《宫廷与地方：十七至十八世纪的技术交流》（北京：紫禁城出版社，2010），第11—30页。以往学者关注清政府对中国官僚运作和书写系统，薛凤及其同事的研究重要性在于将分析延伸至技术、艺术和仪式生产上。清政府绝非对中国文化生搬硬套，更像是制度和物质领域的革新者。

　　然而，清朝对技术知识的崇敬，不应与当代社会的"科学"原则和专家混为一谈。技术并没有脱离于政治、艺术或文化而独立分支。手艺人也没有被视为天才型的产品作者。相反，清代皇帝是透过小心监控内廷作坊每一件器物之制作，具体而微地展示其对艺术和科技的高度关注的。[9] 从这点意义上，我们或许可以说清前期是一个物质帝国，它对物质生产的掌控不仅关乎宫廷运作，更在于管理普天之下的资源和臣民，涵盖现代社会的科技、经济、政治和外交等场域。这个帝国的天子犹如一位总管领头，物质学识广博，并且崇敬手工技艺。他们的知识文化用"技术官僚"（technocratic）来形容，更贴近希腊文原义：手工技艺（*techne*）之力量（*kratos*）。[10] 鲜有如此少数人的文化会影响到那么多人。

9　薛凤：《追求技艺：清代技术知识之传播网络》，第 17 页。

10　由此，我对"技术官僚"（technocraft）的使用区别于威廉·亨利·史密斯（William Henry Smyth，1855—1940）。他在 1919 年发表了《技术官僚制——取得工业化民主的方式和手段》（"Technocracy—Ways and Means to Gain Industrial Democracy"）一文，常被视为这个词的近代发明者。作为一个工程师，史密斯关心工人在工业工厂的决策权。

第一章　紫禁城造办处：皇帝、包衣、匠役

在清朝造办活计处（下文简称"造办处"）任职，一般称为在内"行走"。　13
造办处所在地，位于紫禁城心脏地带的太和殿之西及西北面，所占房舍一百多
楹以上，是个高速运作的机构，以至于在内工作的确是名副其实地来回行走。[1]
造办处于康熙十九年（1680）设立，职责在于维持帝后起居和朝廷礼仪，承办
制作、修缮、存贮各项大小器物。记录内廷收纳的贡品清单，并为皇帝成造各
式礼物，供赏赉臣子、藩属使节，也属其职能范围。

康熙三十二年（1693），设立不同知识分支管辖的专业作坊。当雍正元年
（1723）档案记录开始系统保存时，已有超过二十个作坊处理一系列不同材质和
进行生产，从珐琅、书画装裱、漆木、玉器、皮革，到制作火枪和舆图；数量最
终增至逾六十作。[2] 砚台是内廷作坊最早成造的一批器物。在造办处正式成立之

1　在清代官制术语中，"行走"意指同时兼任两个岗位。但在造办处，它常指作坊"工作"或"成
做"。例见中国第一历史档案馆、香港中文大学文物馆合编：《清宫内务府造办处档案总汇》（北京：
人民出版社，2005）第 1 册，第 678 页；下文简称为《活计档》。造办处早期设在养心殿，康熙三十
年（1691），除裱作、弓作外，其余作坊皆移至英武殿北慈宁宫茶房，房舍共 151 楹；后于白虎殿后
房增建 100 楹。整体搬移后，养心殿仍是造办处的象征［彭泽益：《中国近代手工业史资料（1840—
1949）》（北京：生活·读书·新知三联书店，1957），第 147—148 页］。其位置图，另参见嵇若昕：
《乾隆时期的如意馆》，《故宫学术季刊》第 23 卷第 3 期（2006 年春季），第 151 页。
2　《前言》，载《活计档》第 1 册，第 2 页。作坊数量至乾隆二十三年（1758）约为 42 个（彭泽益：
《中国近代手工业史资料（1840—1949）》，第 148 页）。官营制作更扩展至紫禁城外北京多地，尤其
是乾嘉时期的景山和圆明园。各作坊的名称和管辖有相当大的变动性。有关造办处在康熙朝的早期历
史，以及乾隆朝对这些作坊前后不一的描述，见嵇若昕：《清前期造办处的江南工匠》，载《"过眼繁
华：明清江南的生活与文化"国际学术研讨会论文集》（台北："中央研究院"，2003 年 10 月 18—20
日），第 3—4 页。清代造办机构虽沿袭前朝，但财政和人员管理上存在显著差别。有关蒙元、明代
的官营作坊和匠役，见 Dagmar Schäfer, *The Crafting of the 10,000 Things: Knowledge and Technology in
Seventeenth-Century China* (Chicago: University of Chicago Press, 2011), pp. 94-108。

14　　初，硯作似已设立。至康熙四十四年（1705），皇帝在硯作增设监造二人，并将之改归养心殿监管，说明活计量有所增长。由于缺乏 1723 年前的档案记录，相关细节不得而知，康熙朝的硯作匠役多来自江南地区，后来专称为"南匠"。他们除了制硯外，更擅长雕刻象牙和治玉，降至雍正、乾隆朝，这已成惯例。[3]

　　造办处的器物制作，是治国方略的机要环节。清初顺治一朝和康熙朝前半期，东南地带的抗清活动此消彼长，江山大局尚未稳定。一直到康熙二十年（1681）平定三藩，清朝政权才得以巩固。就在其治国方略从军事转向文治的节骨眼，硯的制作量开始上升，似非巧合使然。这位皇帝十分聪慧，将源自皇清龙兴之地满洲地区（今辽宁、吉林、黑龙江三省境内）的松花石（取松花江之名）塑造成为一种新式硯材，将满族身份移植到无可置疑的汉族士人文化象征中。皇帝很可能是在康熙二十一年（1682）第二次东巡以平定三藩之乱祭告祖先途中"发现"此石的。[4]

　　康熙帝在一篇《制硯说》中忆述了当时的欣喜之情："盛京之东砥石山麓，有石垒垒，质坚而温，色绿而莹，文理灿然，握之则润液欲滴，有取作砺具者。朕见之，以为此良硯材也。"康熙使用诸如"温""润"的形容词及双关语"文理"（亦通文章行文之条理），反映出他熟悉中国汉人传统鉴赏硯台的用语。但从其欣赏砥石之"坚"字鲜见于闲赏文学，似表明他另有一套鉴赏准则和个人品味（图 1.1）。汉人玩硯，追求的是石质柔腻，从来不会说"坚"。无论如何，康熙命令工匠悉准古式，制硯若干方来磨墨试之。他惊奇地发现，用其研墨，远胜绿端，"即旧坑（广东肇庆端坑）诸名产，亦弗能出其右"。康熙将新打造的松花硯装以锦匣，陈于案几，"俾日亲文墨"。[5]

3　嵇若昕：《清前期造办处的江南工匠》，第 2—3、6—7、18 页。另见常建华：《康熙制作、赏赐松花石硯考》，《故宫博物院院刊》2012 年第 2 期，第 9 页。苏州女琢硯家顾二娘的侄子顾公望，据说曾被召入宫制硯，但造办处档案未见相关记载。

4　常建华：《康熙制作、赏赐松花石硯考》，第 7—9 页。感谢常氏确立了"发现"松花石硯的纪年时间，同时阐明康熙制硯、赠硯活动与统治的关系。

5　《制硯说》，载《圣祖仁皇帝御制文集》第二集，卷 30，第 17a—b 页。此文收录于御制文集，撰于康熙二十二年（1683）至三十六年（1697）间。另参见嵇若昕：《品埒端歙——松花石硯研究》，载台北故宫博物院编：《品埒端歙：松花石硯特展》（台北：台北故宫博物院，1993），第 13—15 页；常建华：《康熙制作、赏赐松花石硯考》，第 7—8 页。

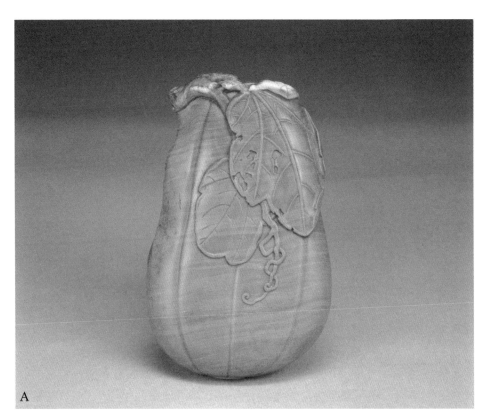

A

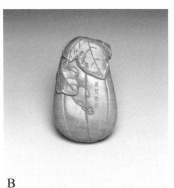

B

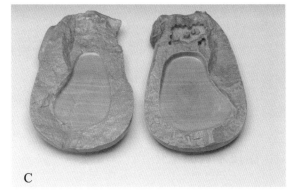

C

图 1.1

松花石甘瓜砚，随巧雕砚盖：（A）砚盖面；（B）砚背；（C）左侧砚盖、右侧砚身的剖面图。绿松花石的盖面，像真地雕出瓜皮、瓜叶、瓜蒂、藤蔓。当观者拿起砚盖，发现瓜内怪石嶙峋，仿佛康熙亲手从发现的山边斧凿出来。这个巧妙设计不仅展现了松花石的坚硬质感，而且砚盖和砚身完美契合，形制远不同于贮在盒中的板形砚。长 14.6 厘米，宽 9 厘米，高 2.4 厘米。台北故宫博物院藏。

　　文中反映了康熙洞察敏锐、求知欲强又敢于实验。他亦直言不讳地借松花石砚传达政治融合观。康熙在文末部分将埋没于荒山野外之砚材，譬喻为"山林薮泽"中的"隐伏沉沦之士"。"朕御极以来，……屡诏征求，多方甄录，用期野无遗佚。"[6]

15　　康熙帝在扫除构成清朝正统性最大威胁的节骨眼上，重申每日亲临"文墨"，并征求隐世良才，无疑展现出战胜者试图和解的姿态。一方坚石的用途，从砥砺磨刀到磨墨，代表治国方略从武治向文治的转变。约十年后，当皇帝在康熙三十七年（1698）第三度东巡以告祭祖陵期间，在行围狩猎、捕鱼时发现更多适合制砚的砥石，包括在乌拉山（今吉林省境内）寻获一块绿石。他或许也曾命人在这些石矿附近进行系统开采。在皇帝和匠人上下合作，致力于采集原料和制作的同时，一种崭新的清宫文物就此诞生。

　　不出十年，康熙帝开始将松花石砚作为礼物，赏赐内阁翰林官员。例如，康熙四十二年（1703）正月早朝，他在内殿南书房召见 60 名翰林学士，每人各赏赐松花石砚一方。康熙四十四年（1705）造办处增设砚作监造二人，并将其移入养心殿，很可能是为应对赏赐砚台带来需求增长的一项措施。[7]连同御赐书籍和御笔书法在内，赏赐砚台是向汉人受赐者明确传达一个讯息：我们在文化认同上，价值是一致的。康熙对汉族士人文化的尊崇虽不乏政治动机，却无疑是出自真心。即便如此，实际上，从原则到实践层面，清帝国对文物制作的管理和态度皆与前代大相径庭。

新技术官僚文化

　　造办处机制是清朝作为一个"物质帝国"的心脏部分。内廷作坊仅是冰山

---

6 《圣祖仁皇帝御制文集》第二集，卷 30，第 17b 页。

7 常建华：《康熙制作、赏赐松花石砚考》，第 10—18 页。康熙下令成造大量松花石砚，更有剩余留给继位者雍正和乾隆帝（第 13 页）。常氏找到文献提及超过 200 方松花砚被康熙作为礼物分赏（第 20 页）。

一角：整个工场集团还包括景德镇的大型御窑厂，位于江南的江宁（南京）、苏州、杭州的织造署，拥有全国最大的纺织加工场。这个"物质帝国"管辖下的作坊体系，依靠内务府这个庞大经济兼政治机构主持运作。内务府负责管理皇室的财政资源和收入，是皇帝的"私人衙门"，由他的包衣总管负责，配以不同等级的太监，功能和组织上等同于儒家士大夫所属的常规官署。[8] 但是，皇室私人和国家公共事实上有时难以明确区分。盐业专利和海关是内务府垄断经营的事业，也是最有利可图的两项收入来源，无论是在中国帝制传统还是当今社会，它们都应该算是公共事业。

　　令人惊奇的是，内务府开展财政活动所涉及的范围之广、种类之多，从管理官地、向盐商贷款，到经营当铺，参与玉器、丝绸、铜、人参、皮草、高丽纸及其他商品贸易。它以皇室为后盾，在与民间商家大族争夺市场份额和利益时，占有得大独厚的优势。名字听上去虽内敛，事实上，内务府集征收关税、产业工场、贸易商行、土地开发、商业银行、投资基金的多重职能于一体，在乾隆朝早期资产即达千万两，每年盈余达 60 万—80 万两银。[9] 皇帝时常将包衣从内务府调派至其他常规官署，扩大它的职权，进一步模糊了公私之界限。全雍正皇帝在 1735 年驾崩时，内务府的包衣管领已达 1285 名。[10]

16

8　祁美琴：《清代内务府》（沈阳：辽宁民族出版社，2009）；Preston M. Torbert（陶博），The Ch'ing Imperial Household Department: A Study of Its Organization and Principle Functions, 1662-1796 (Cambridge, MA: Council of East Asian Studies, Harvard University, 1977); Evelyn S. Rawski（罗友枝），The Last Emperors: A Social History of Qing Institutions (Berkeley: University of California Press, 2001)。有关清代太监附属于包衣的制度，参见祁美琴：《清代内务府》，第 42—51 页；Preston M. Torbert, The Ch'ing Imperial Household Department, pp. 1-12, 173-179. "私人衙门"这一说法源自 Silas Wu（吴秀良），Communication and Imperial Control in China: Evolution of the Palace Memorial System, 1693-1735 (Cambridge, MA: Harvard University Press, 1970), vii.

9　祁美琴：《清代内务府》，第 134—145 页。财政收入数据，源自赖惠敏：《乾隆朝内务府当铺与发商生息》，《"中央研究院"近代史研究所集刊》第 28 期（1997 年 12 月），第 133 页。盈余数据引自赖惠敏：《清乾隆朝的税关与皇室财政》，《"中央研究院"近代史研究所集刊》第 46 期（2004 年 12 月），第 53 页。另见同氏著《乾隆皇帝的荷包》（台北："中央研究院"近代史研究所，2014）；《乾隆朝内务府的皮货买卖与京城时尚》，《故宫学术季刊》第 21 卷第 1 期（2003 年秋季），第 101—134 页。

10　Preston M. Torbert, The Ch'ing Imperial Household Department, p. 29. 在嘉庆元年（1796），官员人数有 1623 名，管辖约 56 个分支部门（pp. 28-29）。皇室内库在内关键部门的历史，见同上书，第

运作一个如此庞大的制造业和商业的包衣管领群体，推动了管理和专业技术广泛化。基于解决问题的务实特性，他们构成一类新"技术官僚"精英，施展技艺的力量，在宫廷内外的活跃程度罕见于前代。他们引领"工作的物流和认知文化"（logistical and epistemic culture of working），以生产管理实效而不是经典的微言大义为依归，印证了坎德拉·穆凯尔吉（Chandra Mukerji）提出的"物流力量"（logistical power）概念，更提升到可与儒家正统以文字为核心的学术传统相媲美的程度。[11] 虽然包衣人数远少于文官，但是制度性优势令前者在社会具有不相称的巨大影响力。

内务府对包衣的征调、训练及其组织文化，是满洲传统中以八旗为核心的军事兼政治制度的历史产物。满族原为明帝国东北边境的少数民族，在 16 世纪晚期逐步崛起。1580—1620 年间，满人通过不断吞并周边人群，形成松散的部落联盟。以满洲八旗为原型，归附者被编入相应旗籍、服兵役，组成蒙古八旗和汉军八旗。随着 1644—1645 年清兵入关，三族八旗各获得不同的世袭位阶和特权。

每支旗下分三类群体：兵丁、包衣、旗下家奴。[12] 包衣（满：booi，意为"家的"）是不同族源的奴隶或仆人，大多原是战俘。他们在旗内组成称为"牛录"（满：niru，意为"大箭"）的单位，干着捕鱼、采蜜、为本主耕地等粗

32—39 页。内务府官员头衔和品阶，见祁美琴：《清代内务府》，第 84—88 页。内务府的职位合共超过 3000 个，规模是最大的户部的十倍，见杜家骥：《八旗与清朝政治论稿》（北京：人民出版社，2008），第 474—475 页。

11　Chandra Mukerji, *Impossible Engineering: Technology and Territoriality on the Canal du Midi* (Princeton: Princeton University Press, 2009), pp. 216-223. 被称为"幕友"的流动汉人助手是一类缺乏实权但普遍存在的群体，兴盛于 18 和 19 世纪。他们游离在官方行政机构之外，却为官员处理技术性问题。参见 Kenneth E. Folsom, *Friends and Guests, and Colleagues: The Mu-fu System in the Late Ch'ing Period* (Berkeley: University of California Press, 1968)。

12　有关八旗制度的形成，见 Mark C. Elliott（欧立德），*The Manchu Way: The Eight Banners and Ethnic Identity in Late Imperial China* (Stanford: Stanford University Press, 2001), pp. 39-88。包衣的政治和法律地位高于旗下家奴。杜家骥认为后者属于"贱民"，前者等同于社会的"良民"（见杜家骥：《清代八旗奴仆制考析》，《南开史学》1991 年第 1 期，第 134—148 页；另参阅氏著：《八旗与清朝政治论稿》，第 445—455、466 页；Mark C. Elliott, *The Manchu Way*, pp. 81-84）。包衣在 1909 年估计约有 13847 名，或占旗人总数的 11.7%。这个数字高于清初（见杜家骥：《八旗与清朝政治论稿》，第 440—441 页）。

活，也承担家内守卫或军事随侍。[13] 清兵入关后，直属皇帝家内或上三旗的包衣后裔成为内务府的支柱。在结构、职能及人员构成方面，内务府可谓是早期包衣组织的延伸。[14]

皇帝或皇子家内的包衣在本质上是永属的人身仆役，但吊诡的是，他们享受社会上其他大多数人不可企及的优遇和特权。灭明立清后，京师专设特殊官学去训练包衣子弟识读满汉文、军事等一系列专业技能。[15] 考列一等者毕业后任笔帖式，可以在内务府不断升迁，或凭科举考试在常规官署出任高官。包衣可以拥有个人财产、头衔和自己的奴仆。[16] 在其他清人眼中，皇家包衣是最有特权、最靠近权力核心的精英群体。有清一代，他们是唯一有权力进入皇帝私人衙门（内务府）和常规官署的群体——两者都为其保留名额。[17]

包衣世代亲侍主子的亲密关系，令他们在皇帝心中值得特别信赖，尤其当处理涉及诸如钱粮、制造或管治在廷供职的欧洲传教士等敏感事务时。[18] 他们集中定居在北京、盛京（今沈阳）、热河（今承德）和入关后在满洲的皇室庄园，其地域集中性及世袭地位有助于形成共享实用知识的文化，营造一种紧密

13　努尔哈赤在 1601 年将每三百人编为一个牛录（祁美琴：《清代内务府》，第 3—7、29—32 页）。除战俘和罪犯外，部分包衣通过领养或嫁娶形式归入本主家中（同上书，第 17 页）。在 1616 年八旗制度正式建立之前，包衣也是兵丁（同上书，第 18 页）。

14　祁美琴：《清代内务府》，第 36—41 页。根据杜家骥的研究，上三旗和下五旗（属于王侯）的名称直至 1651 年多尔衮薨逝才出现。上三旗分别是正黄、镶黄和正白（见杜家骥：《八旗与清朝政治论稿》，第 187—188、203、226—229、264 页）。八旗旗色等级的沿革，参阅同上书，第 152—159 页。

15　康熙帝在康熙二十四年（1685）设立景山官学，即六所包衣官学的首间。最初招收 360 人，十年后增至 388 人。毕业者为笔帖式或库使、库守。官学每三年自行举办考试。除专收包衣的官学外，有些包衣亦可进入兵丁旗人学校（见 Preston M. Torbert, *The Ch'ing Imperial Household Department*, pp. 37-39；杜家骥：《八旗与清朝政治论稿》，第 373—386 页；祁美琴：《清代内务府》，第 82—83 页）。

16　部分包衣甚至能升至与兵丁旗人相等的地位，见杜家骥：《八旗与清朝政治论稿》，第 325—326 页。

17　属王侯家（下五旗）的包衣也能在私人和常规官署谋求职位，但无资格进入内务府当管领。

18　关于两位为康熙帝管理欧洲传教士的造办处总监造，见陈国栋：《康熙小臣养心殿总监造赵昌生平小考》，载冯明珠主编：《盛清社会与扬州研究》（台北：远流出版社，2011），第 269—310 页；《武英殿总监造赫世亨：为康熙皇帝照顾西洋人的内务府成员之二》，《故宫文物月刊》第 334 期（2011 年 11 月），第 50—57 页。

的集体认同感。这样看来，虽然包衣和儒家士人同为清帝国效力，也有互相来往，但是他们在身份认同和学识履历上，其实来自两种截然不同的体系。

陶人之心：唐英和沈廷正

以技术管理和掌控物流为基础的包衣技术官僚文化，在唐英（1682—1756）身上可以看到最具体的表现。在乾隆二年（1737）至二十一年（1756）间任御窑厂督陶官的唐英（图1.2），祖籍沈阳，隶正白旗包衣，16岁进入内务府供奉。他早期在造办处的职责包括为瓷器花样画稿，制作并测试火炮。早前无烧造瓷器经验的他，在雍正六年（1728）成为督陶官年希尧的副手，为日后的升迁转正打下基础。在督陶日理万机之余，唐氏精力过人，除是多产诗人、画家外，他也写剧，常在作品中融入方言俚语。[19] 正是在这些作品里，他表示了自己与汉人儒家官僚迥异的自我认识和认同。

尽管学者普遍认同唐英是清代御器生产最重要的技术革新者和老练的内务府大臣，但他的自我定位却是一名工匠——确切地说是陶工——而非士大夫或官吏。他在著作《陶人心语》中解释书名时，描述了自己在本质上不外是一名手艺人：

18

> 客亦知夫人各有心，心各有语乎。……陶人有陶人之天地，有陶人之岁序，有陶人之悲欢离合、眼界心情。即一饮一食，衣冠寝兴，与夫俯仰登眺交游之际，无一不以陶人之心应之。即无一不以陶人之心发之于语以写之也。[20]

19　Kaijun Chen（陈恺俊），"The Rise of Technocratic Culture in High-Qing China: A Case Study of Bondservant (Booi) Tang Ying (1682-1756)," (PhD diss., Columbia University, 2014).

20　唐英：《唐英全集》第1册（北京：学苑出版社，2008），第7页。感谢陈恺俊见示这则重要材料。相关讨论，另见 Kaijun Chen, "The Rise of Technocratic Culture in High-Qing China," p. 60。唐英在

图 1.2

包衣唐英（1682—1756）像，皂石制，1750 年。身为技术官僚和革新者的唐英，后成为江西景德镇御窑厂的督陶官，自我定位为"陶人"，而非士人。他没有依照士人惯例为自己定制纸本或绢本的肖像画，而是请工匠制作石像。石像背后的垫子上有"庚午春写于九江关署"字样，下款石工"汪木斋"的阴文篆书圆印。取自王世襄：《清代汪木斋石雕》，《美术家》1981 年第 22 期，第 57—58 页；另参见（清）唐英：《唐英全集》，第 653—654 页。

　　唐英不无自豪地指出，作为手工艺人的陶人，他也有怡然自得的内心世界、丰富的情感生活和伦理处世之道，比起儒家学者也毫不逊色。他借与一位客人的对话，有意颠覆《孟子》中劳心者和劳力者之间自古以来一贯的等级差异。这位技术官僚尝试打破这套束缚儒家文人的二元论，认为掌控知识和物质生产的理念，心和手皆可为他所用。这种"劳心"和"劳力"优先次序的微妙转变，乃是清朝统治者对物流和管理技术重新定位的直接结果，且同时对清初的工匠和士人产生影响。

　　即使是不直接参与御用作坊管理的旗人官员，也显示了在儒官身上少见的对手工艺人的尊重。发生在名为沈廷正的官员身上的一件小插曲，展示出社会上固有人际网络是如何有效推动新观念传播的。沈氏隶镶白汉军，原属皇子藩邸。随着主人在1722年继位当上雍正皇帝后，沈氏身为雍正信赖的得力助手，开始在官场平步青云。雍正四至五年（1726—1727）间，原是笔帖式的沈氏 19 出任布政使（从二品），被调往福建去调查一宗粮仓贪污案。[21]

　　沈氏在福建履职逾一年的时间里，与当地善于篆刻、琢砚的手工艺人兼士人谢士骥来往甚密。沈廷正欣赏谢氏，更称"阅士良几多，无人奇似汝"，赠他"汝奇"作别字。此后，谢便用此别号为作品落款。沈曾作一首长诗，抒发他对谢的钦佩之情，内容摘录如下：

> 乍接平平尔，交久喜欲狂。
>
> 诗派宗少陵，书法逼怀素。
>
> 纵横难测量，伊人美无度。

笔记中至少记下了一名砚台匠，很可能是出于有意将他招进造办处，见唐英：《唐英全集》第2册，第363页。唐氏记录其名为"砚台匠王应选"，籍贯是广东肇庆高要，举人出身。感谢陈恺俊向我提供这条信息。王氏最后是否曾进官服务已不得而知，造办处活计档未见他的名字。

21　虽然是普通旗人而不是包衣，但是沈廷正的出身和际遇与包衣类似。沈氏最后出任河道总督这项肥差，成为水利和财政专家。关于他在福建粮案的角色，相关讨论见刘东海、王志明：《雍正如何强化中央集权：以雍正朝福建粮仓治理与吏治为例》，《探索与争鸣》2008年第9期，第77—80页。至于河道总督的技术要求，见郑民德：《清代直隶河道总督建置考论》，《北京化工大学学报（社会科学版）》2011年第3期，第76—80页。

通材适于用，所业必过人。

尤擅琢玉手，技也近乎神。

他在诗的开头视谢（他称为"谢子"）为士人，客套性地称赞其诗与书法；然而最后，他刻画谢作为一名工匠，在天赋和技艺上均臻于至善。[22]

沈廷正和唐英等汉军旗人技术官僚重视工匠技艺，更视之为衡量一个人的度量标准。他们在大江南北穿梭，为主子服务的同时，一场影响深远的价值转变也随着他们的足迹在悄然发生。沈氏读过儒家经典，在夸奖谢汝奇时借用《易经》和《诗经》典故，不过他眼中的贤才（连他自己在内），与其说是儒家士大夫，毋宁说是更接近于一名精练的手工艺人。

在诗的后半段，沈廷正承认道："嗜好我无他，砚癖心输写。"谢汝奇至少曾为沈氏制作过一方砚台，更娴熟地次韵另赋诗一首，以此答谢这位他尊为"藩宪沈公"和"沈方伯"的赞助人。[23] 从这些应酬文字看出，沈廷正诗中偶尔会出现蹩脚措辞，唐英也如是，凸显出汉军旗人在面对汉族士人文化时，往往流露出诚心的仰慕，甚至可以说是一种自愧不如的谦卑，接触到从宋代便开始经验累积的赏砚文化时尤其如此。沈到任福建前，对砚台虽不陌生，但很可能是遇到谢氏后，他才从后者那里学到辨识砚石的诀窍，从用砚写字的笔帖式转变成一名玩砚的鉴赏者。[24] 我指出沈氏经人指导和他的诗辞蹩脚，并非出于诋毁之意，而是想说明这类新旗人精英在清初地方社会流动，有助于把内务府包衣、尤其是内廷造办处那种重视管治、物流、行动和务实的技术官僚文化，或多或少地引进汉族士人文化圈中。　　20

当包衣和旗人技术官僚在全国各地行走，推动帝国的经济运作和行政管

22　谢士骥：《春草堂诗钞》（福建师范大学图书馆藏 1777 年钞本），《题赠》，第 1a 页。

23　这首专为旧坑端石制的一方砚而赋的诗，收入谢士骥：《春草堂诗钞》，卷 2，第 9b 页。谢氏答谢沈氏赠别字"汝奇"随同韵的诗，见同书卷 2，第 4b—5a 页。

24　从一宗小事可略窥出沈氏受过谢的指导。谢氏曾得一方歙石，沈见而奇之，并引苏轼一首诗，为之取名"玉德金声"。谢氏为纪念此事而作的诗带有一定教学性质："砚材良多端，端歙并堪羡。世皆重端溪，品题居歙先。实则歙尤佳，声色材性便。"谢士骥：《春草堂诗钞》，卷 2，第 8b 页。

理，并同时为自己谋划步步高升的官运时，他们也通过与各地手工艺人和文士的日常互动，为汉族士人文化带来微妙但可察觉的转变。他们在正式职务之内外，促进着清代物质帝国的物流发展和技术知识传播。

康熙朝宫廷的设计大师：刘源

唐英和沈廷正，代表着由宫廷到地方的物品和技术交流。但是在清初，工艺品和技能的流通绝不只是由上而下的单向路径。如汉军旗人刘源的传奇生涯所体现的，更多的是从下而上，从民间的作坊进入宫廷（图 1.3）。刘氏是康熙中期（1680 年代）一名特立独行的器物设计师和巨匠；当时刚建立的造办处架构松散，且无档案记载，故他的个人艺业值得关注。他不仅揭示了物质帝国逻辑以及制砚在其中的中心地位，也是树立清宫文物风格的一位关键人物，折射出清朝的统治观、帝王品味和康熙朝的匠役技艺水平。

刘源（约 1641—1691 前）原籍河南祥符（今开封），隶汉军镶红旗人，他可说是当过官的文人、士子，更应说是画家、工艺人、宫廷设计师。早年父母双亡，曾入读当地学校，后为寻求出路和赞助人，开始四处漂泊。当他在康熙元年（1662）定居苏州后，人生开始迎来转机。随后六年间，他在江苏省布政使（从二品）的汉军旗人佟彭年的家中服务，并凭兴趣精研绘画。康熙七年（1668。译按：作者误植其刊刻年代为 1699，特此更正），佟氏资助《刘源敬绘凌烟阁》（译按：即《凌烟阁功臣图》，后文简称《凌烟阁》）一书刊刻，内含佐唐太宗贞观之治二十四位功臣附题赞的画像，由刘源设计和绘制，用于进献圣上来证明自己的才华。刘氏自视为功臣之一，并将康熙比作招揽贤臣的唐太宗之策略收到成效，翌年他便在北京当上了国子监生。[25]

25　无直接证据表明该书呈进到康熙手中，但我基于两点理由做此猜测。第一，进献个人作品以自荐，在康熙晚期很常见。当康熙帝在 1706 年围猎北巡途中，福州书法家林佶曾在密云县守候，将亲手书写的御制诗并自赋献给皇帝。林后来因此在武英殿当上抄写（林佶：《献赋始末》，载《朴学斋

图 1.3
张远（活跃于 17 世纪），《刘
源像》局部，1655，绢本墨笔
及设色，128.9×33.9 厘米。浙
江省博物馆藏。

至康熙十六年（1677）任刑部主事（从六品），调度江西芜湖关。两年后，刘氏因涉嫌贪污遭到弹劾，被康熙召回内廷，就此开启新的艺业。[26] 正是亲侍康熙期间，刘源参与御窑、后妃玺印以及御墨、漆器、木器之设计，推动了清初皇家风格的形成。

虽然刘源早期可以说是一名求上进的文人、画家和官吏，但却与这些角色的传统期望格格不入。佟氏将他随意融摄不同地域的画风，贬斥为"不一体"和"体不一致"。[27] 这个评论很有见地，点出了创新性折中对刘氏艺术的重要性。刘氏的密友兼义弟刘廷玑（1653—1735仍在世）也是祥符汉军旗人，形容其字体因融会诸家而"怪癖"，在赋诗这项中国文士的天职上，未投入太多心思。[28] 但同时，刘氏也很难符合"工匠"或"手工艺人"的标签。因

文集》，第 1a—5a 页）。第二，刘氏《凌烟阁》现存三种版本均藏于北京的国家图书馆（属于内阁和国子监藏书），北京大学另藏一残本［Anne Burkus-Chasson（安濮），*Through a Forest of Chancellors: Fugitive Histories in Liu Yuan's Lingyan ge, an Illustrated Book from Seventeenth-Century Suzhou* (Cambridge, MA: Harvard University Asia Center, 2010), 309n9］，表明有多种版本传至京师。

26　这一组插图除二十四功臣外，另附观音菩萨像三叶及武神关帝像三叶。这部作品之分析及图版，详见安濮（Anne Burkus-Chasson）的专著 *Through a Forest of Chancellors*。《凌烟阁》"自序"透露出刘源的早期生涯（Anne Burkus-Chasson, *Through a Forest of Chancellors*, pp. 270-272）。另见安濮对刘氏生平及他与佟氏关系之重构（pp. 172-183）。她将刘源视为因归顺满族统治而带抵触心理的汉人臣子。《清史稿》提到刘氏是汉军，安濮解释这个身份是他在康熙宫廷服务的一种奖赏（p. 176）。这不太可能，因为汉军是只授予清兵入关前的归顺汉人的世袭地位。因此，我对刘源心理活动的解释有别于她。关于刘源设计瓷样的研究，见曹淦源：《"臧窑"瓷样设计者——刘源散论》，《景德镇陶瓷》1992 年第 2 期，第 31—33 页；童书业：《刘源对"康熙御窑"瓷器的贡献》，载氏著《童书业瓷器史论集》（北京：中华书局，2008），第 281—283 页；林业强：《参古运新：刘源设计瓷样考》，载《故宫博物院八十华诞古陶瓷国际学术研讨会论文集》（北京：紫禁城出版社，2007），第 11—24 页；宋伯胤：《从刘源到唐英——清代康、雍、乾官窑瓷器综述》，载林业强主编：《清瓷萃珍》（南京：南京博物院，香港：香港中文大学文物馆，1995），第 9—42 页。

27　佟氏为《凌烟阁》撰序，见 Anne Burkus-Chasson, *Through a Forest of Chancellors*, pp. 260-263。

28　刘廷玑：《在园杂志》卷 1，第 15a 页。虽然"奇"在艺术和书法受重视，刘廷玑用"怪癖"形容，则不像是赞誉之词。他曾摘录刘氏一首诗，但称他"诗不多，亦不存稿"。《清史稿》的刘氏传记，大部分摘自刘廷玑的叙述。安濮（pp. 174-176）分析过画家张远笔下的刘源肖像中自我呈现为士人的矛盾形象。

为他不是在民间经营作坊维生，而是附庸于皇室的一名家仆，而且他只为众多宫廷器物制作纸样或蜡样，主要任务不是参与制作；这些"样"保证规格化和按照皇帝的旨意精确完成，并可长期留供后世参考，是造办处独特机制要求下的产物。[29]

可以说，刘源在清初的特殊身份和际遇，并不符合中国传统所谓士、农、工、商的任何一个标签。或能借用意大利文艺复兴时期艺术理论"迪赛诺"（disegno）一词的概念，来形容他为不同材质和功能的器物赋予和谐的形式感的能力。"迪赛诺"这一概念在 14 世纪后半期出现时，意指是"绘图"或"企图"，同时适用于绘画、雕塑及建筑，强调这些工艺的理性，目的是把它们提升成为"艺术"，和今天通称为"设计"的概念不尽相同。当时以兴建佛罗伦萨大教堂大穹顶著名的建筑师，出身冶金艺人的布鲁内莱斯基（Filippo Brunelleschi, 1377—1446），和多才多艺的刘源，二者的雷同之处引人遐想。他们二人都通文墨，但更善于工艺制作，靠物华工巧的实感创作名传后世。说他们是艺术家可能低估了他们的技术工艺，说他们是工匠又可能贬低了他们的社会地位。也许他们多元的身份和技能，反映了身处的转型期社会的流动性和复杂性。

正因为刘源和布鲁内莱斯基的传奇生涯不易归类，为他们作传的友人，都在叙述和修辞这些文学技巧上努力，以求整理出简洁利落，易为读者接受的生平故事。为布鲁内莱斯基作传的安东尼奥·马耐蒂（Antonio Manetti, 1423—1497）和为刘源撰小传的刘廷玑，都在叙事结构上下功夫。刘廷玑依照刘源生平展开叙述，以他作为设计师的不同成就先后铺陈，使之条理明晰。先是形容刘氏"聪慧纤巧"。传统上，头三个字专门用来形容仕女，最后的"巧"字则女性、工匠皆通用。刘氏的纤细天性令他"有异于常人"。刘廷玑罗列刘氏在诗、书、画上的成就后，再次用"巧"去形容他的工艺品制作，例如制墨和微雕字的器物。为避免读者误以为他只是个工匠，刘廷玑随即指出刘源作为鉴赏家独具慧眼，其制作、鉴定器物的能力"无人可及"。接着，他说刘藏有一批

22

29　关于"样"，见故宫博物院、柏林马普学会科学史所编：《宫廷与地方：十七至十八世纪的技术交流》；Kaijun Chen, "The Rise of Technocratic Culture in High-Qing China," pp. 48-49。

古董，皆人所未见之物。[30] 刘源拥有女性般的纤细心灵和工匠的巧手，集制作者、收藏家、鉴定权威于一身，体现了在清初社会拥有多重主体性和属性的可能。他在设计、制造和鉴定器物上的非凡本事，以及运用多种元素塑造个人风格的能力，特别符合康熙皇帝要发展清朝物质文明去巩固政体的统治意图。

实际上，当刘源任职芜湖关期间，即已开始为宫廷的器物设计献一份力，例见他为皇帝设计的墨锭。他在康熙十七年（1678）三月的万寿节期间，向圣上进贡一套墨，翌年（1679）五月作为端阳节贡再次进献，一个月后再献第三套。每次进贡的墨块数量虽不得而知，但因集中成套，故每套数量应相同。可以猜想刘源的用意是献墨给主子写字用，但这批贡墨显然并没有被完全消耗掉。乾隆在1738年从内务府库中发现这批贡墨，命人用匣以一组十四方墨的组合收贮，乾隆三十五年（1770）更下旨部分仿制，表明它已从消费品正式转变为珍藏品。[31]

在这当中，松月墨（图1.4）见证了主仆情是如何通过书写文化以及物和文字之互动展开的。虽然具体细节不详，但刘源在1678年之前，曾在内殿供奉过康熙一段时间，为他制墨和绘画。[32] 为表欣赏之情，年轻的康熙皇帝赐赠刘源御书四字："松风水月"，引人联想到一位隐士听松涛之鸣、凝视水中月的诗意景象。刘源为答谢隆恩，在任职江西芜湖关期间，特意修筑一小阁用于珍藏供奉御书。

这座建筑实体或其理想形象出现在刘氏的贡墨上，带有御书四字款。墨的形制具有创意且带政治寓意，传达了天圆地方的传统宇宙观。设计母题的布局

---

30   刘廷玑：《在园杂志》，卷1，第15a—b页。廷玑提到"笏"作为刘源微雕的例子，指一块笏板或墨锭。"笏"是牌板之意，也指墨的模具。在刘源收藏的古董中，廷玑提到一块山形石和蜜结迦南雕成的诸葛枕，可治尿床（同上书，卷1，第16a页）。经他鉴定的器物包括一件玉杯（同上书，卷1，第15b—16a页）；他也为折扇吊坠的最佳材质提供意见（同上书，卷4，第29b页）。

31   收藏家周绍良提到，1949年后，故宫博物院的馆员发现了十件相同的楠木盒，每件盒内贮14块墨锭［周绍良：《蓄墨小言》（北京：燕山出版社，2007），第17页］。林业强则推测乾隆将它们收贮在八件螺钿漆盒内，各以绣有缂丝龙纹的黄绸带包扎（第18页）。

32   他留在墨上一段铭文，云："臣源猥承异数，频侍炉烟。每恭直挥洒，叠蒙颁赐有加。"此墨制作于康熙十七年（1678）农历三月，刘氏在内廷供奉之时间应早于彼时。他甚至可能奉旨画过壁画；《清史稿》提到刘氏曾在官殿墙壁上画竹。

突出皇帝占据上方之圆寰，臣民处于底部的方形。其中一面的上方圆寰内，一对纤长的龙围绕"御香"（或"御书"）二字。刘氏在下方用阳文刻超过 200 个小字来叙述感激之情。在另一面的圆寰内，一对更小的填金双龙对舞于"松风水月"四字上方；底部方形内，用细致浮雕勾勒一座亭浮在莲塘上的图像。图像与背面的题记相呼应，引导观者不断翻动墨的两面。通过观者的主动参与，文字和图像融为一体。皇帝御字是题在混合松烟和胶而成的墨锭上，随时可用来研磨书写更多的御书，完成墨和帛的循环利用，文、物、情的互动生生不息。 23

刘源这套贡墨多直接或间接取材自古物造型，如有虞十二章、玉璧、铜镜、唐琴、宋砚等。[33] 类似于刘氏在《凌烟阁》绘本中援引唐代忠臣，它们透过连结古代来赋予清代正统性。刘氏的唐代功臣像与古画的形象并无相似性，他所制的宋砚墨（图 1.5）也和宋代文人作者所青睐的宋砚不类。汲古铸新是康熙政治理念的关键，而透过敏锐的刘源之手眼，它成为清初宫廷设计的根本原则。 24

刘源的跨媒材龙纹

刘源因为在重新运作的御窑厂担任主要设计而名垂青史，他在 1680 年代提供了多达数百份的图样。虽然这些图样没有署款，但学者基于对已知是由他线描或绘画的图纸的比较，识别出数件很可能是出自他设计的龙纹瓷瓶。[34] 25

33　与清代宣导的多元性一脉相承，其余两块墨的造型采自贝叶经和塔，带有佛教意象。

34　引自刘廷玑：《在园杂志》，卷 1，第 15a—b 页。辨识刘氏瓷样设计的前人成果，见林业强：《参古运新：刘源设计瓷样考》，第 16—22 页；Jonathan Hay（乔迅），*Sensuous Surfaces: The Decorative Object in Early Modern China* (London: Reaktion, 2009)，pp. 155, 157。他的设计特色包括悬浮在空地的人物和圆形卷浪纹。林氏基于一组纪年判定为 1680 年代的御窑瓷器，确定其为刘氏的设计。它们的优美造型和雅致线条，填补了从晚明"笨拙厚重"风格至雍正时期"雅致"之式的过渡缺环（第 20 页）。曹淦源认为一些青花和釉里红瓷罐带楷书年款，迟至于 1681 年后才出现，很可能是基于刘源图样，参见氏著《"臧窑"瓷样设计者——刘源散论》，第 13 页。关于刘氏画龙的插图，参见《凌烟阁》其中一叶，见 Anne Burkus-Chasson, *Through a Forest of Chancellors*, p. 298。至于早期中国艺术的

A

图1.4

刘源，松月墨（乾隆时期改名为"敬亭"），属"御香"套墨之一。（A）上方圆寰：模印双龙对舞，围绕填金篆书"御香"（或"御书"）铭。下方方形：阳刻康熙十七年（1678）农历三月刘源所写的赞跋。（B）上方圆寰：模印双龙对舞，围绕填金行书"御笔"铭；中央一行四字行书："松风水月"，源自康熙御书。下方方形：一幅图中有水边亭阁，或是刘氏为供奉皇帝赏赐御书所修建的。北京故宫博物院藏。

B

图1.5

刘源，宋砚墨，属"御香"套墨之一。北京故宫博物院藏。

清代的龙是沿袭汉族传统的皇权象征，但在康熙朝的艺术和物质文化中它的形态千变万化，至乾隆朝才开始变得程式化。在这个动态演变过程中，刘源扮演了重要角色。除瓷瓶外，他也为多种材质的器物大胆设计龙纹，其中可考的包括玺印、御用墨和砚。他的常规职责，包括受旨为皇太后和嫔妃设计玺印（前者配一个龙钮，后者无）。虽然我们无法从传世品中加以识别，但他的好友刘廷玑亲眼见过其制作的蜡样被呈进礼部。[35]

其中刘源最得意的作品，是现存北京故宫博物院的龙光砚（图1.6）。它由旧端石制成，呈深紫色。砚的右侧壁带小字"康熙十八年五月恭制，小臣刘源"，后钤"源"印，乃是刘源个人进贡康熙之物。[36] 他显然熟悉江南作坊的制砚技术，将砚堂中心预留给中国收藏家珍视的石品纹理（包括"火捺""胭脂"）。无论是石材、构思或是造工，这方砚都可说是清初琢砚工艺的代表作之一。

一龙游走在卷云间，占据砚面上半部分。龙首带有强健的人格面部特征，方颚强而有力，向右呈六分像。线条流畅的双角与龙首反向，浮于飘飞的鬃毛上方。鬃毛是一缕缕地刻出，犹如铁丝篦出一般。单是对龙首的刻画，刘氏就传达出一种满布全砚每一方寸的动态张力。更出彩的是他处理平面的手法。尽管砚石沉重，厚达六厘米，刘氏却不深雕砚面，而是用精细的层次 —— 即凹凸的韵律变化 —— 及斜面无锋的圆滑刀法，营造景深错觉。例如，夸张的S形龙身穿过凹槽下方再回转，几乎呈半圆形。闪亮的环状鳞片层叠相交，随龙尾扭曲而滑动。全砚无一处直线和锐角，除砚堂外（实际稍微下凹）亦无一处平坦。

龙，见 John Hay（韩庄），"Persistent Dragon (Lung)," in Willard J. Peterson, Andrew Plaks and Ying-shih Yu eds., *The Power of Culture: Studies in Chinese Cultural History* (Hong Kong: Chinese University Press, 1994), pp. 119-149。

35　刘廷玑：《在园杂志》，卷1，第15b页。

36　基于它的设计母题，故宫馆员始自《西清砚谱》以降，均称该砚为"双龙"或"双龙戏珠"。如配套的砚匣上方印显示，刘氏为它起名为"龙光"。刘氏在砚底上留隶书填金款，采取了瓷器刻款技法。我是在2012年11月5日上手观摩此砚。根据《西清砚谱》条目，乾隆时期，它收贮在建福宫花园（1742年建成）内四层楼的延春阁（卷15，第30a页）。关于延春阁，见 Nancy Berliner（白铃安），*The Emperor's Private Garden: Treasures from the Forbidden City* (New Haven: Yale University Press, 2010), p. 76。

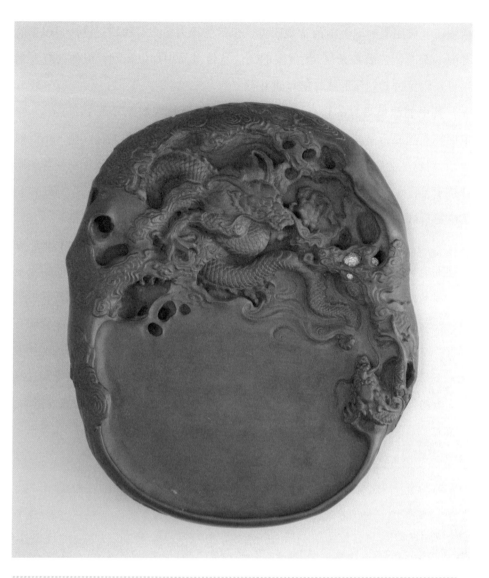

图 1. 6

刘源，龙光砚，康熙十八年（1679）。长 21.8 厘米，宽 18.2 厘米，高 6 厘米。北京故宫博物院藏。

　　整体效果并非只是砚面刻一条龙那么简单，而是龙从石中喷涌而出的实体化：以三维的物质化表现龙德——兴起变化从而改变世界的力量。此砚表面如此富有动感和变化，在乾隆朝被收入著录皇室藏砚的《西清砚谱》（图1.7）时，画工也难以在二维平面上再现其神髓。从龙首的六分像和砚堂外缘的明暗法来看，画工的临摹虽不乏写实和精确，但仍难以捕捉到龙的脸部特征，更遑论其神采。[37]

　　刘源营造的这种动态张力，乍看之下并不起眼。我在故宫博物院提件观摩时，当这方体量硕大的砚第一次从盒中取出时，我只看到目不暇接的细节藏于一片深紫中。随着观察时间的推移，周遭环境悄然退去，才逐步领略到刘氏工艺的巧思和精微。在骤眼观察时，我却被两个不寻常处吸引注意。第一，不见有砚池（用于临时储水或墨），通常它会设在砚面的上三分之一处。当我循着卷云方向用手指沿砚的洞槽寻找时，惊奇地发现该砚简直像是个水力装置：砚池就隐藏在龙首和身体下方的缝隙中；研墨时，墨汁会沿着洞和暗沟流入下方，其中一条沟便穿过龙尾末端处。砚堂左上方由一条狭桥连结的三个洞，便是墨渗入底部裂缝的主要通道。[38] 当黑墨汁逐渐填满砚池，龙的头部和身体就像是从闪烁的墨面腾飞而起。

　　第二个让我感到不解的地方，是龙尾右侧引导其目光指向的三颗表面凹凸不平的小金点。若想象一下墨汁在其下浮动的场景，我逐渐明白它们其实代表在云中若隐若现的一颗大金珠。但是为什么会鎏金呢？之前未见砚面使用过这项技法。当我后来看到刘源用鎏金的龙单体或成双装饰的墨锭后，才更进一步体会其匠心独运。鎏金是一项古老的制墨技法。刘源不光制了"宋砚墨"，把砚变成墨，他也在琢制这方龙光砚时，把治墨技法挪用到砚表的关键部位。

27

28

29

37　于敏中编纂：《西清砚谱》，卷15，第30a—31b页。因该砚谱不在本书的年代范围之内，需另做单独分析。

38　在制砚中加入水力机械原理，显见于康熙朝的"暖砚"品类，外设加热装置以防止墨水在寒冬结冻。此前，暖砚的制作已有漫长历史，但清初制品变得格外精致，例如松花石砚配以铜胎掐丝珐琅座，见中国文房四宝全集编辑委员会编：《中国文房四宝全集·砚》，第179页，图190；张淑芬主编：《故宫博物院藏文物珍品大系·文房四宝·纸砚》（上海：上海科学技术出版社；香港：香港商务印书馆，2005），第111页。

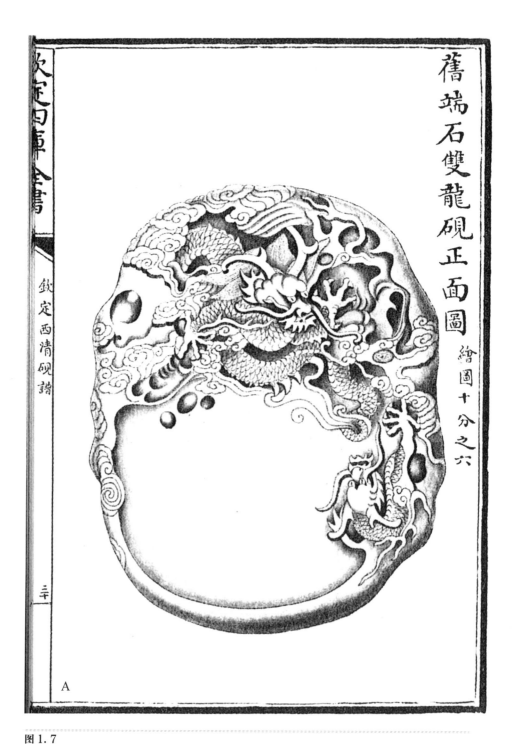

图1.7

旧端石双龙砚绘图（旧名"龙光砚"）。（A）正面图；（B）背面图。取自于敏中编纂：《西清砚谱》，卷15，第30a页。

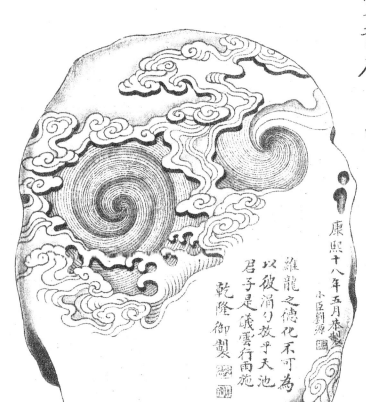

康熙十八年五月恭製

小臣劉源圖

維龍之德化不可為
以彼涓勺放乎天池
君子是儀雲行雨施
乾隆御製

这种跨媒材的互文性看似琐细，却具体而微地体现了清朝造办处的知识文化的一个关键特色：对制作、装饰器物之技法的跨媒材实验。

在此，关于刘源卓越的概念工艺另外有两处细节值得略加说明。第一，是挂在砚面的右下缘的一条小龙，目光同样指向金珠（砚谱线描图与原物比较，较为失真，把小龙全身布置在砚面，欠了颠危的动感，显得稳重呆板）。它的身体靠伸出的右爪支撑，挂在砚面和砚底之间的边缘部分。砚上方有更多类似的处理平面过渡的手法，卷云图案和纹理一直延伸过侧壁，从砚背流泻下来，与两个环形旋涡相交。刘源在进呈给康熙的龙德墨中，更将这类三维效果发挥到极致，用一条鎏金的龙缠绕长方形的墨，由背部延伸到两侧（图1.8）。研究陶瓷的学者，把这种处理过渡面手法叫作"过墙"或"过枝"，本来见于玉雕，到了清初，被绘瓷和琢砚艺人挪用，成了陶瓷和砚式设计的标志性创新，这是在明代瓷碗或砚台上所未曾见过的。

30   刘源设计语言的第二个引人注意的特点，在于砚和砚盒之间巧妙呼应的有机结合。龙光砚砚盒与其存贮的砚台同样精巧，可惜完整的全貌照片未经正式发表过。盒盖以紫檀木制，盖内嵌有一颗大圆珠，显然是以类似广东和江南工匠制作多层镂空象牙球的穿孔技法制成，精细程度被人誉为"鬼工"。[39] 这颗珠子除了展示跨媒材工艺外，其重要性更是为了呼应嵌于砚面的金珠。按照惯例，民间工匠为顾客定制砚台时，常用软、硬木等不同材质为之配做一个素盒。然而，根据砚台的设计理念如此费尽心思地雕饰砚盒，着实罕见。对砚盒设计和做工的关注，成为康熙晚期和雍正朝的官造砚台的一大特色。

刘源年少时寓居苏州等地，受江南私人绘画和古董丰厚收藏之熏陶，更得以与全国最出色的能工巧匠相互切磋。他的精致和创新意匠在康熙朝的多种器物形式上得以展现。刘源因时际遇，盛年在康熙帝身边当差时正值造办处成立初期，靠宫廷机制发挥了个人能量少有的影响力。他设计御用器物留下的未署款图样流传至今，但好友刘廷玑感叹道，在他有生之年这些器物的使用者已不

---

39 匣盒钤印："臣源"。传统上，盒是砚制成后再配做。有趣的是，刘源在匣上署款是康熙十七年（1678）农历七月，要比砚早了十个月。关于"鬼工"，详见第三章。嵇若昕对多层镂空象牙球的制作过程给予过精炼解释，见氏著：《双溪文物随笔》（台北：台北故宫博物院，2011），第62—63页。

A

B

图 1.8

刘源，龙德墨，属"御香"套墨之一。(A)正面：一条鎏金的龙头和龙爪盘踞在砚的上半部分；它的盘曲身体"过墙"爬过侧壁和背面。一条小金龙则在下方嬉戏；双龙之间的砚面则镶嵌有一颗金珠和一颗珍珠。(B)背面：填金变体隶书"龙德"款；"天府永藏"填金方印。北京故宫博物院藏。

晓得其设计和制作是出自何手了。[40]即便如此，刘源仍是糅合明代皇室和中国文人品味以迎合新统治政权的奠基者，也是沟通南方和北方宫廷匠人的工艺的中介。他的华丽龙纹通行于瓷瓶、玺印、墨和砚台，印证了质美工良的物品所凝聚的感染力。

"内廷恭造之式"

由于例行记录程序迟至在雍正元年（1723）才设立，造办处最初四十年的面貌疑窦众多。由于文字记录阙如，学者尝试从物质证据出发去重构其大致轮廓，但研究重心主要放在景德镇御窑厂。刘源在宫廷的跨媒材实践和折中性，证实了相同的工作原理：运动和实验。一方面，运动指的是各地工艺传统的创新融合，特别是通过吸收南匠和欧洲的耶稣会士。另一方面，实验则包括发展新器形，或在不同材质之间移植技法。从一开始，成立造办处作坊的目的并不只是维持宫廷运作和物料供应，更是要打造一种兼备新形式和新内容的物质文化。

随着作坊体系结构的日益发展，物流和监管机制陆续上轨，造办处运作渐渐变得更规范化，像刘源这类个性鬼才的自由发挥空间就大大缩减。在新体制下，内廷作坊成为这个物质帝国的关键枢纽或驱动力，从中孕育出大量崭新的工艺技术和器形品种，也就是今天收藏家热衷的"清宫文物"。这其中包括费时数十年之久的尖端科学实验，如康熙和雍正朝对烧造瓷胎、铜胎及玻璃胎画珐琅持之恒久的努力。[41]像制砚等其他工艺，虽看似平凡，但正因技术革新要

40　刘廷玑：《在园杂志》，卷1，第15b页。乾隆曾传旨仿制刘源的墨，所以此话并非完全正确。

41　本土生产的珐琅料迟至雍正六年（1728）研制成功。余佩瑾：《唐英与雍乾之际官窑的关系：以清宫珐琅彩瓷的绘制与烧造为例》，《故宫学术季刊》第24卷第1期（2006年秋季），第1—44页；嵇若昕：《记一件康熙朝玻璃器的最高成就》，载冯明珠主编：《盛清社会与扬州研究》，第421—438页；许晓东：《康熙、雍正时期宫廷与地方画珐琅技术的互动》，载《宫廷与地方：十七至十八世纪的技术交流》，第277—355页；Kaijun Chen, "The Rise of Technocratic Culture in High-Qing China," chapter 6.

求不高，反而为艺术创新和由新材质、颜色、器式去塑造帝王品味，留下更宽广的空间。艺术史家所指的清初"帝王品味"是个流动复合体，不仅包括在位皇帝的个人喜好，也涉及其监管作坊的包衣与具体制作、仿制、执行设计的工匠之间的紧密合作。[42]

松花石（绿端、紫端、乌拉等石材的统称）要比汉人文士和画家所青睐已久的广东端州石，质地上更硬和致密，用它制砚能融入不同造型、触感和视觉感染力。帝王品味的变化很快，刘源在1670—1680年代用紫端制作的跨媒材实验虽富有创意又精良，但不到二十年已不复在宫中流行，后来的琢砚者并未追随他。刘氏在椭圆的龙光砚上展现的不规则轮廓和圆滑边缘，连同深紫色端砚配以紫檀木盒的视觉表达，若放在几十年前是相当时尚雅致，但在松花石砚出现后，似会因过分拘泥于汉地传统而显得过时。

由康熙赏赐给皇四子胤禛（后来成为雍正皇帝）的一方松花石砚，印证了这个转变（图1.9）。该砚无款，刻画大小二龙戏珠的纹样，中间嵌一颗珠子，位置虽有别，但不难发现其理念与刘源的端石龙光砚一致（图1.6）。松花砚的珠子外裹了一层红颜料，与端砚的鎏金珠子构想如此接近，以致可以推测其设计或有可能也出自刘源之手，或者是由其他工匠以龙光砚为原型而制作。然而，将端砚设计和工艺转移至更硬的松花石，却产生了截然不同的视觉效果。比起端砚，松花砚的大龙虽雕琢细致，却显得硬板；至于其幼龙、卷云纹和下方侧壁，虽同样带弧度，却精简而缺少动势。

康熙朝作坊制作的其余数件龙凤纹松花砚也都舍弃了端砚的质感。其中一件精致砚品龙凤砚（图1.10），砚板左上角的凤首十分抽象，只能凭它的双眼和一喙勉强辨识出来。其左方的一连串羽纹仅用两条平行线刻画。更引人注目的是，这方绿砚是与一个紫色松花砚盒配套设计的。盒盖上层是由暗紫松花石雕刻夔龙，盘在齿状镂空内侧，与砚面的凤纹相呼应；黄色下层托一块平板玻璃。

33

42　乔迅（Jonathan Hay）提出三套相互影响的品味体系：严格管控的宫廷、城市奇观及文人话语，见 Jonathan Hay, *Sensuous Surfaces: The Decorative Object in Early Modern China*, pp. 27-40。另见 Jonathan Hay, "The Diachronics of Early Qing Visual and Material Culture," in Lynn Struve（司徒琳）ed., *The Qing Formation in World-Historical Time* (Cambridge, MA: Harvard University Press, 2004), pp. 303-334。

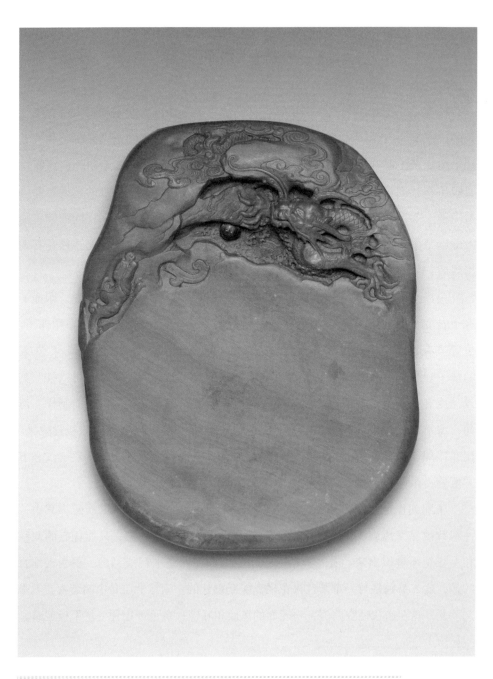

图 1.9

松花石苍龙教子砚。长 17.9 厘米，宽 14.2 厘米，高 3.9 厘米。台北故宫博物院藏。

图 1.10
松花石龙凤砚。长 14.7 厘米，宽 9.9 厘米，高 1.6 厘米。台北故宫博物院藏。

由此，松花石砚体现它的特色：砚身更纤细、平薄，常是淡绿砚石制成，带碧绿或紫色的纹理或层次，色彩配搭大胆靓丽。即便康熙朝作坊沿用熟悉的龙纹和其他吉祥的装饰母题，它们仍散发出新鲜且现代的气息。部分松花石砚采用仿生造型，如葫芦是流行样式，但不少砚身采用带 90 度转角的长方形或椭圆形。[43] 这种反差也许说明了清宫在制砚上分成精品定制和大宗生产两种方

---

43 19 世纪翰林院编修吴振棫（1792—1870）从端凝殿收贮的松花砚盒推测，康熙、雍正及乾隆皇帝都使用过松花砚［吴振棫：《养吉斋丛录》（无出版信息和日期，1896 年序），卷 26，第 5b 页］。嵇若昕（《双溪文物随笔》，第 133 页）认为它们是赏赐品。其中康熙朝的一方仿生蟹形松花石砚，见嵇若昕：《双溪文物随笔》，第 145 页；另见第 130—131 页。康熙的葫芦砚更具仿生效果（见图 1.1；罗扬：《西清砚谱与松花石砚》，《收藏家》2006 年第 12 期，第 20 页）。然雍正的松花石砚更为抽象。

式：几何形砚板的简洁轮廓有利于大量生产，用于对外赏赐。

34   更引人关注的是，无论是为哪一类松花石砚定制的砚盒，均会采用非常规材质，如景泰蓝、洋漆（莳绘）或嵌有平板玻璃、鱼化石等异材的松花石，设计新颖，前所未见。[44] 在御窑瓷器和画珐琅方面，清宫造办处最重要的技术创新和视觉元素产生于雍正乃至乾隆朝，但在制砚上，康熙朝最后二十年间（1700—1722）就逐步形成一种独特的宫廷风格。康熙及其匠人运用新发现的松花石，融入前所未见的材质和技法组合，再加上砚板和砚盒二者的一体设计，已然建立起随后雍正和乾隆所倡导的"内廷恭造之式"。

雍正对造办处的改造

在雍正帝持续关注下，造办处机制在他短暂但关键的统治期（1723—1735）内得以合理优化。他在登基之初，便建立起一套管控物料和信息的流程，并设立档案系统。至18世纪中叶，一套由他制定的运作程序涉及六房，

其中一件雅致作品，即是雍正的御用砚台，见冯明珠主编：《雍正：清世宗文物大展》（台北：台北故宫博物院，2009），第184页（no. II-14），另一作品，见张淑芬：《故宫博物院藏文物珍品大系·文房四宝·纸砚》，第118页（no.78）。

44   康熙朝制作最精良的部分松花石砚作品，见张淑芬：《故宫博物院藏文物珍品大系·文房四宝·纸砚》，第108—111页（nos. 68-71）；台北故宫博物院编辑委员会编：《西清砚谱古砚特展》（台北：台北故宫博物院，1997），第357—364页（nos. 77-78）。大部分松花石呈不同深浅的绿色，有些通体一致，有些带条纹；还有另一些呈紫色。康熙发现鱼化石，传旨工匠将其打磨并嵌在砚盒盖面。他解释这些化石与松花石砚相配合宜，见《康熙几暇格物编》，载《圣祖仁皇帝御制文集》第四集，第10b—11a页。这些配有鱼化石的砚盒图版，见 Jonathan Hay, Sensuous Surfaces: The Decorative Object in Early Modern China, p. 259 (fig. 155)。根据嵇若昕的研究，嵌有玻璃的砚盒及砚池嵌有螺钿的砚台，二者只制作于康熙朝［嵇若昕：《雍正皇帝御赐松花石砚》，《故宫文物月刊》第318期（2009年9月），第45页］。但并不全然如此。雍正曾传旨匠人将一件紫檀砚盒盖上的仙人雕刻换下，配到紫檀木香几上；而砚盒盖则改配一块平板玻璃（《活计档》第2册，雍正五年九月二十六日，第687页）。

每个房附特定职能并留档。皇帝颁发需成造的器物种类和数量的旨意，先传达至活计房，再转到特定的作坊。算档房预估器物大小和数量，在钱粮库从库中发放必要物料和银两前，换算出物料和匠银支出。督催房确保活计进度按时完成，而汇总房在监督完成后，核查所有账册。至年末，账册会送到档房保管。[45] 活计房档案中的条目，通常记："某月某日，（皇上）传旨：着做……" 显然，整个制造、物流供应和记录的庞大系统，都是围绕皇帝的个人需求和兴趣而展开。核查和相互监督，在具有成本效益和时间效益的前提下，保证器物的制作品质和数量。

雍正更扩大造办处的管理级别，加强每个作坊的匠役招募和监管。有康熙将管理造办处全权委托一位皇子的先例在前，雍正也委任怡亲王（胤祥）、庄亲王（胤禄）为造办处监理制造和管理大臣，直接向他个人汇报。[46] 亲王带领一批下属，他们的官衔或借用自（平行于）常规官署，或吸收前人再发明。随着工作量增大，数年后又增加新职位。这个由康熙初设的架构，经雍正合理优化、乾隆再扩大，降至清朝末年仍持续运作。造办处官员对六部和

35

45　雍正是在 1722 年农历十一月二十日继位登基的。《活计档》首条记录出现在 1723 年农历正月初一日。现存超过 5000 卷的造办处档案，始自雍正元年（1723），迄至宣统三年（1911）。活计房档案收藏在中国第一历史档案馆，分两种形式：原始日志（"旨意题头底档"或"底档"；又称"流水档"），由皇帝旨意起始之日开始记录；誊清钞本（"各作成做活计清档"或"誊清档"；"清档"），由书吏誊写并按照日期、物品类别逐一整理，进呈皇帝过目并交归档房。事实上，两种档案的封面都带有"雍正某某年各作成做活计清档"字样，常令学者产生混淆。两种版本都收录在中国人民出版社 2005 年出版的《清宫内务府造办处档案总汇》（简称《活计档》）。除了记录旨意及器物，档案也包括匠役的成做工序、进贡清单及超过 7 万宗奏折、官报和库贮清单等，文件形制多是散件纸页。见《前言》，载《活计档》第 1 册；吴兆清：《清代内务府活计档》，《文物》1991 年第 3 期，第 89—96 页；《清代造办处的机构和匠役》，《历史档案》1991 年第 4 期，第 79—86、89 页；嵇若昕：《乾隆时期的如意馆》，第 128—130 页。算档房在乾隆十三年（1748）更名为查核房。

46　怡亲王（1686—1730）为康熙第十三子，是十分能干的技术官僚。除了造办处，他也总理户部三库（银库、缎疋库、颜料库）和京畿水利事务。其中一件可能经他使用的砚，砚背更有他手持砚台的"肖像"，见蔡鸿茹：《中华古砚一百讲》（天津：百花文艺出版社，2007），第 48—51 页。图中着中国文人长袍的老人与塞克勒美术馆（Arthur M. Sackler Gallery）所藏的怡亲王半正式肖像完全不像（图版见 Jonathan Hay, *Sensuous Surfaces: The Decorative Object in Early Modern China*, p. 38, fig. 17）。

各省总督巡抚的行文中，用"咨文"和"知会"，显示其与京外第一级衙门相平行。[47]

除了委派自己信任的亲王和包衣当主管，雍正建立了一支与之配套的宦官队伍，他们的管辖权力远低于高峰期的明代。从活计档来看，太监通常作为传达皇帝旨意或进呈库房器物的角色出现。他们也负责宫外招募匠人之事。因此，技术知识的管理者从明廷专横跋扈的太监，转移到清代的亲王、包衣、旗人匠役。

每个作坊由拜唐阿 / 柏唐阿（*baiitangga*；知事）和催领（*bōsokuu*；从匠役提拔并会亲自处理、成造）带领。雍正朝造办处有匠役数百名，主要源自两种渠道，各有特定的招募程序和资格评定：（1）每隔几年，一批（数十名）隶上三旗的兵丁和包衣青年，可进入造办处当学徒或"学手小匠"；训练完成后，他们成为"家内匠役"或"家匠"，也称"食银匠"。（2）从全国各地的私营作坊招募匠人，尤其是江南和广东。他们统称"招募匠"或"外雇匠"，用于填补临时空缺，但少数杰出者也可转为"食银匠"。招募匠时常被带入宫内，专门去培训家内匠役。[48]

依托于这个创新体制，全国各行业最顶尖的匠人成为朝野之间手工艺交流的管道。由此，可将造办处设想成集体知识生产的正反馈回路的"枢纽"，同

---

[47] 在雍正的改革基础上，造办处的行政结构在乾隆年间的成熟形态是：总管郎中—员外郎—主事（委署主事）—库掌（委署库掌）—笔帖式。祁美琴：《清代内务府》，第82页。库掌和笔帖式是内务府特有官衔。造办处在官方行文的指称，见朱家溍：《前言》，载《养心殿造办处史料辑览》第一辑《雍正朝》（北京：紫禁城出版社，2003），第2页；以下简称《养心殿》第一辑《雍正朝》。至于增设官员以监督匠役，见嵇若昕：《从〈活计档〉看雍乾两朝的内廷器物艺术顾问》，《东吴历史学报》第16期（2006年12月），第72页。

[48] 这套制度始于顺治帝（1644—1661年在位），他在1651年废除了蒙元时期（1271—1368）即建立的匠户制度（故宫博物院、柏林马普学会科学史所编：《宫廷与地方：十七至十八世纪的技术交流》，第177—178、233—234页）。另见朱家溍：《前言》，载《养心殿》第一辑《雍正朝》，第1—6页。"学手"有不同名称，如"学手艺人"（《养心殿》第一辑《雍正朝》，第86页）、"学手匠人"（第52页）、"学手玉匠"（第177页）。关于乾隆朝"南匠"的招募和人数，见嵇若昕：《乾隆朝内务府造办处南匠资薪及其相关问题研究》，载陈捷先、成崇德、李纪祥编：《清史论集》（北京：人民出版社，2006），第519—575页。

时也推动宫廷和民间的手工艺与制造业在清代早中期的发展。[49] 即使有"家内"和"外雇"之别，表明了指示和措施均以皇上为中心，但这个体制的关键在于吸收分散全国的工匠骨干，尤其是来自南方发达地区者。

　　清代的技术官僚管理整体取得成功，作坊每日运作仍不免面临各项挑战。怡亲王接掌上任之初，于雍正元年（1723）正月颁发一条谕令，要求各作的柏唐阿各尽职分，若发现工匠有"迟来、早散、懒惰、狡猾、肆行争斗、喧哗高声、不遵礼法"，应该重罚。柏唐阿不许擅自私责匠役，"假借公务以忌私仇"。（《养心殿》第一辑《雍正朝》，第 1 页）

　　在怡亲王的强硬政策下，问题似乎有所缓解。然而，雍正五年（1727）至七年（1729），雍正仍发现匠役完成应做活计后，多有旷闲，命他们去多做活计以备用（《养心殿》第一辑《雍正朝》，第 100、157 页）。偷盗问题亦持续发生，尤其是怡亲王于雍正八年（1730）薨逝之后。例如，曾有一名外招铁匠在雍正九年（1731）被发现偷铁 8.36 公斤（14 斤。译按：此处的"斤"为清雍正朝时计量单位，与今日有差异，请读者识之。以下皆同）（《养心殿》第一辑《雍正朝》，第 204 页）。但是，最严重是在雍正十一年（1733），皇帝听闻总管太监支使或强迫匠役仿造官窑并向外销售，对擅自传做活计亦不奏明的现象严加申饬（《养心殿》第一辑《雍正朝》，第 247 页）。这类漏洞虽然损害到皇帝利益，却进一步增强了宫廷与民间在技艺和品味上的互动。

工匠和皇帝：内廷样式的缔造者

　　尽管经雍正改造后的造办处不断出现纪律性问题，但是雍正帝孜孜不倦地

49　"枢纽（agora）"一词源自 Dagmar Schäfer, *The Crafting of the 10,000 Things: Knowledge and Technology in Seventeenth-Century China*, pp. 157-159。罗文华（《宫廷与地方：十七至十八世纪的技术交流》，第 127—146 页）在文中指出尼泊尔工匠对清宫的贡献。至于雍正朝造办处制作的一系列具有创新性的器物，特别是仿宋釉的新样瓷器、薄玛瑙碗、画珐琅瓶以及一件景泰蓝豆，见冯明珠主编：《雍正：清世宗文物大展》。

对作坊的艺术和物料资源实行管控，靠对每一件活计质量的严格要求，打造出了留下他个人烙印的新内廷恭造之式。几乎设计和生产的每项步骤，未经皇帝允许，皆不得实行。他会责罚柏唐阿，申饬匠役：他在检视赏赐用的 100 件新制玻璃鼻烟壶时，发现其中 41 件款式"甚俗，不好！可惜材料！"（《养心殿》第一辑《雍正朝》，第 122 页）要求重做他认为"俗 / 俗气""蠢"的样式，希望能提升到"秀气""精细""文雅""再玲珑些"的程度。[50] 一次雍正不满发怒后，怡亲王下谕："有奉上谕夸过好的留下样子，或交出着做的活内存下的样。"因之前呈进样式甚不好，砚作的郎中被命呈看先前做过的砚样及旧存好样。[51]

除按"文雅"或"玲珑"带主观色彩的形容词去改进一件器物的整体观感外，雍正同样会凭借自身对物料和制作技法的知识，对工艺流程做具体指示。怡亲王曾交进一块重 8.65 公斤（14 斤 8 两）的朱砂，雍正传旨："将皮子起下来做几锭墨看，做时不可对（兑）银朱，纯用朱砂。"皇上每日用朱墨批阅奏折，但在此例子中，雍正对技术的熟悉程度非同一般，或与他个人喜好炼丹有关。[52] 他上手也很快；随着他逐步了解内廷作坊的技术限制和个别工匠的特点后，旨意更为具体。[53]

50　《养心殿》第一辑《雍正朝》，第 2、3、10、25、48、69、86、187、234 页。雍正也命漆匠仿制一件漆盒，使其花纹"入骨"（第 235 页）。嵇若昕指出"文雅"一词浓缩了雍正帝的品味，而江南作坊的精巧品味，尤其是苏州，在帝王风格上有着突出的表现（嵇若昕：《清世宗的艺术品味》，载冯明珠主编：《雍正：清世宗文物大展》，第 400 页）。另见她对雍正使用过的形容词的汇总表（第 408—410 页）。张丽端认为雍正在传旨时，心中有明确的概念；而乾隆则在传旨活计时，用样与匠人沟通，以寻求后者回应［张丽端：《从〈活计档〉看清高宗直接控管御制器用的两个机制》，《故宫学术季刊》第 24 卷第 1 期（2006 年秋季），第 53 页〕。

51　《养心殿》第一辑《雍正朝》，雍正六年（1728）五月二十四日，第 120 页。

52　《养心殿》第一辑《雍正朝》，第 17 页。雍正对炼丹的兴趣，在造办处清档中可找到例证。例如，他曾问海望："年希尧进的汞金炉是何料炼成？"《养心殿》第一辑《雍正朝》，第 269 页。其他例子见杨启樵：《〈活计档〉暴露清宫秘史》，《清史研究》1997 年第 3 期，第 26—35 页。

53　他想照雕刻"宋龙珊瑚桃式盒"样式，传做"戏朝带板"数副："若造办处做不来，可说与广东去的人，着伊照样做来。"《养心殿》第一辑《雍正朝》，第 122 页。他有时指定特定匠役成做活计，例如抱怨烧造珐琅器皿花样粗俗，材料亦不好，他要求再烧造时，"花样着贺金昆画"。《养心殿》第一辑《雍正朝》，第 123 页。

雍正精力无穷、关注细节、嗜好严密监控是人所皆知的，有时甚至会过度干预。[54] 在一个极端例子中，他命人将供奉在景山东门内庙里的汞金（即鎏金）骑马关帝像，照其样再造一尊。也许由于关帝作为中国传统武神在清宫典礼中扮演重要角色，所以皇上格外重视。在随后两个月内，雍正前后下旨拨改了四次蜡样，关帝的脸、腿、马鬃、从神头盔都反复修改；皇帝的关注细致入微，连关帝腰带的松紧、身背后的衣褶也不放过。（《养心殿》第一辑《雍正朝》，第 268—269 页）

在皇帝及其制样者之间循环往复的这些交流，清晰地勾勒出二者的依附关系。雍正传旨活计之初，通常心中只有一个抽象概念；唯有检视匠役制作的样时，才逐步明确偏好和修改方向。在看到实物之前，他是无法确定自己喜欢与否的。皇上和工匠在地位和权力上固然存在巨大鸿沟，但两者其实是内廷样式的共同缔造者。

匠役窃取物料和仿冒官器，不仅有损雍正的经济利益，而且对构建一个独特且专属皇上的内廷样式也很不利。雍正三年（1725），怡亲王呈进象牙和黄铜制的抢风帽架两份，皇帝传旨："它们只许里边做"，并警告如有照此样"传与外人知道"，将稽查原由，从重治罪。[55] 问题是，雍正作坊机制的成功发展，是建立在宫廷内外匠人不断技术交流和融合的基础上。也正因此，他要严格界定"内外"之别这一策略，实不乏矛盾，甚至可以说是无法彻底实行的。招募的匠役频繁进出造办处，如档案条目中记录匠役任命、遣散、辞退所示，一般在短期后就出宫返回原籍。他们晚上甚至不在宫内过夜。[56] 即便如此，也许正因为是无法实现的理想，"内外有别"这个界定仍需要不断地在口头上重申。

54　雍正对落款书体和刻工同样分外关注。例如，他认为杨芳声写的砚赋太真，命他写行书。《养心殿》第一辑《雍正朝》，雍正二年（1724）九月四日，第 25 页。

55　《养心殿》第一辑《雍正朝》，第 53 页。另外他也曾就鼓配做软套提出同样的警告，同上书，第 144 页。

56　在造办处清档中，"里""外"之措辞经常出现，但它们更像是一对相对范畴。海望在一封奏折中想要征求库贮的花瓶做样（同上书，第 195 页）。"里边"指的是太监看管的库房，而"外边"指库房以外的任何地方，包括紫禁城内的各宫殿和作坊。

登基五年后（1727），雍正慢慢意识到内廷样式是需要与时俱进的；要不
断创新，就不得不参照累积下来的传统做法。他抱怨从前造办处所造的活计好
的虽少，但仍是内廷恭造式样；近来虽甚巧妙，但做工大有外造之气。他的言
外之意是，巧妙做工实际上多来自宫外作坊，而家内匠役则需迎头赶上。为重
申"内廷恭造式样"和"外造之气"之间的差异，雍正命作坊以实物或纸稿形
式留样，以便匠人日后可细心研究、照样制作（《养心殿》第一辑《雍正朝》，
第81、87页）。承平日久，全国工艺品市场生机勃勃，技艺精益求精，珍品
层出不穷。雍正敏锐地意识到家内匠役与来自南边作坊的能工巧匠之间的竞争
关系，从其口吻能察觉到几分戒心。

雍正之所以希望通过留样来"保存"清宫文物的皇家风格，是因为他担
心匠役的知识和技艺会衰退，以及内廷样式会被稀释。[57] 雍正的旨意表明他深
切认识到皇家风格只能具体表现，是难以抽象化的。"文雅"和"精细"等空
泛形容词，只是他与作坊知事和匠役不完善的沟通手段罢了。清初的内廷样
式不是由理论或语言建构，而是通过造办处匠役心、手、眼并用打造出来的
大小器物逐件建立起来的。因此，风格不仅透过物质具体化，也是不断变化
的。器物原型以"样"的形式，在这个累积过程中成为技术参照，并以同时
代作为参考标准。毕竟，在雍正的观念中，内廷样式是通过比较而非孤立而
存。一件器物之所以是"内造之式"，是因为它区别于宫外作坊的同期所造之
物。正是"风格即区别"的认识驱使着清初帝王去无穷尽地追求新材料和新
技术。

57　余佩瑾在2006年的研究论文中引用这段原文，证明皇家风格此前就已存在了。见余佩瑾：《唐英
与雍乾之际官窑的关系：以清宫珐琅彩瓷的绘制与烧造为例》，第12—13页。她的解释后来有所改
变。她在2009年专文中提到通过制样，"皇帝或不仅仅关注外在的样式而已，他亦可能想要从中强调
存在于产造过程中呈核再造的流程"。见余佩瑾：《匠作之外——从唐英〈陶成记事碑〉看雍正官窑
烧造及帝王品味的问题》，载冯明珠主编：《雍正：清世宗文物大展》，第416页。

雍正治下的砚作

就御用、御制砚台来看，雍正在康熙的坚实基础上做出的改进，在于加强产造的物料供应并加入他的个人品味。因为从发现伊始，朝廷便垄断松花石各砚坑，在砚材供应上得天独厚。[58] 至于人才，造办处中刻象牙、嵌石、在石或木胎上作螺钿镶嵌的匠役，其实也负责制砚，这与民间惯例大相径庭。砚作在活计档中的条目，雍正元年（1723）至二年（1724）并入镶嵌作，雍正三年（1725）至十二年（1734）并入牙作。牙作和砚作联系密切，在雍正十三年（1735）甚至合并为"牙砚作"出现。[59] 其他作坊，尤其是匣作，也常被征调，以不同材质为砚台配制匣盒。

内廷的制砚工分成三类。"砚匠"主要负责大量生产样式大同小异的砚台，用于赏赐。[60] 另两类"南匠"和"牙匠"则拥有更全面的个人技艺，领取更高薪资，除制砚、玉、牙雕等精品外，有时会被传召为皇帝鉴定砚台及其他古董。由于这两类匠人招募自江南和广东，擅长多种技艺，职责并无明显区分；有些服务几年，有些则长驻宫中十数载。例如，施天章这位多面手，在一

39

58　松花石开采的机制有待深入研究。在 1730 年，雍正估算库存的绿端石不敷支用，传旨着镇守宁古塔的乌拉将军送些来。七个月后，51 块绿端石被送入宫。见《养心殿》第一辑《雍正朝》，雍正八年（1730）十二月二十九日；雍正九年（1731）七月十七日，第 188—189 页。这应是例行做法。关于松花石的产地及 1949 年后的复兴，见嵇若昕：《双溪文物随笔》，第 127 页；夏德政：《品埑端歙松花石》，《地球》2002 年第 3 期，第 19 页。

59　砚台制作分散在不同内廷作坊。雍正时期，砚不仅由砚作制造，还见于牙作、玉作、杂活作。虽然雍正朝的证据十分有限，但是砚作在乾隆朝早期多数用松花石制砚。后在乾隆中期，砚作被并入金玉作。乾隆晚期，主要负责作画的如意馆也承担了制作砚盒等其他活计（嵇若昕：《清前期造办处的江南工匠》，载《"过眼繁华：明清江南的生活与文化"国际学术研讨会论文集》，第 4 页，注 15、18；《乾隆时期的如意馆》，第 140—141 页）。

60　我们得知雍正朝的三名砚匠（黄声远、王天爵、汤褚冈），仅因为总管海望列出对他们的赏赐银两。见《养心殿》第一辑《雍正朝》，雍正九年（1731）五月十九日，第 212 页。

个清册条目中是以南匠出现，在另一处则被称为牙匠。他原籍以竹艺闻名的嘉定，竹雕出身，因擅长治牙和琢砚在宫中崭露头角。他和苏州人顾继臣、广东人叶鼎新等同僚在圆明园中居留和工作。[61]

　　另一位名为袁景劭的南匠，乃是雍正早期最受信赖的鉴赏顾问。除砚和宝石之外，他还鉴定墨、瓷器、古玉、铜镜、铜炉和鎏金篮的真伪并断代，释读篆书印文。有次，他承旨认看一方可能用广东端石制成且正背面都带有名贵"眼"石品的砚台。袁评价曰："此砚甚好，砚上的眼系安的。"[62]可想而知，被他判定为赝品的器物，会被发回进贡者或收贮在库房某个角落。凭借南匠的知识以及对中国物质文化毋庸置疑的权威，他们是雍正造办处的精英团队。

　　袁氏的同僚顾吉臣甚至敢于回绝雍正帝的旨意，并且无后顾之忧。雍正因对两方长方石砚面上的花纹不满意，交顾氏重做。六天后，他给出详细的技术解释（档案未载）并总结说："此砚改做不好的。"此事遂不了了之。[63]南匠作为牙砚作中获得认可的专家，他们将皇帝的意志转化为物质设计和稿样，再经他批准后成做。因此，招募自南边的匠役不仅是内廷御制砚台的风格塑造者，也是为皇帝的鉴赏提供引导的顾问。

　　比起对炼丹术和画珐琅的强烈兴趣，雍正对砚的关注似稍欠积极。有别于他对前述的关帝像提出细致入微的指示，成做砚台时常留有让匠人自由想象

61　稽若昕发现施天章是嘉定刻竹出身，见其对雍正、乾隆二朝匠役担当"艺术顾问"的详细研究：《从〈活计档〉看雍乾两朝的内廷器物艺术顾问》，第63页。施天章的籍贯地在海望赏赐名单有提及，见《养心殿》第一辑《雍正朝》，雍正九年（1731）五月十九日，第211页。他在乾隆早期仍留在内廷（同上书，第177页）。

62　关于袁氏对假眼之鉴别，见《活计档》第1册，第367页；《养心殿》第一辑《雍正朝》，雍正二年（1724）二月初四日，第24页。他曾被指定为六匣墨"认看并定等次"。见《活计档》第2册，雍正四年（1726）四月十二日，第241页。另见稽若昕：《从〈活计档〉看雍乾两朝的内廷器物艺术顾问》，第58—62页。袁氏很可能在康熙朝入官，但根据稽若昕的研究，1727年后未见相关记录。

63　《活计档》第1册，第367页；《养心殿》第一辑《雍正朝》，雍正二年（1724）二月初四日，第24页。我们或可想象一下：顾氏不敢忤逆帝意，为自己判断的技术细节做解释。知悉皇帝会顺从这位专家的怡亲王，或未传达这番解释，故清档中只记录相关结果。"顾吉臣"与稍早的"顾继臣"是否属同一人，有待考证。耙梳仔细的稽若昕未有定论，见《从〈活计档〉看雍乾两朝的内廷器物艺术顾问》，第62—63、92、94页；《乾隆时期的如意馆》，第143页，注91。

发挥的余地。在位两年之后（1725），他传旨仿制一件配红漆盒的康熙松花石砚，将砚盒的年款改为雍正年制。另旨："以另一不同设计再做一两件端砚"，但未解释依照什么设计。[64] 雍正这种不同寻常的放宽要求与他经验相对不足并无关联。而三年后，他的另一旨意充分体现了对匠人随意发挥的信任："着照嵌玻璃紫端石夔龙盒样再做一件，其盒内砚随便做。"[65]

　　这则指示"随便做"揭示出清廷一个有趣的错位现象，从中凸显出雍正赏砚的特殊品味：砚在他眼中须与砚盒配套，并且他显然更偏爱砚盒而非内贮的砚台（图1.11）。雍正三年（1725），当交做四件漆盒时，他指示："将盒内隔断去了，照盒形式配做绿端石或乌拉石砚。"[66] 皇帝的创造力持续投注在匣盒。在雍正十年（1732），他传旨给时任内务府总管的年希尧："将各色漆水好、款式小砚盒做些来。"雍正更指明："其砚不必令伊配做，俟送到时令造办处配绿端石。"[67]

　　汉地作坊的惯例是先制砚，再用木材为之配做素身砚盒，盒面腾出空间来给用者或收藏家刻款。苏州或广东砚工的技艺，由始至终，都专注在配合利用砚石的天然形态和石品纹理，雕琢成一方好砚上。在他们眼中，雍正这种近乎异端的心态简直就是"买椟还珠"。雍正似乎热衷于以此留下自己的印记。雍正的错位关注在砚台的定名上也有所反映：《活计档》中所列的砚，大多是先以盒的形制和材质开头，例如"西山石竹节盒-绿端石砚"。与之相反，汉人鉴赏家是用砚石产地及其石品来定名，其次则是设计。砚盒从不会被提到。

40
41

64　清宫廷档案中的"绿端石"并非是产自广东的端溪石（当地也产"绿端"砚材），而是松花石。造办处制作砚台中记录"绿端石"是乌拉将军进贡的，清楚表明其来源（雍正八年十二月二十九日）。另参见稽若昕：《双溪文物随笔》，第126—127页。

65　《活计档》第2册，第501页；《养心殿》第一辑《雍正朝》，第87页。

66　《活计档》第1册，第418页；第1册，雍正三年（1725）六月四日，第552页；《养心殿》第一辑《雍正朝》，雍正三年（1725）八月二十一日，第42页。漆盒最初是盛贮鼻烟壶的。乔迅形容用匣盒装盛来制作"百什件"，并配合相应的架和座，是增强观者愉悦感的一种"配置"（distribution）策略。见 Jonathan Hay, *Sensuous Surfaces: The Decorative Object in Early Modern China*, pp. 251-255.

67　《活计档》第5册，雍正十年（1732）八月十五日，第292、584页。朱家溍将日期误植为1732年农历八月二十三日（《养心殿》第一辑《雍正朝》，第220页）。年希尧在16个月后进呈多达36件盒［《活计档》第6册，雍正十二年（1734）正月初七日，第311—312页］。

A

B

图 1. 11

松花砚配西山石竹节盒。（A）砚与砚盒盖正面；（B）砚背面。石盒盖模仿竹节形制，浮雕一丛棕色的竹子。竹子母题源自汉族文人文化（见图 4.11—12 和图 4.13），但用黄色石材制成精巧砚盒，则是清宫独特创制。砚背面刻有雍正朝常见的铭款："以静为用，是以永年"。长 10.1 厘米，宽 6.3 厘米，高 0.8 厘米。台北故宫博物院藏。

雍正对砚盒的品味独特新颖。他早期便喜欢一个黑退光漆盒，上嵌碧玉如意块一块，内盛绿端方砚一方。此盒保留着文人品味，但一旦与松花绿端石砚组合，其强烈的清初宫廷风，是不会与南边作坊所造之物相混淆的。这是档案记述雍正曾描述为"文雅"的三套砚其中之一。[68] 第二套也是取自传统古砚样式，即荷叶式的西山石砚，合牌锦盒盛。西山石呈淡黄褐色，民间作坊一般不会采用。[69] 第三套则体现纯正的靓丽满洲风：黑白玛瑙盒西山石砚一方（《养心殿》第一辑《雍正朝》，第87页）。虽然档案中暂时找不到其他雍正认为"文雅"的砚套，但这三个例子说明了在雍正心中，"文雅"意指一种清廷的独特感知，虽会参考汉族文人文化，但会重新组合出新材质、颜色和形制。

西山石是受雍正青睐的石材之一，或许由于它的黄色调容易烘托出松花石的碧绿色。他看到数年前由造办处成造的一件西山石制的竹节式盒（内置松花石砚一方），命郎中海望将此砚持给砚匠看，可供日后参考并照此样做。这种用实物作"样"去培养内廷式样的做法，与雍正朝造办处其他艺品创作是一致的。[70]

42

---

68 《活计档》第3册，第275页；《养心殿》第一辑《雍正朝》，雍正五年（1727）三月二十四日，第86页。包衣唐英当时在造办处任员外郎，在征询同僚沈喻（喻）意见后，决定仿制的数量（四件）。雍正十二年（1734），大量制作了黑退光漆盒（《养心殿》第一辑《雍正朝》，第137、273页）。雍正抱怨莲艾砚做得不好时，将"文雅"与"素静"二词并置。在石眼上刻花有违"文雅素静"，见《养心殿》第一辑《雍正朝》，雍正六年（1728）五月四日，第120页。

69 《养心殿》第一辑《雍正朝》，雍正五年（1727）九月二十六日，第239页。西山石呈黄色调，是我通过活计档描述与台北故宫博物院的竹节盒实物进行比对得出的推论。

70 在雍正朝作坊，部分砚的样是在获准成造前绘制的。例如，一张制作"日增月盛年年久长砚"的样是由杂活作的匠人起稿，随水盛花插样［《活计档》第2册，第762页；《养心殿》第一辑《雍正朝》，雍正五年（1727）三月初十日，第101页］。其他样则是实物。另一仿制造办处旧器的活计，见《养心殿》第一辑《雍正朝》，雍正十年（1732）二月初一日，第239页。雍正经常吩咐留样照做，甚至曾将先前已赏赐给亲王的一方砚要回来留样。他也规定作坊学手艺匠人照样做几件，以便赏用（《活计档》第2册，第455页；《养心殿》第一辑《雍正朝》，雍正五年闰三月初三日，第86页）。有次，雍正命一件锦面砚盒存小样［《养心殿》第一辑《雍正朝》，雍正七年（1729）正月十一日，第185页］。

西山石仅仅是从全国各地征集来，用于制作砚盒的一系列原料之一。[71] 雍正七年（1729），总督阿尔泰作为雍正亲信，从偏远西南进贡武定石大小共十五块。雍正发现其中一块"花样甚好"，命人随其本来花样做砚盒。[72] 更多奇石在随后两个月内被送入宫，他选用黑白锦纹花石和酱色腰圆形玛瑙石着做砚盒。[73] 这些杂色石在民间作坊是不会用于制砚相关工艺的。事实上，鉴于汉地文人视端砚如宝，细心呵护并远离硬材，选用石材（无论何种）来制作砚盒，对他们来说绝对是不可思议的。

若黑退光漆木盒、竹节式石盒可勉强算是间接参照了中原文人品味（前者材质和后者形制），见诸其他制砚活计，雍正则恣意发挥自己的想象，尝试不同视觉和物质性可能。他用来制砚的新材质，在汉人眼中会因质地过凉或过脆而被弃用。雍正九年（1731），玉作承做蚀刻玻璃砚盒八件。[74] 雍正也会改造盒的形制，尝试用木等其他材质制作多宝格，除了砚之外也用于盛装各式珍玩。[75]

最令人称奇的一次创新设计出现在雍正七年（1729），一方歙砚呈进圣上

71　一些砚材以产地命名，如广东（《活计档》第 3 册，第 275—276 页）或湖广的武定石（《活计档》第 3 册，第 275 页）。其他则以特征命名，如黄蜡（《养心殿》第一辑《雍正朝》，第 83 页）或五福（《活计档》第 3 册，第 276 页；《养心殿》第一辑《雍正朝》，第 86、126 页）。它们很可能是地方官员的贡品。一份库贮清单在 1735 年末列有一大批这类石材，包括广东砚石 725 块、五福石珠 97 颗、武定石 48 块、端溪石 8 块（《活计档》第 6 册，第 792—793 页）。库贮中没有松花石。

72　雍正想为这件砚盒内配绿端石砚。朱家溍将武定石误记为"定武"，见《养心殿》第一辑《雍正朝》，雍正七年（1729）二月初八日，第 171 页。

73　《活计档》第 3 册，第 792 页；《养心殿》第一辑《雍正朝》，雍正七年（1729）四月三十日，第 172 页。完成制作后，前一方砚配铜鎏金掐丝紫檀木座，未知是谁做此决定。按照雍正旨意，玛瑙砚盒配乌拉石砚一方。

74　《活计档》第 5 册，第 7 页；《养心殿》第一辑《雍正朝》，雍正九年（1731）九月二十三日，第 206 页。虽然雍正传旨为砚盒配玻璃顶，应是通体用玻璃制造。砚盒在一个月后完工，农历十月二十八日进呈。

75　《活计档》第 1 册，雍正二年（1724）十一月二十九日，第 370 页。这个匣肯定体量颇大，盛装的什件包括墨二方、折尺、开瓶器一件、笔架一件、小刀及铅笔各一。完成后（雍正二年十二月初五日），雍正命人移走墨、笔架、小刀和铅笔，加入一套罗盘和直角尺，整个活计至雍正三年（1725）四月十二日完成。

御览。歙石（产自歙州龙尾山，今江西婺源）质硬色深，除了颜色黑泽，有带罗纹或眉纹的歙石在视觉效果上与部分松花石有相近之处。他喜欢那方砚，却对配的杏木盒不满意；杏木因其质朴，是受中国文人欢迎的材料。雍正设计的新砚盒，用色鲜艳且形制大胆，与原盒形成强烈反差：紫色石盒雕刻绿面，下配绿色石有腿高座，其砚盖里照此砚盒里砚赋刻上填漆。[76] 部分古砚虽带矮足，但一方砚配高座，无论是在宫廷内外都算是新奇之物。

　　雍正总强调盒和砚台之间的颜色反差，是出于他对案头摆设物的钟爱，透过室内器物和家具陈设营造整体居住环境的协调感。乔迅曾把这利用摆设物、家具、室内布置，从小到大一直延伸到居室建筑，整体营造的视觉效果称为"建筑层"（architectural envelope）。承前所述，雍正曾选黑白锦纹花石来做砚盒，后另配铜鎏金掐丝紫檀木座。前者与一块红色虫窝石配套，黑白锦纹盒和红石形成鲜明对比。雍正指示："配盆景用。"与其说他是一位皇帝或鉴赏家，不如说他更像是一名室内装饰家。盆景是出宝石、岩石、植物或菌类组成的微缩景观，在座上展示并装饰几案与博古架。造办处在雍正的指导下制作了许多盆景。[77] 一个盒装砚台，由此彻底变身，从磨墨写字的文具变成室内装饰之道具（图 1.12）。他对匣盒的装饰立面之痴迷，或说是喜好表面形式大于内容和功能，可以说对继承者乾隆帝的物质文化产生了深远影响。

　　雇用擅长多种媒材的工匠之际，雍正朝造办处的牙作和砚作根据既存或新创的样制砚，其中琢成的精品，又以纸样或实物形式传世，成为后世的榜样。

---

76 《活计档》第 3 册，第 791—792 页；《养心殿》第一辑《雍正朝》，雍正七年（1729）四月十八日，第 172 页。我无法从传世清宫旧藏中找到对应的文物。

77 《活计档》第 3 册，第 792 页；《养心殿》第一辑《雍正朝》，雍正七年（1729）四月三十日，第 172 页。红色的是"虫窝石"（朱家溍将"虫"误植为"蛇"字）。关于盆景的例子，见《活计档》第 1 册，雍正三年（1725）二月二十九日，第 551 页。它们应配玻璃或纱质的钟形罩，时常见于交给玻璃厂的旨意，即便传世样本已无配有原罩。关于"建筑层"（architectural envelope），见 Jonathan Hay, *Sensuous Surfaces: The Decorative Object in Early Modern China*。乾隆朝的两件盆景图片，见同上书，第 316—317 页（图 181—182）。清宫建筑空间的通景画，见 Kristina Kleutghen（李启乐），*Imperial Illusions: Crossing Pictorial Boundaries in the Qing Palaces* (Seattle: University of Washington Press, 2015), pp. 245-252。

在雍正主导下制成的配套盒砚，在材质和设计上都算是同时代独一无二的。无论是用料、造法、质感，还是视觉效果，这些官造砚台与江南和广东的民间作品截然不同，尽管造办处的砚匠主要来自这些地区。我们只能总结得出，雍正努力通过界定"内廷"和"外造"之差异，从而建立一种"内廷恭造式样"，这种尝试在其砚作上取得了莫大的成功。

宫廷和地方之间：帝国宣传的局限

45　　康熙和雍正二帝促进清宫和民间两个平行网络的互动：物的循环中，形成地方官员进贡和皇帝赏赐之间的双向流动；技艺和知识的循环中，招募匠役入宫和离宫重操旧业，形成另一条双向渠道。进贡-赏赐环路在古代《禹贡》中便有记载，但匠役轮班则是清代的新现象。[78] 顺应满人的历史经验和政治目的产生的技术官僚物流文化，在造办处机制运作下，透过包衣和匠役与民间艺人的交流，对帝国知识文化产生的影响不容小觑。

　　贡品在清朝有特殊的价值和意涵。不同于明代将君臣之礼只基本要求表现在忠孝行为和书面文字上，清朝皇帝与其包衣（也延伸至常规官署的全部官员）的主仆纽带，须依靠大量物品的定期交换来维系。单凭这一点，物之流动已在清朝统治中占据不可或缺的地位，规模和密度均罕见于前代。纳贡确立并重申了清朝政体的三层关系：藩属国到清帝国、地方政府到中央、各级官员到皇帝。除各地在元旦、端阳（农历五月初五）和万寿节的例贡，其他年节也需进贡，对包衣和官员的花销和物资调动都是一项挑战。[79] 在大清这个物质帝国中，上至皇帝，下至平民，都知晓物的重要性及其市场价格。

78　帝国早期，朝贡体系确保各地最好的方物每年以地方朝觐的物质象征输入中央。如经典的《尚书·禹贡》所载，这些贡物具有经济价值和象征意义。

79　董建中：《清乾隆朝王公大臣进贡问题初探》，《清史研究》1996 年第 2 期，第 40—50、66 页。另见 Jonathan Hay, *Sensuous Surfaces: The Decorative Object in Early Modern China*, pp. 50-51.

图 1.12

《博古幽思图》，所谓《十二美人图》之一。在这一幅真人等大的宫廷绘画中，一位汉族仕女倚坐在两座装满珍玩的博古架前，似凝望着一张堆满物品的漆桌。其中包括一方巨大的白色砚台，下有黄色镂空的底座，其与乌黑桌面形成色彩的鲜明反差。一旁还有一件古式铜器和插有一小撮花的白釉花瓶。右侧低矮的案几上一件青蓝方盆内有数株挺拔向上的竹子。这砚台由此从简朴士人书桌上的文具，转变为一件室内装饰品。《十二美人图》原来是胤禛当亲王时期，在其书房内装裱为屏风的。取自《十二美人图》（局部），绢本墨笔及设色，184×98 厘米。北京故宫博物院藏。

砚台虽小，但作为儒家文化和文治之象征，在帝国中扮演了不可或缺的角色。康熙和雍正发展砚台的内廷样式和供应赏赐的努力，基于他们意识到砚对一个少数民族统治政权的象征价值。雍正七年（1729）秋，当清朝藩属国的使节抵达前夕，雍正抱怨赏赐琉球国国王礼物中砚台配的漆盒品质不佳，命人换以库房的一件石盒。反之，西沙国国王曾经进贡的六块驼矶石是一种理想的制砚材质。[80] 明廷与清宫对砚的态度差异很能说明问题。明廷似乎重在获取：有明一代，作为最理想的制砚材料，广东肇庆的上好紫端石在太监的严密管控下开采，进贡输京。[81] 反观清宫，似更重视回馈。据官员记载，赏赐他们的众多砚台除大批制作的松花石砚，也时常出现端砚。[82]

鉴于如此巨量和频密的物质和人员互动，令人惊讶的是，代表清初帝王品味的盒装松花石砚在文人志趣上毫无反响。据我所知，未见宫外的匠人用如此鲜艳的多色石材制砚和盒，遑论是用玻璃了。色泽明艳、轮廓平滑的松花砚同样未能在宫廷外砚台设计上引发新的风尚。即便受赏者因赏赉而"章以谢恩"，这些华丽辞藻对坊间砚台的实际制作、使用和鉴赏毫无影响。砚材的垄断供应和成品流通的有限，是不可否认的因素，但仍难以解释松花石砚在宫外

46

80　关于赐琉球的礼物，见《活计档》第3册，雍正七年（1729）十月二十三日，第799页；关于西沙国进贡的驼矶石，见《活计档》第3册，第799页；《养心殿》第一辑《雍正朝》，雍正七年（1729）十一月初一日，第174页。雍正下旨将六方驼矶石着做成砚，农历十二月二十八日完成，随即命配牛油石盒。驼矶石是一种类似歙石的绿黑色石材，在山东沿海地区也能找到［见北畠双耳（Kitabatake Sōji）、北畠五鼎（Kitabatake Gotei）：《中国砚材集成》（东京：秋山书店，1981），第43—45页；另见台北故宫博物院编：《兰千山馆名砚目录》（台北：台北故宫博物院，1987），第364页］。

81　有关肇庆从宋至明代的贡品，包括端石及端砚，见吴兰修：《端溪砚史》，收入《丛书集成初编》（北京：中华书局，1991），第41页；陈羽：《端砚民俗考》（北京：文物出版社，2010），第40—41页。虽然清宫廷重视端石，肇庆进贡的端石并未助长贪吏之风。有关一名清代官员1777年在肇庆挑选、调查端溪石的回忆录，见朱玉振：《端溪砚坑志》（无出版信息，1799年）。

82　我的考察仅限出现在本书的清代士人。获得雍正帝赐砚者，包括雍正二年（1724）的陈兆仑（《紫竹山房诗文集》，《年谱》，第14a页）、雍正五年（1727）的于振（《砚史》，长林山庄本，卷2，第4a页）、沈廷芳在乾隆元年（1736）从皇帝获赐一方砚（吴绳年：《端溪砚志·序》）。李馥和周绍龙则被雍正赏赐松花石砚（《砚史》，长林山庄本，卷8，第28a—b页）。

用砚话语上的缺席。

　　就我所及，清初的御砚受赏者没有在私人文集讨论松花石砚的来源、产地和石质，他们的朋友也似乎没有为这新奇之物大书特书，或是详细比较松花石和端石在质感和实用功能上的分别。将松花石砚纳入现有砚石品鉴体系的唯一书面尝试，见于稍晚的乾隆朝敕制的《西清砚谱》中，但也仅是将松花砚编入附录。清初鼎鼎大名的诗坛盟主、曾入值南书房的王士禛（1634—1711），算是罕见例外。在好奇心驱使下，他于康熙四十三年（1704）用一位学生赠送的松花砚来试笔。王氏形容其"绀色白文，遍体作云锦形"。依循汉人传统，砚盒的材质和形制未有提及。王氏发现它细润宜墨，类端砚之下，品质当列洮河、龙尾（歙）、红丝这三种宋人青睐的砚材之上。[83] 这番赞誉无吝惜之词。

　　即便受到如王士禛这位名士的推崇，松花石砚仍难以进入收藏家的评价法眼。有清一代，全国玩砚家对广东端砚情有独钟，中原其他石材也多不受青睐，只喋喋争论端州各名坑孰优孰劣，更遑论松花石了。后文提到的清初福州藏砚圈，其中有两位成员曾蒙赐御砚。一位李馥，未曾在文集中费一字提及雍正赏赐的松花砚，对端石和端砚却着墨甚多。同居福州的藏砚家周绍龙，也半字不提御赐一方松花砚之事，只多亏去世后他儿子回忆道："先大夫使蜀，复命召对，温语移时，赐松花砚一方，御制'以静为用，是以永年'八字"，后世才得知周家藏赐砚一方。[84] 李、周二人都未将御赐松花石砚列入其砚藏精品录。

83　王士禛：《香祖笔记》（上海：上海古籍出版社，1982），第132页。他的学生李先复（字子来，1650—1728）任奉天（今沈阳）府丞。王氏并未提过它是御赐物，但有可能是李氏从满洲当地获得的。王士禛一些身份优越的友人是康熙四十一年（1702）首批获赐松花石砚的官员，见《香祖笔记》，第17页。一件特别独具匠心的莳绘洋漆砚盒也是百什件，内盛墨四方。鉴赏家纪昀曾将一方松花石砚误认为是歙砚，被一位"老石工马生"纠正过来［纪昀：《阅微草堂笔记》（扬州：广陵书社，1999），第10b页］。

84　林涪云辑：《砚史》，长林山庄本，卷8，第28a—b页。"以静为用，是以永年"是雍正最喜爱的砚铭，被刻在多方雍正御砚上，成为他的个人标志（图1.11B）。因为乾隆沿用此句，故不能作为断代依据。很难不令人怀疑中国士人不喜欢松花石砚的颜色和触感，但其内心想法无法表达。保持沉默才是谨慎的回应。

大致翻阅清朝乾嘉时代大量出现的赏砚文献，它们清晰表明，文人们青睐的端砚（偶有歙砚）与清朝帝王推崇的松花石砚，基本是两个相互平行的世界。若非台北故宫博物院的策展人在 1993 年举办一次特展，恐怕今天鲜有观众听说过松花石砚，更别说是亲自目睹了。康熙和雍正虽能动用皇权将新型的材质样式和视觉语言移植到汉人书写工具中，但却无力动摇传统鉴藏家的认知观念。后者视端砚如圭臬，对造办处的杰出实验视若无睹。当包衣及其技术官僚文化之崛起对儒家文人的公共话语和仕途造成巨大制约之际，我们或者可以从这种沉默中略窥汉人精英文化的凝聚力，甚至可以说是无言的反抗。

47

第二章　肇庆黄岗：砚工

地处帝国南疆的广东省肇庆城外，数百户人家聚居在统称为黄岗的村落内，几百年来专门以开采附近的端石和琢砚为生。[1] 虽然也生产磨刀石、研钵等生活用具，但早从 16 世纪起，他们就以生产供应全国广大士子使用的石砚为主要收入来源。黄岗村内不少家庭将雕琢、打磨砚台的精细活交给妻女，而开采和切割石材、制盒、销售或批发业务则由男人主理。[2] 许多这些垂直整合的家族生意，兴盛于 17 世纪至 19 世纪初期，且持续至今。

为了解黄岗村民的独特优势，我们需要实地调查和思考科举时代的书写技术，简单来说，就是研墨写字的步骤和技术要求。从南宋（1127—1279）一直到现在，论者认为全国最理想的制砚材料之一，来自西江及其端溪支流岸边的两座山中。[3]

1　该地区的市县行政划分有多次变更，引起名称混淆。端州在宋徽宗主政的重和元年（1118）更名为"肇庆"。今天，肇庆市区覆盖面积为14822平方公里，面积远比早期近代的古城大。我以简称"端州"（按照古地名）指代肇庆古城、西江对面的高要、城外东郊的黄岗村群以及烂柯和北岭山附近的端坑。采凿自端州的砚石统称为"端石"。今天，黄岗分上坊、下坊；其中，白石村（4100 余人）和宾日属下黄岗社区管辖，是制砚的核心区（陈羽：《端砚民俗考》，第 15—18 页）。

2　有关黄岗的女砚工人数，16—17 世纪的文献指出多达五百名（见末章结语）。有迹象显示，在宋代输入中原的端砚大部分是由端州地区完成制作的，例如稍后所见苏易简的描述，尽管米芾提到端州当地也出售未加工的端石（《砚史》，第 8 页）。明清时期，石材和成品分属两个不同行业。黄岗砚工制作普通砚台，而精品则在苏州等地的作坊用端州输出的石料琢制。这个重要转变有待深入研究。

3　端溪石早在唐代便开始开采，但谈论其优越性的文字（特别是与龙尾歙石比较）直到宋代才出现。南宋作家张邦基（活跃于 1131 年前后）是首先提出此观点的作者之一。见《墨庄漫录》（北京：中华书局，2002），第 209—210 页。清人作家计楠引苏轼的话，说端砚最早在唐高宗（618—626 在位）朝已出现［计楠：《石隐砚谈》，载黄宾虹、邓实编：《美术丛书》第 2 册（南京：江苏古籍出版社，1997），第 1767—1770 页］。另见刘演良：《端砚的鉴别和欣赏》（武汉：湖北美术出版社，2002），第 3 页。

图 2.1

走进广东肇庆的黄岗白石村。作者拍摄于 2007 年 11 月 28 日。

图 2.2

一位年轻女子在自家院子的自然光下琢砚。广东肇庆黄岗白石村。
作者拍摄于 2007 年 11 月 28 日。

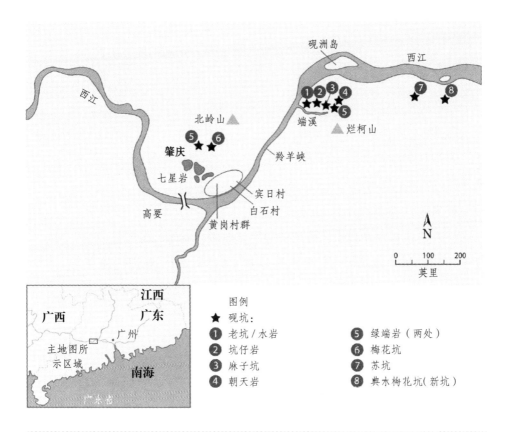

地图 2.1

广东肇庆端州地区历代主要砚坑位置图。所有名坑，俱在西江南岸的烂柯山（又名斧柯山）中，尤其是端溪旁的水岩（亦称老坑）、坑仔及麻子坑。

地质上，端石是一种页岩，主要成分包括云母、黏土、石英与矿物质——多为铁、钾和镁，是构成其特殊深紫色的来源。这些超过六亿年经变质性挤压形成的页岩，质地细密且硬度适中（摩氏硬度约为 3.5，等同一枚铜币；相比之下，铅笔的摩氏硬度是 1，刀刃是 5.5）。[4]

在近代发明墨水笔之前，砚台是写作和书画创作最不可或缺的工具之一。

4　绿端石和白端石也存在，但很稀有。白端石富含钾元素，其形成要比紫端和绿端晚约 7 千万年。这些地质信息和定性分析，见高美庆编：《紫石凝英：历代端砚艺术》（香港：香港中文大学文物馆，1991），第 137—149 页；刘演良：《端砚的鉴别和欣赏》，第 17—19、24—26 页；端砚大观编写组：《端砚大观》（北京：红旗出版社，2005），第 1—32 页。

50 磨墨时，将松烟和胶制成的一根指长的墨块濡湿，在砚堂内做圆周运动。一方
    良砚的石质要求，可用"发墨而不损毫"来概括：砚石需略比墨锭（一般为摩
    氏硬度 2.2—2.4）更粗糙和坚硬，但最好比笔毫稍软。[5] 另外，砚台的透水性
    应恰到好处。若孔隙过多，墨汁会很快渗入砚中；若透水性过低，墨会较难凝
    聚。据当代广东本地研究者解释，端溪石，尤其是采自西江南岸烂柯山（斧柯
    山）的几个特定砚坑者，非常符合要求。[6] 对岸北岭山的砚坑自宋代以来便一直
    开采，但整体品质稍逊。

    虽然砚台在古代士人的读书和艺术生活中不可或缺，但是制作它的砚
51 匠在士人的认知世界和知识体系中却罕见踪影。砚工大多数没能留下文字供
    文士传颂，他们籍籍无名，与端砚自唐（618—907）晚期以来在士人、画
    家和赏玩家心中的超凡地位形成反差。为寻求制砚良材及其鉴别秘诀，北宋
    时，零星的中州士人开始踏上前往端州的旅程，但是他们的关注点，主要在
    于石头而不是石工。例如，嗜砚成痴的书法家米芾（1051—1107）自诩"尝
    至端"，"故得其说详"；他的好友苏轼（1037—1101），在绍圣元年（1094）
    被贬到附近的惠州。[7] 就这样，在有意无意之间，端砚的传说与零碎知识开始
    陆续传入帝国腹地，辗转流传，反复引用，并出现在 10—11 世纪崛起的士人
    精英传抄的笔记小说中。

    ---

    5 "发墨"和"损毫"二词源自苏轼，他将褪墨砚比作骑一匹钝马。引自端砚大观编写组：《端砚大
    观》，第 104 页。"发墨而不损毫"一句源自清代鉴赏家陈恭尹（1631—1700），收入《端砚大观》，
    第 5 页。

    6 当代广东学者基于功能考量提出了一个解释，但只反映了部分事实。它本身无法解释中国士人对
    端石的评价高于歙石、松花石的原因，后两者在使用上均属上乘。端州石工持续供应石材的能力（反
    观歙坑在明代多已采竭），更别说他们机灵地操控鉴赏家的话语（本章稍后探讨），都是端石占主导地
    位的重要因素。

    7 米芾：《砚史》，收入《丛书集成初编》（北京：中华书局，1985），第 1497 册，第 2 页。R. H. Van
    Gulik（高罗佩），*Mi Fu on Ink-stones* (Beijing: Henri Vetch, 1938), pp. 31-36. 我在英文原书引高氏英译本
    是为不识中文的读者提供查阅之便，修订自其硕士论文的高氏译文包含不少错误。自 8 世纪起，一条
    长约 30 里的古道将隔绝广东与帝国其他地区的梅岭山打通，约与此同时，端石逐渐在中州地区受到
    重视。跨过梅岭古道后，端石靠陆路及京杭大运河向北输入帝国腹地（见陈羽：《端砚民俗考》，第
    11、148—149 页）。

灵砚和书写

不难想象，文人墨客所津津乐道的传闻逸说，不少是和助人文思敏捷、运笔如飞的神砚有关。北宋何薳（1077—1145）在《春渚纪闻》中讲述了一个灵砚故事，令人诧异的是，故事的男主角是一位无名的端石砚工，而不是城里的读书人。[8]在何薳的描述中，一个朝廷高官丁晋公因喜好瑰异之物，逼迫端州郡守进贡佳砚。前后献入数百枚（也许说贿赂更恰当），皆没能令丁晋公满意。

有一天，一只飞鹭停落潭心一处，引起一名端砚工注意：他晓得那里水底并无地方可让一只鸟伫立。他于是下水，果然寻获到一颗大如米斗的圆石，通知郡守。后者召集了一群渔民帮忙。当圆石被拖到岸边，人们可以听到石中涵水晃动的声音。目睹此景，砚工祝贺说："此必有宝石藏中，所谓石子者是也。相传天产至珍，滋荫此潭，以孕崖石，散为文字之祥。今日见之矣。"当砚工剖开圆石，果然于泓水中发现一石，大如鹅卵，呈紫色；他从中剖开，做成两枚砚。丁晋公得到后甚为欣喜，虽然不知道他的书法最后是否因此有所长进。[9]

这个故事反映了北宋政治文化的阴暗面，朝中收藏古玩之风和赠礼贿赂文化加剧了对地方资源的掠夺，于是附庸风雅的贪官和与之作对的清官成为历朝有关砚台的民间故事之格套。不过，何薳所述故事的可贵处，在于它间接揭示了采石村民口耳相传的本土知识。源自古典宇宙观的物之瑞应相感，在砚工的思维中植根。天的性别化语言，例如"天产""孕"崖石，把山石视为母体，令人联想到炼丹手册对丰饶土地的描述。同样神奇的是潭底土中打捞的圆石，

52

8　另一则关于神砚的传说，描述的是晚唐，一位来自端州的梁姓举人赴京考试。当时天寒地冻，墨水结冰，他对砚台呵气成墨，最终拔得头筹，见刘演良：《端溪名砚》（广州：广东人民出版社，1979），第33页。有关这位举人及名为"阿端"的穷秀才故事，见陈羽：《端砚民俗考》，第193—194页。这个故事经肇庆本地士人传抄，在端州广泛流传，却不见史书记载。综合上述线索，这个故事和何薳所述故事暗示这一类神砚传说起源自端州。

9　何薳：《春渚纪闻》，卷9，收入《学津讨源》（上海：涵芬楼，1922），第15集，第2a—3b页。

内含一泓孕育"子石"的水，犹如子宫或胚胎一般。两物交感的抽象思想，也透过水和石之间的亲密接触与蜕变得以体现出来。[10]

在端州掌控这些地方知识的人是那名砚工。他非常熟悉当地水陆地形，连一只鹭驻留之地都能引起其怀疑；他施展拿手工具和祖传技艺去雕琢石材，将它们打造成砚台，进入文人书案和藏家珍阁。砚工对郡守解释说："相传天产至珍"，预设的主体是"我们这里"，也就是生在这座以端石为命脉的山区的男男女女。他们的故事与其制砚史难以割离，在家族间世代相传，已经说不清有多少年日。偶尔，来自中原的知州或游士出于兴趣，会将这段仍在延续的历史片段诉诸文字，以此流传开来，成为中原文士们的文化资源。

采石的工具

石工的工作始于其后院的锻制坊，而非山间。直至 1970 年代，各个砚工自制工具已成惯例：在黄岗墟市的打铁铺买来钢条并加工成四种凿，以及带铁榔头和木柄的四种锤。采石工需要自制工具这一传统延续数百年的理由很简单，凿子在采石过程中会变钝和卷曲，石工如果不懂锻造知识，就很难在砚坑自行修理。[11] 除工具外，挖掘端石的其他专门技术也是多种多样，用现代学科分类来看可以说是包罗了锻造、冶金、木工、地层学、矿物地质学等专业知识。

10　所谓"子石"究竟是什么石，从宋代起众说纷纭。有人将"子石"放入巫术模式中去诠释，即大石中孕生小石。然另一些人则认为这只是精石卵，譬如欧阳修：《砚谱》，引自《端砚大观》，第 102 页。有关子石，另见 Van Gulik, *Mi Fu on Ink-stones*, pp. 32-36;《端砚大观》，第 152—153 页。有关砚石和水、鱼之间紧密关系的民间传说及其变体，零散记载见余怀：《砚林》，载张潮编：《昭代丛书》（无出版信息，乾隆年间刊刻），卷 42，第 2b—23b 页。

11　2007 年 11 月 25 日，在中艺端砚厂与砚工的访谈。许多砚坑位于深山内，只能靠人沿着陡峭的山路攀爬才可以到达。石工有时需在山洞内或砚坑附近驻扎两周。在如此长时间的工作中，每人须携带40—50 根凿子。即便只是一天的作业，他们亦需要一半数量的铁凿（陈羽：《端砚民俗考》，第 51 页）。

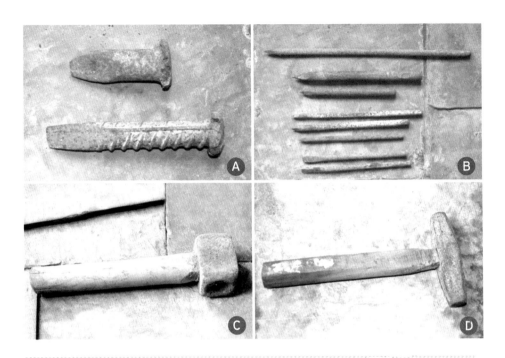

图2.3
黄岗勘探和石工使用的凿子和锤。（A）大凿；（B）摘凿；（C）敲锤；（D）整锤。陈羽提供图片。

石工在锻制工具时不仅要掌握各种冶金技术，也要在过程中恪守仪式禁忌。[12] 黄岗石工须制作四种凿，其中最有用的是"大凿"（图2.3 A）。它粗短有力（长10—25厘米，直径14—16毫米），带平头，矿工携带它进入坑洞（配合一把四方形榔头的"敲锤"；图2.3 C），去敲出所需开凿石块的一道槽。当石槽足够深时，他会用凿子将其撬离岩壁。如果所需石材体积较大，要同时使用两根凿，凿头并成"V"字形，同时插进槽中。

一旦人和石材从矿洞安全出来，凿石工就换用更细的凿（图2.3 B）做更精确工作。他用"摘凿"，即一端带尖口的细长铁棍（长25厘米，直径8毫米），配合"摘锤"铲去砚石表明凹凸不平的棱角，使石材成为所需的形状。"半肠"是一种更长的凿（长30—50厘米，直径8毫米），带尖口，用于深入

53

12　陈羽：《端砚民俗考》，第48—50页。本章对工具制作及其他端州仪式的描述，受惠于陈氏在2004—2009年与石工的访谈。

叶理间，铲走砚石层上下间的烂石层。最后，矿工用一根扁口的"扁凿"（长20—25厘米，直径8毫米）和"整锤"修整石料（多少不再是"粗石"）表面和棱角后，然后搬运工就可以将它们运回村。[13]第四种锤，即"整锤"（图2.3 D），配以高精准的榔头，用于修理磨损和卷曲的凿子，准备投入下一轮的敲击和铲削。

每种凿子不仅形状各异，更因特定用途制成不同硬度。这要求锻制者在淬火时，观察烧红金属的颜色变化（称作"黄白花"），透过控制掷水冷却的时间和次数来获得所需硬度。这项技艺只能从观察师傅操作和持续练习中加以锤炼，书中是学不到的。凿子的顶端也需淬火，使其硬度高于锤头，形成一个像牛眼的凹孔。这个牛眼在粤语叫作"茶杯笃"（图2.4）。打出一个"茶杯笃"看似微不足道，却是行业秘诀。受访石工表示锻制工具的相关技能全是世代家传，这是他们最不愿向外人所示的一项技艺。黄岗的砚工家庭掌控铁凿的制作知识，或不足以完全垄断采石工序，但至少为竞争者进入该行业设置了一个高门槛。[14]

"茶杯笃"是锤头敲打凿柄接触之处，面积虽小，却是确保人、石平安的关节点之一。凿顶打成圆环可减少敲击的滑动，有效防止手部和石料损伤。全部采石操作过程都难免发生意外。除了骨折和隧道塌方的常见风险外，端石矿工在砚坑附近山洞内露宿时也会遇到虎蛇侵袭。[15]他们将重达1.8公斤（3斤）的大型四方"敲锤"昵称为"伍丁"，或许暗示了靠人力和神力避过风险的心愿。

13　陈羽：《端砚民俗考》，第49—50页。

14　陈羽：《端砚民俗考》，第50页。声称是家族秘诀，不应仅从表面去做判断。与此相似，艾约博（Jacob Eyferth）阐释四川夹江的制纸家族口中的秘密并非表面经验之谈，而是为了防备潜在竞争者，控制市场份额。除了纸浆成分外，涉及制纸的技艺在社区网络内扩散，可以直接观察。见 Jacob Eyferth, *Eating Rice from Bamboo Root: A Social History of a Community of Handicraft Papermakers in Rural Sichuan, 1920-2000*, pp. 32, 39.

15　史上记载了数次采石事故，最有名的一次是1065年坑仔的隧道坍塌，正在监督的太监和一些江西石工被埋。在1781年，一头老虎出现导致老坑开采停顿（吴兰修：《端溪砚史》，第48、51页）。有关矿工在坑洞进行不同的祈求平安仪式，以及他们口中的灵异故事，见陈羽：《端砚民俗考》，第86—92页。

图 2.4
大凿末端的"茶杯笃"。陈羽提供图片。

伍丁是西南方古蜀国的力士英雄，当地与中原之间隔着险峻的秦岭山脉。受敌国秦王赠送能粪金的五头石牛的诱惑，蜀王召集五位大力士凿山，修建一条栈道（称石牛道或金牛道）。可惜这条蜀道不仅没有通财，反倒招致秦军，后者于公元前 316 年灭蜀。[16] 说伍丁是一个人的名字也好，是五个力士也好，力士和五牛之间的交易，暗示着牛力和人力的力量转移，以及点石化金的价值交换。端砚工将最重和最重要的锤子取名为"伍丁"，不仅希望能远离落石和毒蛇，也是对自己身体强健和经济回报的一种祈求。

16　伍丁故事流传于端州的版本，略微不同于史学家斯蒂芬·塞奇（Steven Sage）从相传扬雄（前53—18）撰《蜀王本纪》与《水经注·涭水》《华阳国志·蜀志》数种文献中重构的传说。考古学家发现蜀道是通过在悬崖壁上镗孔以便支撑横梁，在其上铺木板所建成［Steven F. Sage, *Ancient Sichuan and the Unification of China* (Albany: State University of New York Press, 1992), pp. 108-112］。

工匠的识字问题

55   五大力士与金牛的故事早被载入《蜀王本纪》《水经注》《华阳国志》等经典，并靠这些史籍在中土广为流传。最迟在宋代，伍丁传说传入端州，很可能是调任端州的士人，从当地石工采石的艰辛联想到伍丁，赋诗题咏，并勒石为记。[17] 于是这个故事渐渐在黄岗的石工中间，靠口头和仪式流传开来。在石匠口中，伍丁故事经历了细微变化。书写文献都将叙事重点放在蜀王的贪婪愚昧上，砚工们则惊异五大力士的超人力量和技艺，将之合为一人，塑造成端砚采石工和雕工行业的祖师神。从伍丁在端州落地生根的过程中可以看到，即便大多数砚工没有正规渠道去读书习字，他们也不应被贬为"文盲"，因为读写文化的文字、数字与价值渗透到他们的日常工作、节庆礼仪、房屋布置和生意交易多个方面。[18]

一直到 20 世纪上半期，伍丁是黄岗各村的制砚行会所敬奉的主神，对维系村际网络、技艺展演交流和感情联谊等，都起了机要作用。[19] 砚工筹办伍丁先师诞等公共活动时需要在石板或纸上写字、刻字。伍丁先师诞被定在农历四

---

17   这个推测是基于这些官员在游览名胜时，将赋诗就地刻在石碑上。现存最早题咏伍丁的石刻见于南宋端平二年（1235）的肇庆七星岩。还有些是元代（1292）和晚明（1637）留下的（陈羽：《端砚民俗考》，第 94—96 页）。既然士人们不太可能亲自刻石，他们很可能是雇当地石工来干。

18   何予明建议用"书本熟稔性"（book conversancy）而非"读写能力"（literacy）来形容明清人们的文化水平［Yuming He, *Home and the World: Editing the "Glorious Ming" in Woodblock-Printed Books of the Sixteenth and Seventeenth Centuries* (Cambridge, MA: Harvard University Asia Center, 2013), pp. 7-8, 16, 248］。有关清代社会各阶层的读写能力的讨论，见 Cynthia J. Brokaw（包筠雅），*Commerce and Culture: The Sibao Book Trade in the Qing and Republican Periods* (Cambridge, MA: Harvard University Asia Center, 2007), pp. 470-475。

19   陈羽较详细地记录了黄岗制砚业的事务运作，特别是 20 世纪早期的两个行会——凿石行和雕砚行（《端砚民俗考》，第 132—146 页）。行会在 1949 年停止运作。宾日一些家族保留了他们的账簿（长生簿、长生寿金簿），展示行会的揭借组织情况。虽然陈氏基于对伍丁神牌的断代，推断行会在明代即已出现（《端砚民俗考》，第 132 页），但仍需进一步的证据。

月初八，与浴佛节同一天。在当天，各村各家宗祠门口都会贴上醒目的对联，备酒食，举行贺师傅、拜师等礼，然后由石工抬轿请伍丁先师出巡。伍丁先师神牌以本地石材按祖先牌位形制雕成。民俗学家陈羽依据石质和雕刻风格，推断现存两块神牌的年代是明代（1368—1644）。其中一块用隶书刻"敕封工部尚书伍丁先师之神位"十三字，伍丁被封为朝廷工部尚书；另一块则敕封为官品更高的太子太保。第三块石质神牌是在1946年复制一块旧木牌而成，把伍丁视为文昌帝的化身。[20] 力大如牛的伍丁在端州石工的想象中，由此摇身变成儒学和文学的宗师。

　　伍丁先师诞供奉神牌所勒刻的文字，用的是全国通用的官僚化话语，端州砚工的土地神以及用黄岗话念诵的咒语和行话，则让我们管窥仅限于砚坑流传的地方知识。在最珍贵的老坑洞口，砚工立起一块石碑，阴刻三行字。中间一行"洞口之神"字体最大，将石碑转化为一位守护神，左右两行较小的字则表达了石工渴望得到洞察力和神力："一见能通晓""举手活如龙"。[21]（图2.5）"通晓"在粤语表达中是指出于瞬间和本能性的领悟力。矿工进入洞口前，要焚香祭鬼神，鱼贯经过石碑进洞，每个都要说："唔该（请）谢一谢（让一让）；我哋来开工啦！"

　　若说石上刻字具有符咒效果，那么用笔墨写在纸上的文书也可能同样奏效，只是后者在砚工日常生活中不常派上用场。最普遍的字纸要算对联，通常由村里知书识礼者或学生来写，被砚工家贴在他们祠堂门口，或伍丁先师诞时贴在其神台上。[22]

56

20　陈羽在黄岗村找到现存三件伍丁牌。两块明代神牌供奉在宾日村的杨氏宗祠，这个家族至今仍在从事制砚。我无法亲自检视这些神牌，但依照陈氏书中照片，它们或介乎明代中后期（16—17世纪）。第三块神牌（1946年）是在制砚工艺的另一重镇白石村。有关庆祝伍丁先师诞的其他细节，见陈羽：《端砚民俗考》，第182—188页。

21　陈羽：《端砚民俗考》，第87—92页。这块石刻的年代不可考。老坑洞口历史上迁移过几次。约18世纪开坑的洞口处，一位都尉在清康熙己巳年（1689）石刻上写着"土地之王"（第89页）。采石业的术语，见陈羽：《端砚民俗考》，第101—106页。石工的粤语歌谣也与此相关（一首1930年代刻在麻子坑附近的石上），第203—210页。

22　许舒（James Hayes）对农村读写能力的经典研究，讲述了知书识礼者在农村社会的优势。其研究在此的关联性最大，不仅仅是由于他在华南展开田野调查的地点离肇庆不远。见James Hayes,

图 2.5
洞口之神。陈羽提供图片。

其中最有意思的一副对联云："伍丁凿开山成路，砚田长留子孙耕。"[23] 上联述说伍丁的英雄事迹，也暗喻琢砚世家巴望卖砚生意畅通无阻。在盛产端石的烂柯和北岭山脊环绕下，端州因耕地不足，无法仅靠农业来维持人口。下联的"砚田"是对家庭生计和地方经济依赖于制砚业而表达出的一种感恩和释怀。砚石是山区里男女老幼的活路、财路。

"砚田"这个词别有深意。不少明清时代的学者，特别是在撰写砚铭时，喜爱用"以砚为田"这一意象，常与"笔耕"对仗。例如清初遗民吕留良（1629—1683）的耕石砚，威严如同一块石碑，上面镌有两行铭文"耕此石田，吃墨亦饱"。[24] 在文人笔下，以一片石砚琢文糊口，喻示自己不肯依附权贵的清高，

"Specialists and Written Materials in the Village World," in David Johnson, Andrew J. Nathan, and Evelyn Rawski eds., *Popular Culture in Late Imperial China* (Berkeley: University of California, 1985), pp. 75-111。

23　陈羽：《端砚民俗考》，第 182 页。

24　台北故宫博物院编：《兰千山馆名砚目录》，第 74—75 页，图 18。

图2.6

黄岗白石村琢砚世家罗家砚拓，道光年间（1821—1850）。制砚师将成品制成拓本作为砚样（称之为"砚谱"）来传授技艺。每种设计的名称常会标示在纸上（未展示）。在白石村惠福坊的罗家和应日坊的郭家，陈羽找到其后人称是明代的砚拓。师父将这些"样"在拜师仪式后给徒弟。在民国的宾日村，制砚师会在仪式后展示自己的制品，这也是入行者被允许将其他家的前辈成做的砚制成拓本的唯一机会。陈羽提供图片。

有时也表达出向往陶渊明式的归隐田园生活，在诗酒之间自娱，但他们恐怕是不会亲自掌起锄头下地耕田的。以笔砚闲耕的形象传达了士人作为"劳心者"，比"劳力"的农人或工匠优越的自我定位。同是耕砚田，砚工和文人却难免表现出两种截然不同的方式和价值取向。

　　当代学者有时会为砚工一生制砚，但绝少写作传世而发出"枉作他人嫁衣裳"之类的感叹。这种感叹背后的预设前提是，识字总比不识字好。这自然是文人学者所服膺的价值观，但工匠们可能另有一套取舍标准。一个更关键的问题在于，读写有什么用呢？除了在石上刻字，砚工写字几乎无用武之地。即便是对专为砚刻字的工匠来说，"读写"不外是一项按具体任务而定的专业技能；为神牌或砚等小面积石块刻字的工匠，要娴熟运用各种书体，但文字背后的典故他们无需掌握。在碑面刻信息量大的字，如颁布一套族规或政令，需掌握楷书字体的大小和笔画顺序，以便在网格内整齐排布，掌握行草书倒属次要。[25]

57

25　在对唐代至民国时期刻碑石工的大量研究中，程章灿记录了刻工的低下地位，但也表示该职业在明代却受人敬重，张简甫及其儿子张藻等教育程度更高的刻工在江南地区投身该行业，透过与文人交善建立起家族事业［程章灿：《石刻刻工研究》（上海：上海古籍出版社，2008），第140—168页］。

从硯工团体的视角而言，涉及祭祀神灵、打理生意、制定族规和处理政务时，读写的确是一项有用的技能。[26] 但是石工专业知识是植根于锻制工具、勘探石源、采石与琢石本领的习得和传承，远离文字和文献领域。[27] 从古到今，在读书人眼中，读写是通往知识最高形式之道，不管是传统儒生的理学抑或现代科学家的抽象理论。进一步说，书写是一项高尚行为，通过文章能与志同道合之友抒发胸臆，与古人交谈，能借助后世读者展卷而达至"不朽"。士人崇高的社会地位所衍生的这种服务自我的价值判断，也在巩固前者。为维持这个神话，士人贬低工匠体现的知识，将非文本化的知识斥为不可信。关键不在于缺乏资料，反倒是历史学者秉持的文献为先，尤其是刊印纸上文本的优越感，持续阻碍着工匠及其知识登上历史殿堂。

勘探和采石的专门知识

最优质的端坑通常由朝廷监管乃至垄断，采到的好石先上贡朝廷。清初解禁，允许民间集资开采，连最有名的水岩在内，在 17 世纪末至 18 世纪初期引发了一波采石热潮。[28] 当时，许多年代久远的石矿已采竭，不得不陆续勘探值得开采的新坑。硯工称勘探为"揾（找）石口"。有经验的勘探工带上他的锤凿和干粮跋山涉水，花费时间少则几天，多则半月。他先到山麓的各条小溪寻找，筛选从高地滚落下来后被水流冲刷磨洗的砾石。一旦捡到可能适宜作为

---

26   在东禺村的梁氏族规碑刻于清雍正九年（1731）。族规全文见陈羽：《端硯民俗考》，第 220—222 页。

27   就获取技能而言，采凿端石和雕硯是两个独立的行业。虽然这两种技能对撰写文献皆无多大用处，但是黄岗村雕硯工很有可能懂得读写，他们在 19 世纪留下的款识和硯铭可供证明，例见陈羽：《端硯民俗考》，第 246、249、317 页。

28   朝廷监督或占用形式，历朝均有差异。北宋和明代宫廷派遣太监现场监督上等端坑的开采活动。清代则解除了禁令，允许民间开采水岩外的其他所有端坑（民间也可开采水岩，但条件苛刻），而开采水岩需巨大的经济投入并经端州府准许，当地知府常从中抽成。开采麻子坑只需县令许可（李兆洛：《端溪硯坑记》，第 48 页）。另参见陈羽：《端硯民俗考》，第 40—41 页。

砚材的"石种"，他会溯流而上，爬山寻找裸露在岩表或埋藏地下的"石源"，运用"睇（看）穿山"的能力。他会在石源"睇（看）岩路"，看清岩石结构和石层走向，判断它是否适合开采。据当地不成文的规定，石源一般是谁发现就归谁所有。部分端坑更以发现者的名字命名。有些当地人说，名贵的水岩坑之名并非如学者所说因其埋在水底，而是因其发现者名叫杨阿水，麻子坑是由陈麻子发现的，等等。[29] 勘探和凿石工所累积的种种知识，说到底是基于他对当地水石相交的特殊地理环境的熟悉程度，前揭砚工和鹭的故事即是明证。

采石工序的特性和花费视水和石矿的互渗程度而定。端州三类砚坑中，最久远且最佳的是老坑（亦称水岩），早在中唐已被开采。历史和名声居其次的坑仔是在半山坡上的旱坑，北宋治平年间（1064—1067）开坑。第三的麻子坑，发现于乾隆朝（1736—1795），包括水坑和旱坑各一（图2.7）。开采旱坑时，工人在采石前要先要挖一条隧道打穿陡峭山体。矿脉埋在比西江河面更低（一些坑洞甚或低于河床）的水坑，在采矿前须先把坑道水汲干。在现代方便的电力水泵出现前，在农历十至十一月的干燥冬季来临前需召集群工人，他们在纵深坑洞内，自内向外用陶罐鱼贯接递。人工汲水需动员200多人，昼夜轮班作业并持续逾一个月，采石工人才可进入坑道。这样一来，开采时间仅剩三到四个月。直到次年农历四月，雨季来临之际，该坑会再次淹于水底。[30]

地理学者李兆洛（1769—1841），1820—1822年曾寓居肇庆。作为首位具体记录采石操作的财政和物流管理的人士，他描述了坑中水和石泥横流的脏乱景象以及石工裸体进出砚坑的情景： 60

　　凡砚坑，不论在山顶山下，其中无不有水，故取石必先去水。又洞中虽冬月亦暖，故入洞者无不裸体。洞中无不黑暗，故入采者无不持灯。

29　陈羽：《端砚民俗考》，第48、321—324页。

30　清代以前，老坑端石的征采只供进贡朝廷之需。掌握采石的确切年份有助鉴赏家为端石鉴定和断代，故相关知识受到格外关注。其总结探讨，见刘演良：《端砚的鉴别和欣赏》，第14—17页。有少数论者认为水岩和老坑不是同一坑，见本章注64。

麻子坑
朝天岩
绿端岩
古亭坑岩

坑仔岩

老坑洞口

西 江

图 2.7

航拍照片显示水底老坑、麻子坑、山侧堆积的烂柯山废石。陈羽提供图片。

在洞中气无所泄，烟煤皆着人体，故采石而出者，下身沾黄泥，上身受烟煤，无不剥驳似鬼。[31]

　　采凿端石是肮脏且非常辛苦的工作，但单凭牛力是不能成事的，更需要心手眼并用，配合历代所积累下来的对石性的认识。叠夹在废石之间的蛇形石脉，作为端砚的制作原料，厚约10—20厘米，宽约40—60厘米。虽然矿脉硬度高且耐压，但却很脆，使用炸药会致其粉碎。其脆弱性要求使用锤凿，人工开采石脉，至今不变。随着每次锤击，矿工凭直觉循石脉的走向寻找，朝左一点，或向上一些。称为"石骨"的石皮层却不可扰动，否则隧道有塌方之虞。[32] 因此，矿工的安危仰赖于他的专业知识，但这知识并不写在书本上，只能靠身体感官功能，在具体工作过程中去表现和传达。

　　根据李兆洛的记载，当所采之石块（现今说法是"料"）被运出坑洞，工人每日以银朱做记号，并严加看守。采石季结束后，坑洞会被封。主工者和工人以采得砚石总量来决定分成：前者得七成，后者得三成。[33] 最终，石料会送到一个维料师手上，他有神奇的能力去预测每块石料表层下的石品花纹。旁人如果要分析"维料"，可以说成是将一块石料分四层：硬质的顶板应去除，下面一层及底板虽然石质略干燥，但有时可利用做砚边。最后，中间石肉部分才是制砚身的主要材料。说分出四层只是便于说明，每一层的厚薄用肉眼观察却并非如此明显，只能凭直觉忖度。

　　由维料师观察璞料表层，判断石肉的走向以及每块料的石品种类和位置，这些石品最后会在砚面预留位置。维料师要先在脑海中，预先设定好从石块切割用于制砚的石璞大小和形状。一一心算好后，拣起锤和凿子将石料剖成璞。

<hr>

31　李兆洛：《端溪砚坑记》，第85页。李氏生平，见叶衍兰、叶恭绰：《清代学者象传合集》（上海：商务印书馆，1930），第321—322页。有关现代开采和工人操作的描述，见陈羽：《端砚民俗考》，第54—68页。

32　"石骨"一词源自李兆洛：《端溪砚坑记》，第84页。

33　分出的一"成"在清代叫作一"日"，意指每日采得的石量，"不分美恶"（李兆洛：《端溪砚坑记》，第85页）。

有的较名贵的石璞会直接卖给收藏家，其他或交由琢砚工完成设计和砚台制作。

61 　　维料师的隐秘知识，即用眼"看穿石"的能力，往往基于他早年当勘探工或凿石工的经验，对各个砚坑地层都有切身体会。[34] 表层一个淡绿小点或表明内埋有由铁金属氧化成黄或绿色的珍贵石眼，如此类推。直观的判断力和"观外知内"的逻辑推理，既是一名成功勘探工的特质，也同样适用在洞内凿石工和洞外维料师的身上。

　　鉴赏家曾用"识山石之文理"去称赞勘探工、凿石工和维料师这种专门知识。[35] 但士人的抽象思维和理学术语似与当地的认知方式不同。如先前所示，砚工将山想象成带"骨架"结构的人体，将石源称作"脉"，而脉中最珍贵部位称为"石肉"。[36] 人体在开采端石中不仅是一个隐喻，也是凿石技术的核心。地理学家李兆洛用纪录片式叙事捕捉到凿石工从地下隧道出来的形象，鲜明地突出了采石工作不可或缺的人身肉体：裸体的砚工们，烟煤皆着人体，剥驳似鬼。这个鲜活形象，以前绝少在小说或史册中出现，也许是因为砚工的身份远远比不上写书的文人学者，被烟煤遮蔽的身体，正好是长期被人视而不见的砚工们之最佳写照。

　　黄岗石工们世代掌控的工具锻制、勘探和凿石的多重知识，是在地经验的累积，用学术话语来说，这种知识既具体化又高度特定性，一出了端州便派不上用场。淬火调校凿子的硬度以及石工敲击凿顶的力量都取决于所用锤子的重量，而这些亦根据坑洞岩石的密度而变化。勘探工能用眼"看穿石"是出于对地表和地底微环境以及水陆特征的熟悉。这类知识在近代才见诸文字，不是因其不适宜文字记录，而是由于黄岗村民在自成一体的世界中，用不着将它加以

34　该词引自刘演良：《端砚的鉴别和欣赏》，第 42 页；陈羽：《端砚民俗考》，第 45—46 页。

35　苏易简：《文房四谱》（钦定四库全书本），卷 3，第 2b 页。他前面加"或云"，表明"识山石之文理"之说法在苏氏同时代已流传。另参见唐询：《砚录》，引自《端砚大观》，第 101 页。

36　如米尔恰·伊利亚德（Mircea Eliade）所观察，采矿和冶金在许多地方被加以性化（sexualized），理解为孕育、造化——矿石被视为大地母亲的胚胎［Mircea Eliade, *The Forge and the Crucible*, translated by Stephen Corrin (London: Rider & Company, 1962), pp. 26-33］。在这个制作即生育造化的社会中，金属工匠的工具带性别色彩且被赋予巫术力量。

抽象化，更用不着将它形诸文字，这种世代相传的地方知识外传只会对他们产生不利。把知识文本化和概括化是学者士人的专长，这种学问对绝大多数的砚工而言压根儿没有用。

士人：石工知识在北宋的文本化

中国社会总不乏读书人，但是，共享集体身份的士大夫，作为一个自我意识群体在 10—11 世纪才形成。这个精英群体一生皓首穷经、汲汲于政治，借此塑造一种认知体系。砚台的相关实践和理论知识对这一新精英男性的身份塑造之意义同等重要，但很少有人认识到这点。

唐代，服务于朝廷的士大夫普遍来自主导政治数百年的豪族世家。这群世袭性精英在 8 世纪的衰落以及平民男子获教育机会之扩大，为士人作为新精英分子在唐宋变革之际的崛起奠定基础。[37] 这些十人重视学术和艺术而形成的范式，对后世文士的自我定位和价值产生深远影响。特别是他们的古物学品味、嗜好收藏三代的金石器物（或器上铭文拓本）、系统钻研古文字及强调书风个性，都将关注重点放在书法写作的理论与实践上。[38]

62

37　有关北宋士人群体兴起的思想史，见 Peter K. Bol（包弼德），*"The Culture is Ours": Intellectual Transition in Tang and Song China* (Stanford: Stanford University Press, 1992)。对其崛起过程的性别层面分析，见 Beverly Bossler（柏文莉），*Courtesans, Concubines, and the Cult of Fidelity: Gender and Social Change in China, 1000-1400* (Cambridge, MA: Harvard University Asia Center and Harvard University Press, 2012), parts 1-2。砚台和文具在这些文士生活中的核心地位，见 Yanchiuan He（何炎泉），"The Materiality, Style, and Culture of Calligraphy in the Northern Song Dynasty (960-1127)," (PhD diss., Boston University, 2013)。

38　欧阳修（1007—1072）是引领古物收藏，尤其是金石碑拓方面的先驱。参见 Ronald Egan（艾朗诺），"Ou-yang Hsiu and Su Shih on Calligraphy," *Harvard Journal of Asiatic Studies* 49, no. 2 (Dec. 1989): 365-419。有关书风"品格"（characterology），见 Amy McNair（倪雅梅），*The Upright Brush: Yan Zhenqing's Calligraphy and Song Literati Politics* (Honolulu: University of Hawai'i Press, 1998)。有关古物主义

　　笔墨纸砚的实用知识对北宋文士相当重要，因为他们认识到书法为其专业所长，而高质量的文房用具有助于提升个人技艺。从这点意义来说，崛起的士人群体为建立"专业"身份，需要展示与工匠相近的技艺。但在他们眼中，这绝不代表自身地位会与工匠相同。新近研究表明，宋代士人确实对书写技术抱以强烈兴趣，常亲手制作文具。例如，身为新文人典范的苏轼，曾教一个制墨工如何提升墨品；友人米芾使用的几方砚是自己制作的，他也认识到装裱技术对古画鉴赏家的重要性，故对制纸十分了解。[39]

　　在此背景下，具备鉴别、使用、清洗和修复砚台的专门知识是士人标签之一，也是成为一名有造诣书画家的先决条件。砚台除是文士书法技艺的关键用具，亦是美学鉴赏的器物、专门研究对象以及男性士人象征。发端自 10 世纪的赏砚文学传统是这个发展的表征。细读这些《砚谱》《砚史》，我们不难发觉，除去文学词藻的包装渲染，鉴赏家的砚台知识围绕砚石的产地、石质和石品，基本上源自砚工。

　　士人对书写工具之重视，等同己身，从晚唐文人韩愈（768—824）不失幽默地用人名（陶泓君）和出生地赋予砚以人格化的文字中，就可见一斑。当笔墨纸砚在 11 世纪并称为"四友"或"文房四宝"时，人与物的同化被推到一个新高度。[40] 出身书香世第的高官苏易简（958—996），最早为这四种文具独立成书，取名"文房四谱"。作为赏砚文学的鼻祖，《文房四谱》被后世同类著述不断征引，有趣的是，此书的结构和分类却没有成为后世的典范，反而是该传统体裁的异数。苏氏将每种文具的信息分成四个子题。在砚、纸和墨三

（antiquarianism），见 Peter N. Miller and François Louis eds., *Antiquarianism and Intellectual Life in Europe and China, 1500-1800* (Ann Arbor: University of Michigan Press, 2012); Wu Hung（巫鸿）ed., *Reinventing the Past: Archaism and Antiquarianism in Chinese Art and Visual Culture* (Chicago: Center for the Art of East Asia, University of Chicago and Art Media Resources, 2010)。

39　Yanchiuan He, "The Materiality, Style, and Culture of Calligraphy in the Northern Song Dynasty (960-1127)," pp. 89, 103. 米芾在《砚史》提到自己制作玉砚一方，再用紫石仿晋式制砚一方。他更打算将它们改制，以提升品质（《砚史》，第 1、7—8 页）。Van Gulik, *Mi Fu on Inkstones*, pp. 28, 47-50.

40　根据何炎泉研究，"四宝"一词最早见于梅尧臣（1002—1060）著述。约一个世纪后，另一文人李德茂使用"四友"一词。见 Yanchiuan He, "The Materiality, Style, and Culture of Calligraphy in the Northern Song Dynasty (960-1127)," pp. 56-57. 韩愈一文是《毛颖传》。

谱中，分叙事、造、杂说、辞赋；在笔谱中，用专门讨论书法笔墨的"笔势"代替"辞赋"。苏氏赋予笔谱以特殊处理，认为它是书写者艺术的关键。

《文房四谱》虽然表面上看一物系一谱，结构有条不紊，但每一条目下内容松散，集私人观察、逸事、历史和虚构故事于一炉，从属笔记传统。譬如，在《砚谱》中"造"的一节包含澄泥砚的制作方法、晋初诗人傅玄（217—278）的砚赋，并将端砚描述成源自遥远蛮荒之地的一种奇货："世传端州有溪，因曰端溪。其石为砚至妙，益墨而至洁。其溪水出一草，芊芊可爱。匠琢讫，乃用其草裹之，故自岭表迄中夏而无损也。"[41]

苏易简在开头用"世传"，等于承认自己未曾去过端州。他不就此介怀，因为其写作动机与其说是把自己塑造成权威专家，不如说更像是信手拈来，为友人间行酒令提供一项谈资。艺术史学者柯律格（Craig Clunas）形容这种信息组织方式是一种"多样美"（aesthetics of multiplicity）形式，以开放式的架构，兼容并蓄，从而"多多益善"。笔记作者不需要将零散知识纳入一个既成的、有条理的层级框架，与亚里士多德式传统的辩证分析逻辑形成鲜明对比。不同知识地位的条目可以平行并置，进而无休止地增补。柯律格称由此引申的认知推理方法为"清单式诗学"（poetics of the list）："原始数据在这种模式下［不比亚里士多德式，或福尔摩斯侦探式］不需要落入既成体系中，才能产生意义，它们反而能自行生成不规则的体系和建构出意义。"在这个世界中，"特定个体的力量……是强于系统性的"。[42] 柯氏虽是针对中国日用类书，但《文房四谱》等笔记也是这种"多样美"或"清单式"认知和推理模式的最佳例证。比起苏易简这位读书人，砚工的知识和方法，特别是勘探工"看穿石"时从细观表象推测深层结构的方法，似乎更贴近福尔摩斯的推理手法。

41　苏易简：《文房四谱》，卷 3，第 3b 页。

42　Craig Clunas（柯律格），*Empire of Great Brightness: Visual and Material Culture of Ming China* (London: Reaktion, 2007), p. 132. 以作为近代科学基石的亚里士多德分析逻辑作为矛头，柯律格为传统中国的鉴赏方法与知识生产之有效性，提供了另类的评价标准。

米芾：打造权威的鉴赏家

64   米芾（1051—1107）的《砚史》比《文房四谱》问世晚了近一百年，见证了砚台的书写话语向系统化的转变。作为赏砚文献的鼻祖，该书流传至清代，在士人文化已近凋敝的 19 世纪仍不乏读者。米芾是中国书法史上的重要理论家和践行者，通过注入北宋注重的个人书风，重新定义 4 世纪的晋代法书。米氏也有丰富的画作和收藏，具有"无穷精力"去经营自己的公共角色和后世形象。正如艺术史家雷德侯（Lothar Ledderose）称米芾是"中国艺术家-鉴赏家之典范"[43]，《砚史》是他自我展演的必要组成部分。

米芾在《砚史》的开头声明中，先为鉴赏界一些少数派观点（即他自己）做背书。余下内容分三品，第一品（论功用为上）就入门容易混淆之事，提供权威判断。第一品和后二品（论石性和砚台样式之历史演变）之间，加入了对二十六种砚（包括高丽砚一方）的产地、石质的谱录式描述。至少可以确定，开头几种砚之品第是米芾以自己的磨墨经验为依据的。[44]《砚史》与苏易简的《文房四谱》在知识的自我展现、方法和结构上均存在差异。有别于苏氏自视为记录各类耳目所及之事的逸事收集者，米氏将自己展现为一位广泛掌握各地砚坑知识的老练书家，他将自己塑造成一个高高在上的权威，有资格就优劣、美丑做出评判。

米芾标榜神灵般全视之眼的客观视角，方法则是"眼见为实"的经验主义

---

43   前一句引自 Peter Charles Sturman（石慢），*Mi Fu: Style and the Art of Calligraphy in the Northern Song China* (New Haven: Yale University Press, 1999), p. 90; 后一句引自 Lothar Ledderose（雷德侯），*Mi Fu and the Classical Tradition of Chinese Calligraphy* (Princeton: Princeton University Press, 1979), p. 5。

44   米芾没有明确称这 26 方砚是按先后品第而列，但从评语显而易见，列首位的自制玉砚是他最属意者。次之是方城葛仙公砚石，第三是温州华严尼寺砚石。未见时人提过这些砚，但米氏将其列在当时流行的端石（第四）、歙石（第五）之上，因为这三方砚发墨快且不热（米芾：《砚史》，第 1—3 页；Van Gulik, *Mi Fu on Inkstones*, pp. 28-47）。

原则。因而，在描述最近获得的唐州方城县的葛仙公砚石时，他不忘自诩说："始见十余枚矣。"至于更流行的端溪石，他宣称："平生约见五七百枚。"[45] 米芾以第一人称代词讲述自己的鉴赏方法："余所品谓目击自收经用者，闻虽多，不录以传疑。"[46]

米芾的端砚条目就是他用修辞策略赋予自己权威性的一个例子。文中涉及宋代藏砚界的三大争议：端、歙二砚的高下之争；端砚面的石眼是否有助研墨，还是仅具有装饰性；"子石"的真实意涵。开头先讲述"端州岩石"地理："岩有四：下岩、上岩、半边岩、后砾岩。余尝至端，故得其说详。"不同于苏易简的随意性，米氏的先后次序按端石品第而定。[47]

米芾认为居首位的"下岩"："石细，扣之清越，鸲鹆眼，圆碧晕多，明莹。"[48] 鸲鹆眼是指水云母含高浓度的铁质结核，常以不同层次和色泽的同心环出现（图 2.8），乃宋代鉴赏家争议的焦点。藏家以这类石品为贵，愿意花高价购买带眼的端砚。鉴赏家唐询（1005—1064）在《砚录》描述过这种习尚："大抵〔端砚工〕以石中有眼者最为贵，谓'鸲鹆眼'。盖石之精美者如木之有节。"[49]

65

45　米芾：《砚史》，第1—2页；Van Gulik, *Mi Fu on Inkstones*, pp. 30, 32。高罗佩认为米芾坚持亲自观察、独立调查并回避报道与采石相关的灵异现象，具有"科学性"（Van Gulik, *Mi Fu on Ink-stones*, pp. 58, 62）。我在文章中不认同高罗佩的评价，详见 Dorothy Ko（高彦颐），"R. H. Van Gulik, Mi Fu, and Connoisseurship of Chinese Art,"《汉学研究》第30卷第2期（2012年6月），第265—296页。

46　米芾：《砚史》，第7页；Van Gulik, *Mi Fu on Inkstones*, p. 47。

47　米芾排列的品第是对唐询（1005—1064）《砚录》的反驳，后者列上岩为首位，随后是下岩、西坑和后砾岩。见《端砚大观》，第101页。歙、端之争在宋代未见定论。对歙县人和歙砚藏家而言，可悲的是，随着歙石开采在元代逐步衰落，特别是明代（重新）开采老坑之后，端石成为难以逾越的砚材之首，延续至今。明清中国的主要砚坑，特别是歙坑，见胡中泰：《中国石砚概况》（武汉：湖北美术出版社，2005）；北畠双耳、北畠五鼎：《中国砚材集成》。

48　米芾：《砚史》，第2页；Van Gulik, *Mi Fu on Inkstones*, p. 32。米芾笔下的下岩是否指我们所知的水岩，士人们争论已久。刘演良在现代地质发现的基础上，通过解释前人文献，具说服力地给出肯定的答案。见《关于端溪下岩与水岩的争论》，载刘演良：《端砚全书》（香港：八龙书屋，1994），第125—134页。

49　唐询：《砚录》，载《端砚大观》，第101页。明清鉴赏家辨识出不同的鸟"眼"，鸲鹆只是众多之一。出于简便，本书统称之为鸲鹆眼。

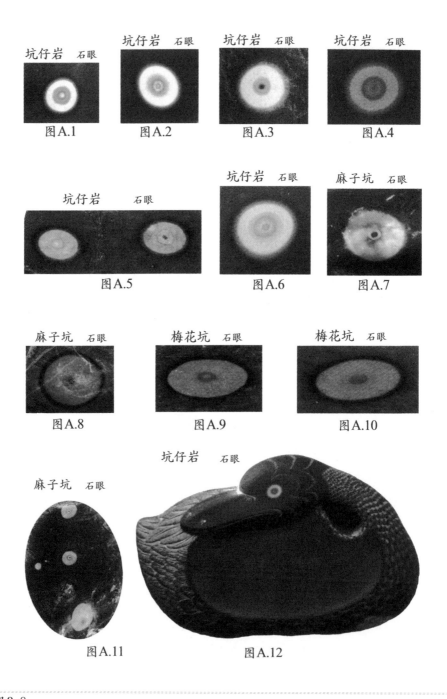

图2.8

从坑仔岩（A.1—A.6，A.12）、麻子坑（A.7，A.8，A.11）、梅花坑（A.9，A.10）挖出砚石上的鸲鹆眼。广东省2006年官方制定的工业标准手册。取自广东省质量技术监督局：《广东省地方标准：端砚》，第7页。

同时代欧阳修（1007—1072）的意见与此相左。身为首位将古篆和碑拓纳入系统研究的学者，欧阳氏另有笔记《砚谱》论砚。他对时人追逐的端砚评价较低，乃因"十无一二发墨者"。他排斥砚眼，视之为"石病"。[50]

　　米芾分出四种端坑的品第，在着重描述前三种带石眼的端石的各自特点，以及在评论第四种无石眼的端坑时，引进了一个崭新视角。石眼的好坏，不在于它们是否有助磨墨，而在于它们是否能让上人从砚石外观去分辨砚坑产地，因而它们是有助于鉴定的重要线索。[51] 同时，米芾也间接指出，端歙之争不能笼统地进行：其实并没有所谓标准的端石或歙石（图 2.9），四种端坑的石质差异甚大，人们在评价时需根据具体情况而论。这也是他的独到见解。

　　米芾提到下岩近年已经封坑，可以推测若无端砚工相告的话，他不太可能会知道下岩端石带鸲鹆眼。在谈及下岩和其他端石质量的种种细节时，米氏将端州的亲身经历为自己的权威性做背书，却没有说明信息的确切来源。在论及"子石"时，他需要征引石工权威来支撑自己立场，才不得不提及他们："又遍询石工，云子石未尝有。"有的宋代藏家相信"子石"是由大石交感孕生，并花重金购之，米芾一直视为可笑，认为"子石"只是溪流里淘得的卵石。[52]

　　除此之外，端州石工在《砚史》其他章节出现时，通常被米芾贬称"土人"，后者因自身不磨墨书写而对后砾岩的非凡石质浑然不知。在米氏看来，后砾岩发墨度或在上岩、半边之上，可惜土人无知，只用其刻制成盆、印盒和儿戏之物。[53]

66

67

50　欧阳修：《砚谱》，载《端砚大观》，第 102 页。北宋收藏家似乎只以"鸲鹆眼"和"金星"为贵。两种石品已见于苏易简：《文房四谱》，卷 3，第 4a 页。南宋著述《端溪砚谱》也记载了"火黯""黄龙"等缺陷者（第 5 页）。降至清代，藏家已分辨出 30 多种石品。部分石品的中英文名称，参见高美庆编：《紫石凝英：历代端砚艺术》，第 14、150 页。相关图释说明，见刘演良：《端砚的鉴别和欣赏》，第 29—41 页；陈羽：《端砚民俗考》，第 107—108 页。今天对已知 18 种石品的官方名称，见广东省质量技术监督局：《广东省地方标准：端砚》（DB 44/T 306-2006），第 5—18 页。

51　这一点显见于叶樾传录的南宋《端溪砚谱》："石有眼则易分品第。"（第 2 页）沿用人类学家韦伯·基恩（Webb Keane）的词汇，社会学家艾莉森·利奇（Alison Leitch, "Materiality of Marbles"）将意大利著名的卡拉拉大理石的纹理称为"性质符号"（qualisigns）：解释上具有多元性且不一致的物质性记号。端砚石品是名副其实的"性质符号"。

52　米芾：《砚史》，第 2—3 页；Van Gulik, *Mi Fu on Inkstones*, pp. 34-35。

53　米芾：《砚史》，第 2 页；Van Gulik, *Mi Fu on Inkstones*, p. 34。

图 2.9

吴笠谷，唐寅桃花庵砚，2003 年。歙砚用的板岩，与大部分端砚一样具深紫色，但石品纹理截然不同。这一方突出砚面的"金花"纹，当代大师吴笠谷将其打造成一株桃花树。树下方的砚堂可见到波浪似的"眉纹"，则是另一种歙砚特有石品。歙石开凿最早始于 8 世纪，作为御用贡品入贡定都江宁（今南京）的南唐（937—975）。及至宋代，龙尾（婺源，今属江西）大约十处石坑已被开采。明清时期虽然继续开采，但规模大为减少。歙石的摩氏硬度平均为 4.0，比端石要硬。长 21 厘米，宽 16 厘米，高 3.5 厘米。吴笠谷提供图片。

虽然（或因为）米芾对端石的认识显然受惠于端州砚工，但是后者知识只能以被转述的方式出现，被引用时的权威性和真实性都冠在米芾自己身上。米芾在经营自己的专家发言权时，也在为自己和后来者打造"士人－鉴赏家"这种身份属性。如果不把砚工贬排至较低位置，这种高高在上的"士人－鉴赏家"身份是难以成立的。

米芾与苏易简的赏砚论述虽存在不少差异，却在一个层面很相似——二人都以相同的功能性话语去维护文士群体的界线。苏氏解释《文房四谱》的撰写动机，不外是阐明纸、笔、墨、砚作为书写用具的功能性："四谱之作，其用者在于书而已。"[54] 米芾则说得更直截了当："器以用为功……夫如是，则石理发墨为上，色次之，形制工拙又其次。"[55] 通过强调文具作为自己专业道具之"用"，士人－鉴赏家将自己打造成以文章艺术为己任的专才，与业余的附庸风雅者区别开来。[56] 至于掌握砚石石品和地理产地的专门知识却不用砚来磨墨的石工，这类功能性话语将他们矮化为低能特才者，对砚石只知其然但不知其所以然。这些无名氏唯一能担当的角色，不外是躲在历史幕后，向来访的中州士人讲述自己世世代代从砚洞中经验累积得来的学问。

清代考据学：外省目击者重来端州

由北宋大家建立起的士人－鉴赏家范式，随时日变迁，不但丝毫没有褪色，反而愈来愈成为经典。历经蒙古人在元代（1271—1368）统治中原的公 68

54　苏易简：《文房四谱》，卷1，第13b页。

55　米芾：《砚史》，第1页；Van Gulik, *Mi Fu on Inkstones*, pp. 27-28。

56　在界定何为鉴赏家时，附庸风雅者是有用的反衬标准。编修《钦定四库全书》的馆臣借用司马迁《史记》中的"耳食"一词来形容他们。柯律格曾对明代该现象进行讨论，见 Craig Clunas, *Superfluous Things: Material Culture and Social Status in Early Modern China* (Cambridge: Polity, 1991), pp. 86-87。

然压制，以及明代（1368—1644）初期朱元璋的贬抑后，士人文化的霸权地位愈趋稳固。正如米芾及其友人所期待的，书法不单成为士人专业身份和内在修养的表现，名家法帖更是历代玩好者热衷的收藏品。

降至 18 世纪，大量赏砚文学如雨后春笋般涌现，既有苏易简建立的逸事搜集方式，亦有接踵米芾开创的品鉴体例。[57]不论文体，这些赏砚文章内容往往大同小异，或陈陈相因，或反复转抄，加上一点个人经历，合集再版。乾嘉时代兴起的训诂学运动，又称"汉学""朴学"或"考据学"，再度点燃了长途跋涉至端州以获得第一手资料的学术热情，创造了北宋以来未见的新知识，但这并未改变文士和砚工之间的不平等关系。

文人墨客不辞跋涉，陆续出现在端州砚坑旁，原因不一。如历史学家艾尔曼（Benjamin Elman）解释，朴学家治学的宗旨是"实事求是"，连带影响一般士子重视实地求证。[58]尤其是"金石学"研究在全国上下引发访碑风气，鼓励学者将知识直接建立在原址出土的古器物上，而非固守传世文献传统。[59]全面讨论这个多元的思想运动实非本书主旨，在此予以一提的是，四处搜求不起眼的石上铭文，象征着米芾在砚台鉴赏上开创的"眼见为实"认知模式的一种回归。

57　论及端砚的一系列主要文献，见刘演良：《历代端砚著述》，载《端砚全书》，第159—163 页。对部分著述的英文描述，见 Van Gulik, *Mi Fu on Inkstones*, pp. 14-21。

58　有关朴学兴起和理学衰退，参见 Benjamin A. Elman（艾尔曼），*From Philosophy to Philology: Intellectual and Social Aspects of Change in Late Imperial China* (Cambridge, MA: Council on East Asian Studies, Harvard University, 1990)。

59　对北方地区搜访碑上古字的分析，见 Qianshen Bai（白谦慎），*Fu shan's World: The Transformation of Chinese Calligraphy in the Seventeenth Century* (Cambridge, MA: Harvard University Asia Center, 2003), pp. 177-184。南北地区的访碑运动，另见薛龙春：《郑簠研究》（北京：荣宝斋，2007），第 28—50 页。许多士人不雇当地人，而是带上自己信任的工匠来拓碑，甚至亲自上阵。摩崖石刻传统由来已久，约发端于古典时代，见 Robert E. Harrist Jr.（韩文彬），*The Landscape of Words: Stone Inscriptions from Early and Medieval China* (Seattle: University of Washington Press, 2008)。

　　强调亲身目鉴，见于 19 世纪初才出现的端坑图，一种刻在砚台背面或雕版刻印为书中插图的新视觉表达。[60] 不同于砚谱和笔记中能够无限增补的"清单式诗学"，这些图呈现的信息显然是经过有意筛选的。到了 18 世纪，端州开采的砚坑已超过 70 座，每坑所采出的石头在鉴赏家看来，色泽、石品、质感和密度各有差异，他们也一一发展出定名和评级标准。[61] 在这复杂宏大的知识系谱面前，一小幅地图实在不具备足够的精细程度将它们全部呈现。相反，制图者的选择和视觉策略更像是一种教学手段，在出现新开的坑石或旧有石脉耗竭的情况下，指引观者去了解各端坑之间不断变化调整的品级差序。

　　一方无款的端砚有可能是 19 世纪制品，背面一幅"老坑内图"（图 2.10）用几分写实主义手法描绘了烂柯山的地形特征，右上角的"仙人顶"为其边界。紧挨山丘的两个题识，标示出坑仔岩和麻子坑的正确位置。另可见对当地民生之写实描画：山间一位渔夫荡舟顺流而下，船上有当地常见的编织拱篷。图的正中部分，可见一间筑在砚坑洞口的"研坑庙"，图的下缘，则见江边有一座飞檐斗拱的华丽天后庙。[62]

　　观者在这幅"老坑内图"中，会发现另一幅独特且绝非写实的图景，就在图中心砚坑洞口"研坑庙"下"洞口"二字的左边，有一组向左延伸像消化管道般的隧道，通向七个坑洞，从右边的"庙尾""东洞"，经过留有五石柱的梅花桩（即楳花椿）洞（白底五黑点），下达"洞仔"，上达"大水湖"，再进"拱篷"，最后延伸到左上角的"小西洞"和左下角的"大西洞"，几乎到了山水界线的尽头。这是一幅离奇的景象，勘探工"看穿石"的直觉本能，在这里以透视图形式全景再现。这就是鼎鼎大名的水岩和其中一些人所共知的坑口。处于图左下角的拱树、飘扬的旗杆，一个身体前倾的人正在划船，都将观者的目光引向上方一系列相通的洞穴。

69

70

60　米芾明显未到访过歙州，他是通过一幅砚图获取歙砚资料的，原图已不传；简要讨论，见 Van Gulik, *Mi Fu on Inkstones*, p. 18。该图很可能是一幅砚式线描图，而非地形图（米芾：《砚史》，第 8 页），或许就是唐积在《歙州砚谱》（第 6 页）绘制的砚。米芾：《砚史》，第 3 页；Van Gulik, *Mi Fu on Inkstones*, pp. 36-38。高罗佩这句翻译错误。除了何传瑶《宝砚堂砚辨》，未见其他著述中有端坑图之描述。

61　何元等编纂：《重修高要县志》（无出版信息，1826）卷 4，第 6a—13a 页。

62　天后庙供奉华南地区的航海保护神，在宋代被纳入国家祀典。"研（砚）坑庙"祭祀的是本地的土地神，守护着水岩洞口。

图 2.10

一方砚背的老坑内图。图上方的文字说明每个洞内采石所需人力。措辞与何传瑶《砚辨》印制的图相同（见图 2.12），但数字不同。长 13 厘米，宽 12.5 厘米，高 2 厘米。天津博物馆藏。

坑图正面呈现所构建的视角其实是穿过西江对岸，所处一带是无人居住的；我们犹如一个站在对岸制高点并寻求横渡的赏金猎人，目光牢牢地锁定全国最珍贵砚材的出产地。

水岩可能在晚唐便开始产砚石。明代永乐及成化年间曾陆续开采，坑洞下水愈深石质愈细腻。至迟在万历二十七年（1599）水岩石被鉴赏家公认为诸端坑之首，当时一次著名的重开工程，发掘出上等端石。清初又陆续采挖，雍正年间开至中洞，到乾隆中期已采尽，遂进而开大西洞，更为收藏家所热爱。追逐水坑端石的热潮在 19 世纪达到顶峰。[63] 随着水下坑洞的深槽开采到更多端石，越来越多中原人士知晓其名，并引发新一批藏家去追逐水岩各洞石及有关知识。先前提到的砚背端坑图呈现的"隧道效果"，体现一种新认识观 —— 希望能看穿烂柯山的石床，辨别各朝代采石活动所遗留的洞穴。知识结构从散布端州的七十余座砚坑，转而聚焦于这一个水坑在不同年代先后开采得出的各洞石特征。

这种崭新视野的"看穿"砚坑图，可能很受收藏家和游客欢迎，屡屡被端州砚工刻于砚背。现藏纽约大都会艺术博物馆的另一方砚，砚背刻有与上述"老坑内图"类似的"端溪图"（图 2.11）。滚滚波涛之间，渺小的半圆形小舟连同叠交的河岸，引导观者的视线移至一块伸向河岸的岩石。这块岩石的腹中，也刻有水岩各洞口的透视图，只是这个水岩坑上下倒置，边缘是重复的圆弧瓣，每洞附有题识注明洞名。此砚的正面有一铭款："道光丙戌岁（1826）仲冬造"，正是水岩最尽头的大西洞和与之相连的水归洞声誉如日中天的年代，但是石工们已经意识到，洞愈开愈大，表示石脉愈来愈稀，水岩石已经濒临绝种了。

63　钱朝鼎（1647 年进士）的《水坑石记》专门探讨水岩端石，对水岩石是全国之首这一评价的经典化相当关键。钱氏是江苏常熟人，迁广东提学道。他在著述中称是从"土人"那里知悉水坑岩坑的非凡价值，用他们的观点驳斥中州士大夫的固有品第（钱朝鼎：《水坑石记》，载黄宾虹、邓实编：《美术丛书》第 3 辑，第 2472 页）。关于水岩的开采历史，见刘演良：《端砚的鉴别和欣赏》，第 14—15 页。于乾隆十七至二十年（1752—1755）任肇庆知府的吴绳年，曾在开坑时亲至岩洞，他著的《端溪砚志》也为水岩开坑历史提供了不少信息。

A

图 2.11

端溪图砚，（A）正面；（B）背面。天津博物馆藏有另一件相同的砚（载蔡鸿茹：《中华古砚》，第171 页），提示我们广东砚工可能就是 19 世纪初期水岩内图制作的发起者和赞助者。长 20.6 厘米，宽 13.7 厘米，高 2.9 厘米。纽约大都会艺术博物馆藏。

B

　　透视砚坑图固然是艺术，同时也传达了科技知识和相关学问。人类学家白馥兰（Francesca Bray）提议，"图"最好理解为"技术图像"（technical image）。白氏提醒我们，"图"的功能不只是客观地展示信息，也在激发观者的进一步行动：阅读《砚史》或《砚谱》等书籍，甚至亲临其境，探究端州的地理环境、各坑洞特征等。[64] 这种砚坑图出现于旧坑采竭、新洞佳石屡出的 19 世纪上半叶，有助于重新划分端石的等级结构。新兴等级体系将水岩列为诸端坑之首，并对在水岩坑内不同时期开出的坑洞口一一分等定高低。

71　　由此看来，乾嘉考据学主张准确和客观研究的验证方法或是砚坑图出现的部分动因。这股思潮促使更多的中原异乡客前往端州，鼓励更多官员驻留、途经该地时，书写亲身观察的地理志和地质志。[65] 细腻端石因供不应求而市价高涨，而士人仕途壅塞，其赏砚技艺可作为奉承新贵人的敲门砖，这也解释了鉴砚学问精益求精、全面入微，以致发展出钻入地底去勘探整条砚坑隧道的趋势。

　　这种"看穿"全水岩各坑的视觉再现手段，在制造真实效果上，类似于"眼见为实"或"遍询石工"的修辞工具。这两类视觉和文字手法都给人以提供真材实料的错觉，它们将观者或读者定位为外来人士，不可能亲身爬进直径不超过 70—90 厘米且长期淹于水下的坑洞。即便他在采石期间有机会进入坑洞，在用猪油点灯芯的昏暗照明下，也没办法看到原先期待的东西。问题不在于能见度，而是知识论。鉴砚家面对的难题是，依据摆放在书案上一方砚台的

64　第一方砚背的图，名为"老坑内图"，第二幅是"端溪图"。端溪属西江支流，其岸边就是水岩的洞口。老坑和水岩究竟是异名同指，还是分指两个不同端坑，现仍未有定论。砚图的雕刻工显然倾向于前种说法，与何传瑶等大多数人的观点一致（见下文讨论）。钱朝鼎是少数异见者，他引述"土人"说法，认为老坑是指烂柯山另一砚坑，石质次于水岩（钱朝鼎：《水坑石记》，第 2472 页；刘演良：《端砚的鉴别与欣赏》，第 14—15 页）。白馥兰（Francesca Bray）指出制图意味着设定"秩序"（to order）和"空间位置"（to position in space），参见 Francesca Bray, "Introduction: The Power of *Tu*," in Francesca Bray et al., *Graphic and Text in the Production of Technical Knowledge in China* (Leiden: Brill, 2007), p. 13.

65　其中包括影响颇大的三本砚台著述：《砚录》，作者曹溶（1613—1685）在 1673 年任广东布政使；《砚坑录》，作者景日昣（1691 年进士）1697—1703 年任高要县令；《端溪砚志》，作者吴绳年 1752—1755 年任肇庆知府。如年代所示，外省官员履职而传播端砚知识的现象早于 18 世纪晚期，因考据学盛行而有愈演愈烈之势。

石品和色泽，追溯它在坑洞开采时的具体位置，好确认它是中洞石、大西洞石或是其他。如果按照"实事求是"的科学方法，理应亲身进砚坑去寻找对证。但是，事情并没有这么简单。先不用说水坑矿道，历经开采，到 19 世纪已延伸至全长 100 多米。更要命的是，矿坑中的石脉和基岩已经被采凿一空，无法提供任何线索。就算有人真的愿意赤身裸体、冒着塌方危险爬进坑道，他在几近空荡的洞内能观察到的，充其量只是地上一潭水洼、铺满被丢弃的废料。也就是说，鉴赏家无论要多么"科学"地亲身到砚坑实地考证，其所标榜的"眼见为实"的验证方法，基本上是无法实现的。

　　但是，这种尴尬现实却未曾在鉴赏文学中有所明示。鉴赏家的知识是通过回溯建构，并以权威口吻转述他人作为支撑。就算他们亲临端州，但其所梦寐以求的"地方知识"或"本土知识"仍是遥不可及的。

本土专家的自我展现

　　在水岩坑口上游不远处的高要土生土长的何传瑶（活跃于 1820—1830），未曾深入地下坑洞，却是改写水岩知识基础最得力的一名鉴砚专家，其书《宝砚堂砚辨》在道光七年（1827）完成，约十年后付梓刊刻。[66] 何氏乃有志之士，他的家位于高要镇内的西北角，藏有一批砚台，是他父亲的传家之物。其他本地玩家对该批砚藏交口称赞，不过，其名声似乎仅限于高要，未传播至省外。尽管如此，家离端坑很近的何传瑶成为罕见的本土专家，并从外来人士那里获得足够的物资和金钱支持，让自己的著作得以付梓刊刻。

66　哥伦比亚大学东亚图书馆（C. V. Starr Library）藏《宝砚堂砚辨》钞本，钤有著名天津藏书家徐乃昌（1869—1946）的藏印。何传瑶在道光七年（1827）完成书稿但无财力刊刻，直到遇见一位探访的幕友高鸿。高氏在道光十三年（1833）抵达肇庆，在次年（1834）一次重大采石中买入端砚并雇当地砚工雕刻成砚，以此获利甚丰（高鸿：《序言》，载《宝砚堂砚辨》，第 1a—2a 页）。该书是在肇庆的冯积儒堂刊刻。封面钤印"肇城东门街群玉楼发兑"，另刻"道光丁酉年（1837）新镌"和"宝砚堂砚辨"字样，或表明先前另有旧版。吴兰修提过他曾为何传瑶一部出版著述写序（《端溪砚史》，第 8 页），但我尚未找到这个更早的刻本。

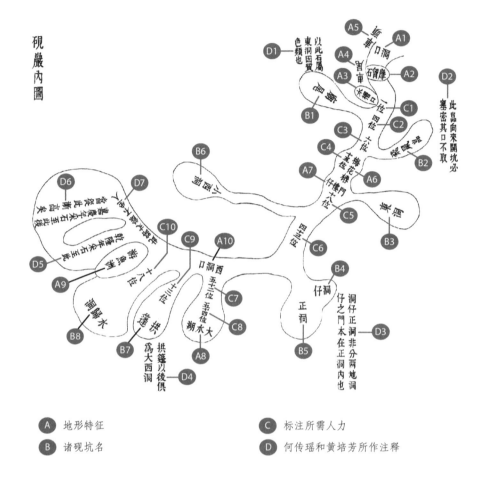

图 2.12

砚岩内图。水岩内部。A.地形特征：（A1）洞口；（A2）摩胸石；（A3）水槽口；（A4）车尾；
（A5）车头；（A6）梅花桩；（A7）门楼仔；（A8）大水湖；（A9）游鱼洲；（A10）西洞口。
B.诸砚坑名：（B1）庙尾；（B2）飞鼠岩；（B3）东洞；（B4）洞仔；（B5）正洞；（B6）小西洞；
（B7）拱篷；（B8）水归洞。
C.标注所需人力：（C1）一位；（C2）四位；（C3）六位；（C4）十五位；（C5）十八位；（C6）
四十三位；（C7）五十二位；（C8）五十四位；（C9）（另一支队伍）十三位（汲水）；（C10）十八
位（坐着汲水）。
D.何传瑶和黄培芳所作注释：（D1）以此石（源自庙尾洞）属东洞，因质色类也；（D2）此岩向来
（水岩）开坑必塞密，其口不取；（D3）洞仔、正洞非分两地，洞仔之门本在正洞内也；（D4）拱
篷以后俱（洞／岩）为大西洞；（D5）乾隆年采石至此；（D6）嘉庆年采石至此，当从此渐高矣；
（D7）此路丈余（3—4米），不坐人。
此图由黄培芳绘制。何传瑶：《宝砚堂砚辨》，无页码。

《宝砚堂砚辨》与前人的赏砚论著有两点不同。第一，书中首度附有端坑图，绘有水岩坑的内外地形。这组图是由一个名叫黄培芳的士人绘制，出于编纂方志之需，他从珠三角的香山镇来到高要搜集资料。最令人称奇的是砚岩内图（图2.12），展示了东洞、正洞、小西洞和大西洞的相对位置和界限。先前提及的"老坑内图"有可能是以这幅地图作为原型。[67] 除了透视效果外，另一创新是何、黄二人在图中用石工人数去测量洞穴体积。矿洞的总长度（以及隧道任意两点间距离）是以凿石工为单位，以鱼贯入洞的总人数为基准；洞顶高度是以"坐人"或"站人"来显示。把采石工程所需人力和物料详细形诸文字，首见于地理学家李兆洛的《端溪砚坑记》，承前所引，是他嘉庆二十五年至道光二年（1820—1822）间寓居端州期间撰写的，到了何传瑶和黄培芳手上，发展为以图文方式表达。19世纪早期端州"工作的物流和认知文化"的出现频率上升，反映人们对运输和劳动力管理的关注。[68]

何氏与制图者除了运用新视觉技术绘图，他的第二点革新对赏砚传统的影响或许更为深远。他在文中舍弃了外省士人自清初以来追捧的等级体系：最上等端石产自正洞，次之是东洞、大小西洞。 74

从何氏《宝砚堂砚辨》目录"四洞先后等次"，可略窥他含蓄却具颠覆性的修正：

1. 大西洞（包括拱篷）

　　　附（七个）近似诸坑：旧苏坑、朝天岩、龙爪岩、老岩、白线岩、坑仔岩、麻子坑

2. 正洞（连洞仔）

67　印刷纸图应是那方砚背的端坑图之原型，因为它是以士人的全景式视角去呈现坑洞。吴绳年的《端溪砚志》可能有更早的水岩内图。1753年刻本的正文前有题云"端溪砚坑开采图记"。标题带"图"字，内文以凿石工视角用文字描述水岩坑洞，应附有一图。现存版本的记中没有地图。

68　Chandra Mukerji, *Impossible Engineering: Technology and Territoriality on the Canal du Midi*, p. 205, cf. 221, 223. 以水岩为例，对人力的关注显见于监督采石的官员的著述中。例如高兆：《端溪砚石考》，载《美术丛书》第1册，第416—418页。但是，何传瑶和黄培芳是第一次运用图像反映这些信息的人。

附（八个）近似诸坑……

3. 小西洞

附（七个）近似诸坑……

4. 东洞（包括庙尾）

附（四个）近似诸坑……[69]

何传瑶将水岩先前独立的三个洞（拱篷、洞仔、庙尾）纳入他命名的四洞，借此简化原有的地理划分。另外，他的体系将最晚开坑的大西洞提升至诸坑之首。同样值得关注的是他在四洞后逐一附加"近似"砚坑共26个，略带贬义地称之为"杂坑"（第1b页）。其中，诸如坑仔岩、麻子坑等被当时其他大多鉴赏家认为是名坑而大力吹捧。何传瑶将它们纳入附录杂坑，已算表示赏识之意，其他几个受时人重视的坑口，他连将其放进附录也不屑。同时，何传瑶更将全部名坑都纳入大西洞、正洞、小西洞和东洞四洞内，令四洞成为评价其他砚材的标准，以此建立起它们的霸主地位。

不难理解，居于首位的大西洞着笔最多。一段原文反映出何氏的修辞策略："大西洞中（石）分五层，顶石色青紫，质粗厚……次为二层。其天青如晨星初没，朝旭未升。"（第1b页）何氏的抒情描写，预设读者有共同的感官认知，可以凭各自的主观经验，理解清晨时分，晨星初没、朝阳未升的景象，并以此定断名贵的"天青"石品。同时，何氏散文的另一个特点是他的宣示式口吻。他如述说人所共知的真理般罗列五个石层的各自特征（三层再分上下层，四层又分三层），而无意为自己的评价或判断做任何辩解。他对四层的底下二层，写道："绿质五采钉，白质五采钉，钉之坚实拒刃，杂坑所无。时人借此辨真赝，然皆石之疵也。"（第3b页）他的知识体系的全部主旨在于鉴赏家的鉴定本职。他希望通过清楚明确地区分真赝来帮助入门者。他附录石质"近似"四洞名石的诸杂坑的动机，或可理解为警告读者："提防赝品！"

何传瑶在鉴别砚石来源和区分真赝时，流露出一种罕见于其他著述的自

69　为直观展示，我引述何氏文字时加入四洞的编号和边界。何氏的19个杂洞出现在吴兰修的图中。

信。不同于外地作者依靠"土人"或"老石工"进行评判，何氏用正式而肯定的语气陈述他所知的实情。"皆""必有""未见""殊少"等副词给人以一种印象——所有端石他全部目验过，能运用全面的知识体系去鉴别任何砚石。

何传瑶将其权威性建立在自己的主观判断和感官经验上：他"日下察之"端石细部（第3a、5b、8b页），"扣之"以辨其是否有金声、木声或片瓦声（第2a、9a，13a页），"反侧"观察砚台纹理的走向（第13b页），以指甲"刮去"表面，看石质之松实程度（第5a、15a页），或"以刀试之"，判断留下的刀痕是砂质还是石质（第9a页）。尽管烦琐，但每次测试均为判定砚石的确切产地提供依据，这不仅限于特定砚坑，更细致到坑洞内部的确切位置。厘清全部线索后，真相自然大白。何传瑶总结自己的方法说："于同之中详辨其异，于异之中详辨其同。"（第17a页）听上去似乎直接借鉴了考据学家的方法。[70]

综上所述，何传瑶将大西洞提升为水岩之首（进一步说就是所有端石、乃至全国砚石之首），在三个方面重新构建砚台的知识结构：他以更精确的形式重新厘清水岩四洞的界限；提出一套新的端坑分类模式；融入一套"色"（色泽、石品及其他悦目的表面特质）和"质"（令砚台发墨而不伤毫的石质和其他物性）的普世性术语，可供描述和品鉴任何砚石。石质并无神秘感可言，有经验的鉴赏家通过近距离观察、以手轻扣或刮擦表面就能了解。

何氏在《宝砚堂砚辨》的端坑品第和评判标准在同时代标新立异，被功名履历更高的广东同乡吴兰修（1789—1839，1808年进士）完整收录在约同

70　我无法直接建立起何传瑶和训诂学运动之间的关联，但二者关系引人遐想。其书名"砚辨"亦能读成"砚辩"（对其他赏砚观点之反驳），常见于同时期考据学著述。时任两广总督的阮元（1764—1849），在1824年通过合并四家书院（其中包括肇庆端溪书院），在广州成立学海堂。有关阮元的收藏生涯，见 Eric Lefebvre（易凯），"The Conservation and Mounting of Chinese Painting Viewed by the Connoisseur in the Age of Evidential Scholarship: The Case of Ruan Yuan (1764-1849)," paper presented at the conference on the Making of Chinese Paintings: 700 to the Present, Victoria and Albert Museum, London, Dec. 5-6, 2013。关于学海堂，参见 Steven B. Miles（麦哲维），*Sea of Learning: Mobility and Identity in Nineteenth-Century Guangzhou* (Cambridge, MA: Harvard University Asia Center and Harvard University Press, 2006)。

76 时面世的《端溪砚史》中，在全国广泛传播。[71] 身为经学家的吴氏，在训诂学大家阮元创立的广州学海堂讲学，他在书中全面客观地涵盖了端砚的主要知识体系。这部畅销书的一名读者指出，何传瑶的观点最"原创、细致、准确"，然而书中其余内容"无甚可观"。另一读者认为何氏分析真赝的细枝末节之能力，甚至超越熟练的"老石工"。[72] 何传瑶的观点至今仍是经典。

重访石工

何传瑶通过驳斥其他两类专家来建立自己的观点和权威性：全国各地文士撰写的赏砚文学传统，以及黄岗村群的端砚工传承的口述传统。[73] 我们发现清代不少外地文士都效仿北宋的米芾，去访问石工，引述当地受访者为其权威性背书。何传瑶明显背离了这个长期惯例，反而对石工掷出最尖锐的批评。[74] 砚

---

71 吴兰修将何传瑶的大量观点一字不漏地收入《端溪砚史》，并归功何氏。他的端坑图也是基于何氏《宝砚堂砚辨》。他首刻端溪图五幅，从整体渐次到局部：（1）端州总图；（2）羚羊峡，即端溪一带诸坑集中地；（3）烂柯山；（4）北岭山；（5）水坑内图。图二至图四在何氏全景式图像的基础上扩展。图五则修改自何氏的内视图。吴氏在图三和图四标示出 38 个砚坑地点，其中一些是何氏没有提到的。吴氏称他的水坑图是道光十三年（1833）开坑采石的"实地调查"成果（《端溪砚史》图，第 12 页）。很难得知"调查"是如何进行的，很可能是访问参与采凿的石工。该图与何传瑶版本存在细微差异，主要是在标注的人力数量上有不同。

72 吴崇耀：《后序》，第 1 页，载吴兰修：《端溪砚史》。另参见吴兰修的相同评语（第 8 页）。吴氏根据地理方位依次阐述各端坑。

73 何氏明确点出了曹溶的《砚录》（该书十分流行，以致他连书名都不需提，第 16、17、26 页）和《李氏砚辨》（第 18、26 页），并加入自己犀利的反驳。另外提到了《端砚考》（第 18 页）和《广东新语》（第 26 页）。

74 一些士人埋怨石工的狡诈行径，但整体而言，他们对当地人拥有的知识是心存敬意的。在何传瑶之前，没有人正面攻击过石工。肇庆知守吴绳年抱怨石工会藏起最好的端石，不得不严加看管（《端溪砚志》，第 116 页）。李兆洛指责琢凿石工会在砚上弄假石眼，后者也不愿教他如何修补砚台裂缝（《端溪砚坑考》，第 84—85 页）。曾兴仁有条目专门讲"假端石"，见《乐山堂砚考》（瓣香书屋，1837），卷 2，第 22b 页。

工知识的具体性或令他无从下手。何氏曾回忆一位修邑志的文人，挫败地发现"石工言人人殊"（第21a页），因无法被概括归纳为一个定理而对士人没有用。石工所宣扬的品味等级也不同于何传瑶及其友人，后者抱怨道："近时石工以纯青为绝品"，背离了士人以紫石为贵的喜好。[75]

但在何氏眼中，石工故弄玄虚的最大问题在于他们会蓄意改变砚石品相，借此抬高价格。他们甚至将原是石病的"冰纹冻"说成是一种珍贵石品，以此愚弄大众（第4a、5a页）；他们生造出新奇的词汇"卤气"去美化一种事实上不可弥补的石燥（第15b页）；他们从采磬的宋坑挖出基岩砺石，用这种只能做砺刀石和碑碣的次品来充好售卖（第9b页）。何氏指控石工会敲打旧苏坑石——外表近似大西洞石，但扣之声音不同——使之变质，令金声变为木声（第4a页）；若其话属实，这实在是个巧妙的造伪技术。

何传瑶重新制定水岩四洞的界限并划定品第次序，确实可视为他对石工狡诈欺骗的一种回应。何氏斥责石工同时以正洞和小西洞的佳石充当小西洞者（欲借"西洞"名目以动人），留下正洞最次者来代表正洞。这导致全国不知情的收藏家认为小西洞的品第要高于正洞。他指责这个以偏概全的谬误，导致正洞的地位偏低，实为误解。他结合"诸故老"的话和亲身经验，指出小西洞石质存在诸多问题，并因而将正洞列居第二，小西洞第三，修正主流的品次等级（第10b—11a页，另参见第1a页）。

然而字里行间，黄岗村砚工的非凡技术，以及无形但鲜明的权威性，在何传瑶对石工的驳斥中可以找到最佳的书面证据。千百年来，石工凭借士人从其身上获取信息的特殊地位，掌控端砚知识和评价标准。米芾以降，鉴赏家在著述中所宣扬的主流评价模式，事实上主要源自这些工匠。他们为买家挖取供应新坑端石，从而影响全国追逐特定色泽和石品的风潮。他们有能力为新开砚坑、品相和石品取名字，在鉴赏市场不断更新买家的品味。何传瑶指责石工胡乱命名砚石，不外是不满他们对士人特长的一种侵占。他正是希望通过定名来拨乱反正。

77

75　士人们经常抱怨不同石工的知识难以统一。例见高兆：《端溪砚石考》，第417页。埋怨石工对青石的评价，出自与何传瑶交善的另一幕友林召棠，他曾为《宝砚堂砚辨》撰序（林召棠：《宝砚堂砚辨·序》，第2b页）。

学者们所受的训练，无论是清代的考据学，或是今天的科学方法，在于从具体而微的点滴信息，总结归纳成规律，将知识系统化，形成全面全知性的客观视角，这看似比石工零碎的本土化知识更高深。但是，两者之间与其说有绝对的高下，毋宁说是相对的。鉴赏家和采石勘探工的任务其实是一致的——从一块砚石的表面特征去推断它在特定山体或地层的源头。勘探工知识的分析性和综合性绝不亚于学者。文士的声音虽能穿越时空屏障保留至今，但若无勘探石工冒着危险去发现和采凿这些坑洞砚石，并去一一辨别，恐怕就不会出现米芾《砚史》和何传瑶的《宝砚堂砚辨》了。

何传瑶之写作，对于改变读者心中的主流端石品第虽然颇具影响，但说到底未能消弭石工实际拥有的先天优势。他的贡献是为自身树立一个仰赖笔墨的权威形象，借此塑造一种新主体定位——本土专家——除石工外，外省文士可以求助的另一信息源。对定名和品第看似复杂的争论，揭示出相重叠的知识体系的竞争张力和分歧背后，三类人群在两个不断转移的锋线之间争夺：其一，参与写作的外省和本地士人之间；其二，以写作"劳心"的士人（不论外来或本地）和"劳力"用手脑但非执笔工作的砚工之间。[76]

最后分析认为，何传瑶和砚工两类本地权威之间的竞争，是寻求掌控端坑并从中获益的两种力量之角力。何氏的资源来自笔杆，而石工仰赖的知识是基于亲手制作的工具并亲身爬进挖掘的隧道内长期磨炼得来的经验累积。鉴于读写文化在中国社会享有的无上权威，面对千百年来贬低工匠的传统，砚工竟会成为士人们有力的竞争对手着实是出人意表。然而，下章显示，识字的琢砚家与士人的关系粗看似更为紧密，但实际却比端州砚工更不自如。

76　这三类主体定位在国外也存在共鸣。例如，帕梅拉·史密斯（Pamela Smith）分析托钵僧大阿尔伯特（Albertus Magnus, 1193?—1280）通过访问石匠和矿工，构想出一套冶金术，此举措与"远行求证"（out-of-province eyewitness）类似，见 Pamela Smith, "The Matter of Ideas in the Workings of Metal in Early Modern Europe," in Christy Anderson, Anne Dunlop, and Pamela H. Smith eds., *The Matter of Art: Materials, Practices, Cultural Logics, c. 1250-1750* (Manchester: Manchester University Press, 2014).

第三章　苏州：女工匠

琢砚家顾二娘的作坊继承自她公公，故位置并非她选择，却验证了长久以来商业和手工业互利共存的紧密关系。[1] 顾家铺藏身于苏州城西北角的一条名叫专诸巷的巷子内，距离人流熙攘的阊门仅咫尺之遥。对于来自周边村落、偏远外省或外国的商人，以及每三年如候鸟般上京赶考而途经此地的有志俊才来说，光顾此店皆十分方便。作为江南腹地的水运中心，苏州是商人和士子的必经驿站。[2]

苏州在中国城市史的特殊地位，同时引发了商贾和士人的关注。晚期帝制中国有两套城镇的层级体系，分别建立在政治性和商业性之上，而苏州城在两方面均扮演着重要角色。[3] 在清代行政划分中，它是苏州府所在地（东、西半城各归两县管辖，直到 1724 年，东半城再拆分成两部分）。丝织业自 16 世纪早期已是苏州的代名词，资金发达的商人和熟练工匠则主宰这座城市之命脉。18 世纪，苏州人口增长至大约 50 万，当中每 50 人就有 1 人从事棉织业。[4]

1　Anthony J. Barbieri-Low, *Artisans in Early Imperial China*, pp. 116-152.

2　清帝国的交通网络包含三条要道：（1）沟通南北的大运河；（2）以长江及其支流为干线的东西向水道；（3）东北满洲地区至南方广州之间的海路。从苏州能方便地在这三条要道通行。

3　G. William Skinner（施坚雅），"The Structure of Chinese History," *Journal of Asian Studies* 44. no. 2 (Feb. 1985): 271-291. 有关东城和西城之间的空间格局变迁，见巫仁恕：《优游坊厢：明清江南城市的休闲消费与空间变迁》（台北："中央研究院"近代史研究所，2013），第 153—161 页。

4　邱澎生：《18 世纪苏州棉布业的工资纠纷与工作规训》，载唐力行主编：《江南社会历史评论》第 3 辑（北京：商务印书馆，2011），第 249 页。吴承明（《中国资本主义工商业史料丛刊》，第 217—265 页）估计江南每年起运四千万匹棉布。1720—1730 年代，苏州已出现垂直整合的丝绸生产－外销商，一个世纪后被称为"账房"。在棉布业资本最集中的字号，甚至早至晚明即已出现，见邱澎生：《18 世纪苏州棉布业的工资纠纷与工作规训》，第 246—247 页。

图 3.1
仇英（约 1495—1552），《清明上河图》局部，展示店铺、货仓和作坊。桥下，搬运工正从河船上卸装货物。虽然是临摹自一幅同名的早期画作，背景也不特指苏州，但此作出自苏州名家之手笔，捕捉到阊门区域水泄不通的类似场景。30×987 厘米。台北故宫博物院藏。

在西城，尤其是阊门附近胥江和阊门运河交界区域，街道满布各式店铺、仓库、会馆和专门生产素缎、织锦、纱及染棉和压轧的纺织坊。一位清朝官员埋怨，因居民稠密，街巷狭窄，客货一到，行人几乎无法伸直手臂。[5]

82

5　阊门一带人流密度如此高，易引起火灾。有关 1713 年农历十月初五的一起恶性火灾之描述，收入朱象贤：《闻见偶录》，第 612 页。这位清朝官员就是纳兰常安，见《宦游笔记》（台北：广文书局，1972），第 950—951 页。他将当地火灾频发归咎为苏州商人的无序管理。马雅贞描述阊门地区发展出的商业文化，见 Ya-chen Ma, "Picturing Suzhou: Visual Politics in the Making of Cityscape in Eighteenth-Century China," (PhD diss., Stanford University, 2007), pp. 19-52。

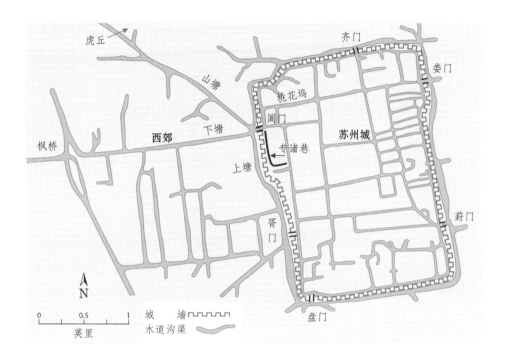

地图 3.1
17 世纪的苏州城。密布的河道网将城内区域与城外广阔的西郊有效连接起来，使得阊门成为大苏州城的商业枢纽。作为明清时期"百工云集"之地，专诸巷位于西城墙下，距离阊门仅数步之遥。修改自 Yinong Xu（许亦农），*The Chinese City in Time and Space*, p.158。

专诸巷

　　距离染缸染料之香嗅和织机的轧轧轰鸣数步之外，顾二娘等专为高学识与有眼光的主顾定制器物的名匠，聚集在专诸巷内。它是西城墙内侧由阊门向南延伸的一条长约 551 米的 L 形巷。专诸巷以古代一位成功将匕首藏于鱼腹进献的刺客而得名，在明末清初以另一种掩人耳目之艺术而闻名——伪造古书画。

　　作为一位颇受追捧的画家和鉴定家，李日华（1565—1635）写下了万历四十年（1612）一次难以释怀的经历。他在另一位收藏家友人那里看到一套淳化阁帖，虽心生疑虑，但难以确定是否为赝品，直到数天后，一位古董商友人　　83

才确认此帖出自"阊门专诸巷叶氏"之手。[6]他原本是想夸耀自己的怀疑有先见之明，但挑剔的读者容易得到相反的结论：连李都差点儿上当了。著名书家杨宾（1650—约1735）同样为凸显自己掌握内幕，揶揄给上级定期送礼物的官员："时下极重董文敏书，究竟购入内府者皆阊门专诸巷陈纯仲书。"[7]

　　李日华是秀水人，频繁到访苏州，杨宾则流寓该地。二人虽相隔百年，谈及两位作伪大师的固定模式——地点先于姓名（无论是更谨慎的李氏，未提及叶氏全名，还是对此并不在意的杨氏）——表明作伪已是个半开放的行当，专诸巷以此成为品牌。若作伪者的道德值得商榷的话，那么其技艺则不在此限。在书画等备受推崇的领域中，"原创"大师临摹古代作品以磨砺自身技艺，而有能力制作可信仿品的"作伪者"，他们也须经历相同训练。"阊门专诸巷"因拥有最具欺骗性的"作伪者"而闻名，只能说明一点：无论他是"作伪"还是"正身"，只有身怀最精湛技艺的工匠，才能配得上该地所承载的高期望和标准。即便（或正因为）作伪者臭名昭著，苏州的这条街巷在17世纪成为全国最出色的能工巧匠之代名词。

　　满人官员纳兰常安（1683—1748）以全景式描述列举各式店铺，捕捉这84条街巷的活力："苏州专诸巷，琢玉、雕金、镂木、刻竹，与夫髹漆、装潢、像生、针绣，咸类聚而列肆焉。"他分别用琢、雕、镂、刻四个动词来描述玉、金、木、竹四种工艺，传达出相似材质各自展现工艺特性的多元性，以及它们

---

6 《淳化阁帖》指北宋秘阁收藏汉至唐代420件法帖，淳化三年（992）刊刻。原版为摹刻本，后来佚失。因此，鉴定家的工作需从新刻中辨别旧摹本。有关邵长蘅所作的一首描述阊门艺术作伪的长诗，见 Craig Clunas, *Superfluous Things: Material Culture and Social Status in Early Modern China*, pp. 110-111; 更晚些记载［钱泳（1759—1844）《履园丛话》］秦氏父子在阊门专门伪造宋元古画，并带秦家款，见张长虹：《品鉴与经营：明末清初徽商艺术赞助研究》（北京：北京大学出版社，2013），第63页。至于买家指南，见陆时化：《书画说铃》，载卢辅圣主编：《中国书画全书》第12册（上海：上海书画出版社，2009），第553—558页。英译本见 Van Gulik, *Scrapbook for Chinese Collectors, Shu-Hua-Shuo-Ling*, translated with an introduction and notes by R. H. Van Gulik (Beirut: Imprimerie Catholique, 1985)。

7 杨宾：《大瓢偶笔》，载卢辅圣主编：《中国书画全书》第12册，第348页。恰巧杨宾是后文提及的林佶兄长林侗和黄中坚的好友，朱象贤亦随其学习。

图 3.2

苏州专诸巷，2015 年 8 月。专诸巷今天是一条民居街道。虽然明清时期的房屋很少保留，单层或双层民房之足迹仍传达出该巷子作为全国工艺中心的人居气息。照片由苏州工艺美术学院的董波拍摄。

互相借鉴参考的可能性。[8] 同样值得关注的是"装潢"，即装裱书画，看似简单，但牵涉对纸料、绫绢料、木杆、轴、米糊等物质性的专门知识，更要熟悉手卷、册叶、碑帖等不同要求。付装新书画，与修复旧品一样，所需的本事和鉴赏力，与作伪如出一辙。[9]

常安接着介绍专诸巷两个尤其令人叹为观止的工序。其一是"鬼工"，先以放大镜"照"之，再用刀施以雕刻。其二是"水盘"，用混合砂的水流洗刷过滤器表，令其刀痕泯灭。从传世文物忖摩，我们几乎能肯定前一种工序运用

8　明代竹刻家和清代玉工因常留有款识，从而研究成果丰硕。有关明代竹刻家，见王世襄：《锦灰堆》（北京：生活·读书·新知三联书店，1999），一卷；嵇若昕编：《匠心与仙工：明清雕刻展（竹木果核篇）》（台北：台北故宫博物院，2009）。有关玉工，见郭福祥：《宫廷与苏州：乾隆宫廷里的苏州玉工》，载《宫廷与地方：十七至十八世纪的技术交流》，第 169—220 页。朱象贤指出专诸巷的三位刻版名手：朱圭、刘源和仓古良，见朱象贤：《闻见偶录》，第 614 页。

9　周嘉冑：《装潢志》，载黄宾虹、邓实编：《美术丛书》第 1 册，第 77—82 页。本注及说明英文原著有误，谨此更正。——作者

于微雕橄榄核或桃核，而后者用于琢玉。但常安在具体描述时省略了材质媒介。[10] 是他不知道呢？还是不在乎？

单是描述这两道工序或足以说明纳兰常安的用意：专诸巷所造之物，"凡金银、琉璃、绮、铭、绣之属，无不极其精巧，概之曰'苏作'"。更别说是听起来既洋气又神奇的"显微镜"（译按：应指放大镜）。但在他心中，这种精巧有其弊端：不断追逐新奇、别开生面，为苏匠赢得"甲于天下"的美誉，却往往流于做工浅薄。美观外表之下，苏作并不坚牢，且多虚假。[11]

顾家父子

笔帖式出身的纳兰常安，对文房用具肯定保有一份专业兴趣，他虽大致与顾家处于同时代，却未提及专诸巷的制砚作坊。考虑到时人普遍不重视琢砚，认为无名工匠的伎俩远比不上"鬼工"值得大书特书，他的遗漏诚可理解。不过转变已悄悄在不起眼的角落展开。17世纪末至18世纪初，琢砚正逐步发展成为一门独当一面的专业技艺，并且时作砚台开始受到鉴赏家的关注。顾二娘的非凡生涯和几名她所认识的男性同业之努力，是促进这股新风的主要动因之一。

85　　苏州士人黄中坚（1648—1717年后）在《蓄斋二集》中收录为顾氏制的

10　"鬼工"一词，最早见于曹昭1388年撰的《格古要论》，指雕刻异常小巧之物；它是以复合词"鬼工石"和"鬼工球"出现。曹氏解释前者指一个戒指嵌有的玛瑙面上刻有十二生肖，其纹细如发，而后者指象牙球一个，内车有数重，皆可转动。见曹昭著，王佐增补：《格古要论》（北京：金城出版社，2012），第213页。通常认为是广东工匠善于此技艺。周亮工提及另一制作鬼工球的去贪和尚，来自闽中，见嵇若昕编：《匠心与仙工：明清雕刻展（象牙犀角篇）》（台北：台北故宫博物院，2009），第5、7、173页。清初，"鬼工"也用于描述吴郡雕刻家杜士元之奇技，能将橄榄核或桃核雕刻成舟，两面窗隔、桅杆、舵桨和帆俱可移动。另一位微雕好手周心鉴虽是无锡人，但主要在苏州谋生，见嵇若昕编：《匠心与仙工：明清雕刻展（竹木果核篇）》，第137—138页。

11　纳兰常安：《宦游笔记》，第947—948页。他是何时抵达苏州，已不可考，但此著作于1746年完成、出版。

一枚砚而赋的两首砚铭，不经意间捕捉到这段历史性转折。在《砚铭（并序）》一文中，他阐明自己作为一名文人鉴赏家的品味和不懈追求完美，是创造一方好砚的原动力。他拜访二娘的家公，实是出于一种对其友的艳羡心态："吾乡顾德麟善制砚，他人虽模而仿之，终莫能及。尝为许子允文制索砚一，余甚爱之。亦以端溪石二方授之。"顾家在当地的知名度口耳相传；鉴赏家在托付名贵砚材前，根据顾氏出品先行检验其手艺。遗憾的是，黄氏对最终成品并不满意，但未因此责怪顾氏，反坦称"石固不佳，而式亦迥异"。黄氏方欲觅一佳石，打算"命"顾氏重制时，德麟不巧离世。从"授"和"命"二字，明显看出黄氏在整个过程中对名砚匠颐指气使的态度。

过了十多年后，黄中坚用三金买来一块好石。[12] 然而这时，顾德麟之子顾启明也已经去世，启明养子公望又因善于制砚被召入内廷，"吴中绝无能手"。黄氏听闻"启明之妻实为家传，而未之察，已而其名日益著"。他虽提到顾二娘的名望，却不提她的名字，只用家族角色（启明之妻；砚铭则采用"顾家妇"一词）称呼。"壬辰年（1712）仲秋，乃令随意制之，不拘何式。"使用相同的"令"或"命"字，表明黄氏看待琢砚匠没有多大尊重，无论对方名望多大，是男是女。

二娘选择做一方索砚（又名括囊砚）。黄氏对此表示惊喜，暗示他事先并没有向她透露自己多年来一直心仪的，就是顾德麟为友人许允文精制的一方索砚。仔细品玩之后，他认为除索钮过于工巧，似不及德麟古朴，砚台整体温纯古雅的韵味，具有顾家风范。欣喜于二十年夙愿得偿，黄氏为它撰写两首砚铭，其中之一更提醒自己儿子"宝之勿替"。[13]

---

12 "十数年"这个含糊的措辞可指12—19年不等。黄中坚是1712年秋携端石找顾氏，所以他购买砚石的时间应介于1710—1712年初。这也暗示着顾公望召入内廷的时间是1700年代，与康熙皇帝在砚作增设人员应对赏赐松花石砚之制造，大约同时（见第一章）。

13 黄中坚：《蓄斋二集》，载四库未收书辑刊编纂委员会编：《四库未收书辑刊》第8辑第27册（北京：北京出版社，2000），卷10，第458页。其砚铭的中文和英译版本，见附录1，作品3。有关许允文，见《蓄斋集》《蓄斋二集》，第247、283、284、289、300、431—432页。黄氏有充足人脉去资助自己文集出版，包括诗、传记和绘画题跋，都是以其斋号棣华堂为名。《蓄斋集》是1709—1711刻板，《蓄斋二集》是1714年。

黄中坚这篇小文，附于十余首题画跋文末尾，是书中唯一涉及砚台的文字。文章虽短，却为清初新砚的收藏品地位提供了具体线索——一方好砚不光要机缘、巧匠，更需要玩家投入大量的金钱、品味和耐心才能获得，值得镌诗刻铭，珍贵程度足以留传子嗣。虽然黄氏对琢砚工的倨傲态度，说明人们对工匠的长久偏见仍难以改变，但是顾德麟拥有的知名度，以及他本人及其作坊因独树一帜而为他人所仿，也是不争的事实，预示名砚匠的社会地位日渐提升。

事实上，鉴赏家和工匠在地位上的差异，并没有黄中坚笔下形容得那么分明。在清初社会，大多数人的"地位"与其说是世袭决定，毋宁说是一种自我定位和社会评价。黄氏因家有恒产而得以维持士人生活并有资金出版文集，由于其遗民心态，既无功名也无一官半职。相反，顾德麟受过经学教育，但选择放弃科举，以琢砚为生。因此，苏州文人朱象贤（约1670—1751后）在《闻见偶录》介绍他时，强调他曾经"读书"，可惜"未就"，但除其名"德麟"外，也和其他士人一样自取外号，号"道人"，也显示了顾氏几乎可挂名士人榜。朱氏比德麟小二十岁，可算是同时人，他写过一本古印论著，编集过一部回文诗选，由于对工艺的个人兴趣，对琢砚家的态度比起黄中坚更为尊敬。[14]

朱氏在《闻见偶录》中收录众多有关苏州的逸事，其中，在"制砚名手"条下专门介绍顾家店。把砚匠尊为"名手"，不仅有利于顾氏，亦有助于抬高制砚整个行业。不同于黄氏作为顾家客户，只讲自己喜好的题材，朱氏介绍完德麟的教育背景后，接着以艺术评论者的"客观"口吻来品评其手艺："凡出其手，无论端溪、龙尾（歙）之精工镌凿者，即蠡村常石，随意镂刻，亦必有致，自然古雅，名重于世。"[15] 这些形容词本身与黄中坚的描述十分接近，表明至少在吴郡作者圈中，形容顾家样或已形成一套固定用语。家业传至德麟的儿

---

14 朱象贤是长洲人。他的回文诗选是1708年刊刻的《回文类聚续编》，而古印论著则是约1722年的《印典》。这两部可能是受书坊所托的牟利品。朱氏科举功名仅获监生，曾在云南、贵州当幕府为生。他的才能后获认可，分别于1741和1748年在福建莆田和江西玉山当县令。信息引自《印典》何立民注解的新版本。他的《闻见偶录》也在同时期编撰成书，收录最早一则逸闻的纪年是1700—1720年代，最晚一则是乾隆十六年（1751）。

15 朱象贤：《闻见偶录》，第628—629页。

媳时，顾家在广东和福建已成为清初琢砚"苏州样"标杆（见第四章）。对一名手工艺人来说，要出名，就要以公认拥有独特的风格而出名。

朱氏虽提及顾德麟"名重于世"，但目前仅见两条关于他的文字记载，其名声很可能仅限苏州当地流传。囿于传世实物未见他的款或其他可供辨别的印记，其作品无迹可寻。除了黄、朱二人，没有人记载见过顾氏的砚。即便顾氏生平被收录于1737年刊刻的《江南通志》（见第四章），但是至乾隆朝他本人已被琢砚艺人和收藏家共同遗忘。虽然专诸巷能工巧匠的技艺，一直被人传颂，但是单靠物品自身的流通是很难让一位巧匠大大出名的。唯有横跨不同媒材的文字，见诸刻在器物的款识和铭文，转化为湿纸墨拓，绣于绸缎的诗句，刻版并印刷成书，方能确保一位匠人的名声在全国广为流传。顾二娘就是最佳的例子。

顾德麟相关文字之阙如，宣示着他及其他大部分工匠落入一个恶性循环的怪圈中——越少相关文献记载，他们会越鲜为人知，以致最终被历史遗忘。黄、朱二人片面却大体可信的零散信息，虽可填补顾氏家谱的部分空白[16]，但也暗示了"读书出身"转为刻砚的德麟，其名望虽留下模糊身影，却未能令人持续关注或调动足够的文化资源，让其清晰的形象借助跨媒材的文字流传至今。[17]若非黄中坚如此清楚地记录下他向德麟定制砚台一事，提到"二十年夙愿"终在1712年得偿，我们或无机会得知德麟曾在1692年左右制作过一方括囊砚，而且此后不久他便谢世。朱氏写道："德麟死，艺传于子（启明），子不寿，媳邹氏袭其业，俗称顾亲娘也。"

朱氏绘声绘色地讲述顾二娘的技艺传承自男性，虽正统但属权宜之计，提到她无子嗣，收养两子并教以顾家真传，可惜其中一个不久后早夭（不知何

16　黄氏写为"德林"，然而朱象贤用的是"德麟"。《江南通志》（卷170，第2802页）跟随《古今图书集成》（见《中国历代考工典》，卷8，第82页），用第三种名字"德邻"。此类出入十分普遍。黄、朱二人名声仅限苏州本地，故其生卒年代也难以确定，利用其文集确定工匠活跃时期有局限性。这两篇关键文献缺乏顾德麟相关信息，如他何时开始制砚，因此我无把握去猜测他制砚的活跃年代。

17　嘉定朱家三代雕刻家的传记更为人所知，表明与写诗出版的士人结缘，是令自己名声在全国远播的一个关键因素，见王世襄：《锦灰堆》，卷1，第271—293页。

时）。另一个养子是邹氏的侄子，取名公望，自号仲吕，活得比顾二娘更久（图3.3）。朱氏另提到公望亦无子嗣，未有传人，"将来不知何所传也？"最后可知答案是没有人。在朱氏看来，苏州专诸巷的顾家治砚，经三代男性相传告终，然而它的巅峰期，正是在这位邹氏女子掌舵的过渡期（约1700—约1722）。朱氏形容她的作品说："所作古雅之中，兼能华美。"她的技艺更甚于德麟，"实无其匹"。[18]

出师

尽管顾二娘享有比公公和丈夫更大的名望和成就，她的历史面貌仍十分模糊。编撰手工艺人的传记是一件莫大的难事，不单因为工匠身份较低，更基于工匠和士人的生平有不同的韵律和节奏。士人认为值得写传的基本元素，如生卒年、应考年、赞助者和门生、著述、交游和活动经历等，被组织为一年接一年的"年谱"或今天的履历表。一位文士的生平是直线行进的。一个工匠不需要这种年谱式履历去招徕主顾；他／她所制作的物件流通市面就是最好的招牌。工匠之成功和经营的关键，若究其根本，依赖于持续享有物料来源及市场出路。老主顾要定制新砚，巴望再度临门。一位工匠的生平可说是回归式的。出版文字对其无伤大雅，而辗转相传的口碑才是关键所在。

经过十年研究，我仅能够掌握这位清初最负盛名的女工匠的粗略生平：她原姓邹，被称为顾大家、顾亲娘（异名"青娘"），以琢砚为生。在自家作坊与男性主顾和同业打交道。她通文墨，或练过书法。身为顾启明遗孀，她接过由德麟建立的顾家铺；至其最晚一件可靠作品为止，其在苏州专诸巷的制砚业兴盛于1700—1722年间。她很可能卒于1720年代中后期（作为顾氏主要赞助人的林佶卒于约1725年时，顾氏仍在世。一首关于顾氏的未纪年的悼亡诗的下限是

88

---

18   朱象贤：《闻见偶录》，第628页。朱氏是唯一记载了顾氏原名的作者。

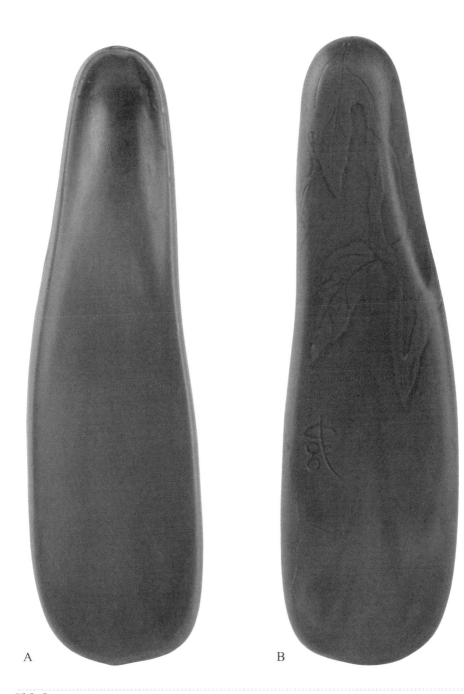

A   B

图 3.3

砚背带仲吕款的细长瓜形端砚。（A）正面；（B）背面。购藏自一场拍卖（西泠印社，2014 年春季），该砚来源不明。它属目前所见三件"仲吕"铭砚之一，有待研究以确认其制作者是否就是顾公望。长 12.8 厘米，宽 3.7 厘米，高 1 厘米。吴笠谷收藏。

1733 年）。作为养子过继的公望比她活得久，但作坊未能在他死后传下去。[19]
除整理她的生平存在困难外，带顾二娘款等印记的传世作品中，没有一方砚可
确定是由其制作的。虽不乏挑战，但顾氏缺席于文献记载，这本身就是讨论时
人看待女性工匠及其作品的有价值线索。

89　　顾氏主要的长期赞助人撰写的砚铭集《砚史》（1733—1746，其版本史
参见附录 4），是研究顾二娘职涯不可替代的资料。这个集子毕福州士人林涪
云（名在峩）一生精力而成，作为藏书家、内阁中书林佶之子，他本人精于
琢砚铸字，也与顾氏相熟。正是透过这本著作，可得知顾二娘至迟在 1700 年
出师，为林佶改制过一枚旧砚（附录 1："清初文献记载的顾氏砚总录"之作
品 1）。若结合前揭内容，黄中坚约 1692 年曾命顾德麟制作括囊砚一方，当
时顾二娘丈夫（顾启明）仍在世，我们或可推测二娘在随后数年，逐步成长
为顾家砚业的继承者并崭露头角。其迅速蹿升实非一朝一夕之事。考虑到启
明随着德麟过早谢世，二娘很有可能在公公和丈夫仍在世时，已从他们身上
学习如何制砚。她有可能透过耳濡目染，或像多数学徒一样，获得更正规的
指导。[20]

　　随着顾二娘崭露头角，她的不同称呼在不同主顾中逐渐传开。这些名字为
观察这一位异乎寻常的女琢砚家在时人中引起的反应，提供了重要线索。其中
一端，如黄中坚，称她为"顾家妇"，展示了一种儒家正统性别观：妇女应以

19　悼亡诗作者为黄任，是"书砚铭后十八首"之十四："古款微凹聚墨香，纤纤女手切干将。谁倾几
滴梨花雨，一洒泉台顾二娘。"《砚史》，首图本，卷 8，第 2b 页；长林山庄本"聚"字改"积"，卷
8，第 2b 页。首图本另载二首同韵和诗，今日流传较广的长林山庄本未载，录此供读者参考。其一：
"荟萃图书翰墨香，琳琅千里远携将。微物亦附青云永，厚幸莫趋顾二娘"（陆天锡作，卷 8，第 36a
页）。其二："天门门下是沉香，世上流传舞剑将。问得深闺精妙品，姑苏台上顾青娘"（宋仙女作，
卷 8，第 50a 页）。吴笠谷推顾二娘约生于 1664 年，约卒于 1734 年。见《名砚辨》（北京：文物出
版社，2012），第 266、274—275 页。在我看来，吴氏提出的出生年掺杂过多无法验证的假设：如顾
公望被召入宫时至少满三十岁，以及顾二娘要比公望大二十岁等。

20　此点看似无实际意义，实则关系重大。男性手工艺人的媳妇和女儿也学手艺，以便在作坊帮忙，
有需要时亦可顶替男人，这或许相当普遍。虽不知顾公望及另一养子是何时收养的，但我猜测他们二
人都可能受过顾德麟和启明的训练，而非像一些人所说的，只受二娘调教。

夫家为最终依归，以后者利益为先。事实上，正是这种使命感令顾氏制砚变得无可指摘；在中国商业史上，家业继承除与男性血统相捆绑外，亦屡有无子嗣的遗孀为妇德而承担夫家事业之美谈。

与此同时，另一个苏州作者朱象贤，捎带讥诮口吻地提及顾氏原姓邹，养子是过继给自己的侄子。在儒家教条中，已嫁女子不应与娘家有任何纽带关系。朱氏暗示着一个妇女或可同时回报娘家和夫家，留下重新想象顾氏职涯的一个空间——其制砚事业或不能完全由传统妇德出发去理解。

相反，另一端的林涪云及其闽中友人，在笔下尊称她为"顾大家"，将她比作汉代被尊为"曹大家"的女史班昭，或是同样不乏敬意的"顾氏"。[21] 涪云用过更长的敬称"吴门女史顾氏"。"大家"和"女史"用于称呼晚明涌现的有学识之女性，商业刻书家在当时竞相出版女性写作的诗集。受敬重的女性常不限于才女作家，还包括名士之妻女。[22] 原冠给文学才女的敬称转移到一位运刀为生的手工艺人头上，体现着忠实主顾对顾氏的一番敬意，以及这些士人对琢砚工艺的执着。他们视顾氏（及自己）为从事一门创作事业的艺者，可与书画一类传统士人艺术相媲美。[23]

处于中间的"顾亲娘"，属于更私人化的叫法，在当地作为一个亲切昵称

90

21　"顾氏"在英文难以找到对应的翻译。表示姓氏的"氏"可指代：（1）顾家的男性和女性成员整体；（2）顾家的男性个体；（3）顾家的女性个体。

22　称呼顾氏为"顾大家"的人，包括林佶（《砚史》，长林山庄本，卷4，第6a页／首图本，卷1，第5b页；长林山庄本，卷4，第6a页／首图本，卷1，第5b—6a页）、余甸（《砚史》，长林山庄本，卷1，第3a页／首图本，卷2，第3a页；长林山庄本，卷1，第6b页／首图本，卷2，第7a页）、林涪云（《砚史》，长林山庄本，卷6，第5b页）、林兆显（《砚史》，长林山庄本，卷6，第7b页）、谢古梅（吴门顾大家，见《砚史》，长林山庄本，卷7，第3a页）。用"顾氏"称呼的人：林正青（《砚史》，首图本，卷1，第5b页）、陈德泉（《砚史》，长林山庄本，卷3，第1b页；长林山庄本，卷5，第4a页）、余甸（《砚史》，长林山庄本，卷2，第11a页）。林氏用"吴门女史顾氏"见于《砚史》，长林山庄本，卷4，第4a页。有关专称才女作家为"大家"和"女史"的历史，见 Dorothy Ko, *Teachers of the Inner Chambers: Women and Culture in Seventeenth-Century China* (Stanford: Stanford University Press, 1994), pp. 54, 117, 126-127。

23　他们在诗中也偶用"吴趋女手"，譬如陈德泉的十八首和诗，见《砚史》，长林山庄本，卷8，第14b页。

并无特指，更像直呼对方的口头语。这个口语化的称呼源自吴语方言，其谐音变体"顾青娘"更出现在数则 18 世纪的文献中。[24] 顾氏名称直接由口语转移为文字，有助于提醒我们，匠人的"名"，无论是指姓名或是名声，均取决于口碑，特别是在其崛起的初期。

在后世文献统一用"顾二娘"之前，她的不同称呼，不仅揭示时人对女性社会角色的不同看法，也说明在顾氏成名之前，也就是她被文献加以美化和标准化之前，她的主顾往往是熟人，可以当面在专诸巷和她交往或交易。顾氏名望传到苏州以外的地区后，其生前较少出现的"顾二娘"，变为其"铭款"，在赏砚文本中成为统一固定的称呼。可以说，与其认为顾二娘是个作者名，不妨把它看成"作者功能"。"作者功能"是福柯的概念，他认为作者不一定是具体的人，更应将其理解为话语的一种功能，其功能包括赋予文本统一性和合理性。也许"顾二娘"题款，无论真伪，也有同样功能，是否可以戏称为"工匠功能"？[25] 无论如何，"顾二娘"铭款出现的同时，她本人的声音容貌和敏捷巧思已渐渐淡出人们的视野。在这种距离感下，与顾氏相关的直接记忆，犹如其亲手琢制的砚，随着曾与她直接相识的人不断消失而变得难以复原。剩下的仅是关于她的文字和带顾氏款的砚，以讹传讹并且愈加荒诞。

24　苏州朱象贤指出顾氏常被称为顾青娘，此名亦见《砚史》宋仙女和诗（本章注 19）。而用"顾青孃"的两位作者是高凤翰（1683—1741），见其《砚史》（秀水王相收藏勒石拓本，1852，哈佛燕京图书馆藏），第 264 页；以及阮葵生（1727—1789）:《茶余客话》（台北：世界书局，1963），第 587 页。阮氏的笔记成书于 1771 年，是顾氏在乾隆年间朝野皆知的证据。高氏与顾氏同时代，但无证据表明二人曾相见过。"青娘"在吴语方言的读法，可参吴笠谷:《名砚辨》，第 268 页。

25　黄中坚和朱象贤二人均未提及顾二娘这一名字。黄任只用过一次（见《砚史》，长林山庄本，卷 2，第 3a 页；首图本，卷 3，第 2b 页）。下文讨论的谢汝奇诗《同董沧门过鱄诸巷访女士顾二娘观砚》亦用此名。吴笠谷猜测"二娘"之"二"是因为其丈夫启明是顾家平辈的次子。这虽不无道理，但因缺乏顾氏家谱，难以证实。可惜手工艺人家庭似无足够动机去编家谱。福柯关于"作者功能"（author function）的讨论，见 Michel Foucault, "What is an Author?" Trans. Donald F. Bouchard and Sherry Simon, in *Language, Counter-Memory, Practice*, ed. Donald F. Bouchard (Ithaca: Cornell University Press, 1977), pp. 124-127。

作品群组

在福州，顾氏的一群忠实主顾形成紧密圈子，尊称她为"顾大家"，并将顾二娘之名从苏州传至帝国南端及北方的京师。他们孜孜不倦地为所获的砚台赋铭，以便日后延请名家或自己动手镌于砚上，顾二娘的名望凭此传播。值得注意的是，在顾二娘有生之年，其名望主要靠口耳辗转相传，刻在砚上的铭文只是次要方式，更不是通过印刷或誊写的文字。

全面研究与顾氏同时期的文献记录，可整理出她为主顾制作的可考砚台清单（见附录1）。将它与各大博物馆收藏中带顾二娘款的作品（见附录2）进行一个粗略对比，便发现一处明显矛盾——文献和文物之间未出现任何交集，令人难以将哪怕一方砚确认为出自顾二娘之手。这就要求当代学者在对待传世的顾氏砚时须格外谨慎。再深入比对实物和文本记载，会进一步发现矛盾：今传顾氏制作的砚都带有铭款，但她认识的主顾们都没有提及署款之事。[26] 我们主要透过他们撰写的砚铭、题诗，或铭的附注，才得以将这些砚台归在顾氏名下（例见附录1、作品10、作品11）。或可合理推断，其主顾在顾氏生前有各自渠道接触她本人及其作品，没有在砚上刻款以示真伪的需要。上述矛盾的全部含义，会在下文进一步厘清。在此予以一提的是，要重构顾二娘的作品群，应从文献记录着手。

综观顾氏的主顾及为他们定制的砚台，最大特点是其规模很小。根据黄中坚《蓄斋二集》中的一条记载和林涪云所编《砚史》这两种传世可信的文献资料整理的清单，辨别出7名主顾和12方砚（10方是原制，2方改制）。[27] 同是

91

26　世传顾砚中有一方不带款，只凭铭文归到顾氏名下，就是首都博物馆藏的瓜蝶砚（见第四章）。

27　我判定可靠性的标准很简单：书写这方砚的作者需与顾氏有私交，并曾亲自接触过其作品。那些未曾见过顾二娘的人的藏砚，甚至要晚于其时代的作品，会放在下一章讨论。如第五章所述，《砚史》是一部顾氏殁后才逐渐成型的稿本。编撰这部书并非旨在宣示林家的藏砚，而刻于其上的砚铭，也与顾氏并无直接关系。

福州人的砚痴李馥（1666—1749）也很可能向顾氏定制过砚，但具体细节不得而知。[28] 在顾氏琢砚活跃的二十余年间，她制作的砚肯定不只 12 方，显然其他主顾没有记录下他们的购买过程。[29] 上述两种可靠资料都是砚铭加附注，这一类体裁至清初才开始编书出版，并非巧合使然。[30]

除苏州人黄中坚外，顾二娘的其余主顾都是福州人，以书法老师／学生、姻亲、邻居、挚友的关系相交。他们因参加科举和宦游，常要通过两条路线频繁进出福建：穿过险峻的仙霞岭虽是捷径，但旅途危险；另一条乘船途经苏州的行程，相对安全但费时较长。其中一些赞助人，例如陈德泉，在苏州延请顾二娘为他制作一方砚，对它珍爱有加之余，更一同携往北京，在那儿用了二十年。其他人，例如林佶及其子、余甸（1706 年进士，1733 年卒）、黄任（1683—1768）都不只一次造访专诸巷请顾氏制砚，这种良好关系贯穿了后者的事业。

顾氏的忠实主顾很可能在福州内外向友人和同僚们介绍过她。除了陈德泉外，林佶和黄任挚友许均亦曾在北上京师时，携顾氏砚同行。黄任在赴广东履

28　在陈兆仑恭维其福州友人的一组诗的注中，他写道："李鹿山先生馥好砚，家蓄名款，多出吴门顾二娘手。"见《紫竹山房诗文集》（1783—1795，哥伦比亚大学东亚图书馆藏），卷 1，第 14b 页。在李馥 1720 年当浙江巡抚时曾为其下属的陈兆仑，其话颇为可信（见李馥：《居业堂诗稿》，《年谱》，第 5a—b 页）。李馥在一首诗中提到"纤手专诸顾二娘"（《砚史》，长林山庄本，卷 8，第 24a 页），但从现存不少带李氏藏印的砚台或其《居业堂诗稿》都无法确认哪一方是出自顾氏之手。

29　除了从苏州和福州的主顾那里接收砚台定制外，顾氏有可能也制作稍次一些的砚，在古玩店销售。约 1759—1761 年间，四处出游的诗人、砚痴陶元藻称他在广东番禺出任县衙的何邦彦（迪亭，约 1762 年卒）书斋观"顾二娘所制各种小砚"。陶氏接着写信给黄任，并在黄氏 1768 年去世前不久，去福州拜访他。他们二人把酒言欢，但陶氏未提到是否曾见到黄氏藏砚。陶氏在一首悼念黄氏的诗中，暗示后者已将"十砚"全部卖出。见陶元藻：《泊鸥山房集》（衡河草堂藏版，约 1753 年刻），卷 23，第 16a 页。另见卷 11，第 11a—b 页；卷 26，第 14a—15a 页；卷 27，第 5a 页；卷 27，第 11b 页。

30　个人在砚上刻铭与砚台自身的历史同样悠久，但编成合集并出版是迟至清初才有的现象。计楠在《石隐砚谈》（第 52 页）提到 16 世纪的鉴赏手册《铁网珊瑚》载有一些古砚铭。林涪云的《砚史》是一个重要的里程碑，唯独它收录了当时多人所撰的砚铭。其他例子，包括著名的金农《砚铭册》和高凤翰的《砚史》都是单人合集。详见结语之讨论。

职时带上了他的一批藏砚。[31] 更重要的是，他们在珍藏顾氏砚并扩大收藏的同时，在闽中形成了影响甚广的风气。顾二娘虽未曾踏足福州，但其手艺却为当地众多工匠和文士所接触与了解。例如，余甸叙述了一日他探访好友画家李云甫的书房时遇到的惊喜。[32] 李氏的几案上一方砚台吸引了余氏的注意，并形容它"细腻庄雅"。他声称："一望而知为顾氏制也"（《砚史》首图本，卷2，第11a页），可见带有与其心中相吻合的顾氏风格。 92

由于长期执行避嫌原则，主管本省的官员须从外省调派，故派驻福建的朝廷官员免不了是异乡人。当官员联谊当地名绅时，尤其像黄任这位名冠全闽的抒情诗人，不免会被吸纳进顾氏的"粉丝俱乐部"，而他们调往另一地区时，顾氏及其工艺的知识亦随之传播（例见第五章的陈兆仑）。因而，顾氏工艺的相关知识，随着士人赞助者短暂不定的游宦生活传播到全国其他角落。

定制过程

福州的主顾延请顾二娘制作砚台时，似采取与黄中坚相同的方法。传世未见顾家作坊或宫廷以外的任何制砚作坊留下账簿（如果曾存在的话）。[33] 缺乏价格和薪酬的详尽信息，由笔记逸闻管窥的这类定制过程，可以大概归纳出

---

31 黄任将其"十砚"携往广东的记载，见林正青《十砚轩记》（收入谢章铤：《稗贩杂录》，卷4，第9a页）。林氏描述这些砚"式必入古，装以异木，钤以玉石，铭刻其背"（卷4，第8b页）。有关黄氏携十砚入粤，另见余甸收入《砚史》一组诗的注（长林山庄本，卷8，第5a页）。

32 李云甫嗜吸鸦片，1722年卒。他也是游绍安的好友，后者曾在李氏遗像上留跋，见游绍安：《涵有堂诗文集》，载《四库全书存目丛书》集部273册（济南：齐鲁书社，1997），第386页。

33 如海伦·克利福德（Helen Clifford）在其出色的专著 *Silver in London: The Parker and Wakelin Partnership, 1760-1776* (New Haven: Yale University Press, 2004) 中所展示，一个手工艺作坊的账簿能够揭示出专业技能、分包业务、劳动分工、品味等变迁模式。不幸的是，在18世纪，除宫廷以外，中国作坊并未有同类的账簿保留下来。传顾二娘经营作坊雇用多名工匠，并非独自作业，唯一的线索见于高凤翰，他于1738年在自己收藏的一方砚背用墨写"顾青娘家制砚"（图E.2）。在此，"家"是指"铺"或"坊"，见高凤翰：《砚史》，第264页。

当时厘定一方砚台价值的三重标准分别是：石质、砚主名望、琢砚家名望 / 技艺。三者之相对权衡，很大程度上取决于个人考量，但也掺杂着宏观历史带来的变化因素（见第四章、第五章，论追逐新奇之风）。

石质对于砚台作为磨墨工具的"功用价值"或"审美价值"，都是十分重要的，尤其当砚材的石品能提高价格时（图 3.4，图 2.8，鸲鹆眼）。按照惯例，定制者先在其能力范围内，自行寻找或购买一块品质好的砚料。这或以礼物形式获得，或直接从砚坑购买，或由一块旧砖、瓦片或旧砚改制，最常见的还是从北京、苏州的古董店或集市购买。林佶私藏至宝，名曰"奎砚"，是由顾二娘用异常珍贵的端溪石琢制而成。十余年后，林氏之子涪云仍清晰记得其来源："砚为宣德时旧坑，岁壬辰（1712）先君子购于慈仁寺集，磨砻于吴门女史顾氏，挥毫于丝纶阁。"（《砚史》长林山庄本，卷 4，第 4a 页）虽然顾氏从这次及其他制砚中得到的报酬不得而知，但很可能不会比上佳砚材的成本
93 高，后者需要买家投入大量的金钱。砚材成本和"人力"付出之间的不对等，至少可从某一方面解释苏州士人黄中坚对砚工的倨傲态度。

黄任作为顾氏另一位重要主顾，不但改变了赞助人和琢砚者之间的关系，令二者更为对等，也抬高了砚石的身价。不同于林氏，黄任没有说明他是从哪里得到这块带极其珍贵的青花石品的端溪石。十年来，他都难以寻觅到技艺高度与之匹配的制砚家。一年春天，他携该石至吴郡，顾二娘见后悦之，希望用它制砚。黄氏喜其"艺之精"而感其"意之笃"，作诗相赠并镌于该砚背，另加自注（《砚史》长林山庄本，卷 2，第 3a 页；首图本，卷 3，第 2b 页）。

94 在黄任的描绘中，砚主和砚石的相遇成为冥冥中注定之事，手工艺人和砚石之间亦同理。主顾和手工艺人多半忽视这种命定论，仰赖自己眼光和品味进行判断，决定是否购买、接受或回绝委托。确实，认为砚石自己也有自行选择之力量，这是一种高度浪漫的观念。黄氏这位不折不扣的浪漫主义者，把一方佳砚的制成，看成是通俗小说中命中注定的一段因缘。[34] 另一则关于顾二娘的民间谣传也体现了这种因缘观：传说她自视甚高，非老坑佳石，不肯奏刀。

---

34 Judith Zeitlin（蔡九迪），"The Petrified Heart: Obsession in Chinese Literature, Art and Medicine," *Late Imperial China* 12, no. 1 (June 1991): 1-26; Jonathan Hay, *Sensuous Surfaces: The Decorative Object in Early Modern China*.

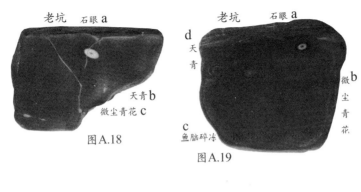

图A.18

图A.19

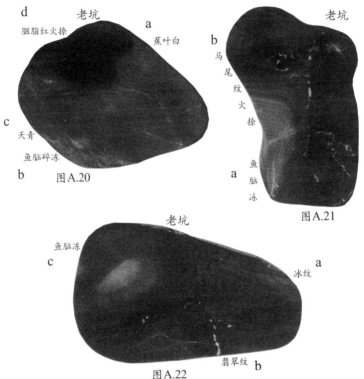

图A.20

图A.21

图A.22

图3.4

五件老坑端石，带有清代鉴赏家推崇的多种石品。[始于宋人藏家鉴别出的数种石品（例如鸲鹆眼），在18世纪已增至逾30种。]若多个石品纹理出现在同一方砚上，其价格可变为天文数字。石砚图表，从左上方开始（石品标签从顶端以顺时针顺序）：

A.18：（a）石眼；（b）天青；（c）微尘青花

A.19：（a）石眼；（b）微尘青花；（c）鱼脑碎冻；（d）天青

A.20：（a）蕉叶白；（b）鱼脑碎冻；（c）天青；（d）胭脂红火捺

A.21：（a）鱼脑冻；（b）马尾纹火捺

A.22：（a）冰纹；（b）翡翠纹；（c）鱼脑冻

取自广东省质量技术监督局：《广东省地方标准：端砚》，第9页。

即便黄任加入文学手法来修饰，就交托工匠制作这点，我们仍可以看出他与黄中坚的分歧。两位赞助人都同意在决定整体形制和设计上，如括囊砚、凤砚等样式，是主顾和工匠间共同沟通的结果。[35] 然而，就黄任而言，主顾的责任应到此为止了。对顾氏这样手艺精湛的琢砚家来说，唯有她才有权决定应如何为砚材随形设计，并付之于她的雕凿和磨洗技艺，令制作精益求精。来自福州士人的几个案例，显示那些主顾在接触顾氏时都有类似的心态，对其手艺抱以很高的信赖和期待。

技艺等级

康熙庚辰年（1700）秋，林佶停舟于苏州阊门外渡口，此正值他首次宦游京师返回家乡福州的途中。前一年刚满不惑之年（四十）的他，成功中举，同年早些时候又获得名士王士禛垂青（第一章提及王氏获赐松花砚）。王氏将一堆文稿交给他去编辑、誊写、监督刻版，也就是后来面世的《渔洋山人精华录》（林佶写刻本）。这份工作十分耗时，但对这名精于书法的士子来说，能高攀到王士禛，并被委以重任，这对增强自身资历不无小补（图5.11）。对前途抱有憧憬的他，一到苏州便去购物庆祝。他从阊门径直走向东北面的桃花坞，那一带满布古董铺和木刻作坊。他从一家汤氏店铺购得一方砚，认为是歙之上品。砚背刻有元画家赵孟頫的行书跋语，讲述此砚原是其友人在元至大二年（1309）离别相赠之物。砚身左侧刻明画家文徵明在嘉靖十八年（1539）的一行题字，提及当古董商出示此砚时，自己的恍然若失之情。其右侧，明代大收藏家项元汴留一行字，说明此砚原为他旧藏（《砚史》长林山庄本，卷7，第2a页；首图本，卷7，第1b页）。

在当今艺术鉴赏家眼中，这不啻于一份从米开朗基罗（Michelangelo）

95

35　这起码在福州砚圈中是个惯例。游绍安在《二砚记》中描述了他在广东向琢砚家杨洞一征询参考意见的过程（见第四章）。

递藏至塞尚（Cézanne）和沃霍尔（Warhol）手中的宝物。现代藏家会怀疑这等好事多半不是真的，但林氏似乎另有想法。他列举这方砚的种种优点："爱其石质温腻，歙之上品。松雪翁（赵孟頫）跋语，笔法生气奕奕，珍同和璞。"即便林氏也许不会轻信此砚真的经赵、文、项三家递藏，但至少认为上面的题跋是仿自赵氏书风的佳作。在后世读者眼中，这番解释实无法掩饰下一句话的突兀："微嫌开池小而墨堂狭，因付顾大家廓而大之，顿改旧观。"（见附录1，作品1）是什么动力驱使收藏家公然篡改一件带有此等历史源流的古物？

从林氏措辞中典出"和璧"的"和璞"一词，我们可略窥他对工艺的态度，以及评价一方砚的个人标准，借此有助于理解他的大胆行径并不算轻举妄动。古代楚国的卞和发现一块璞玉，进献给楚厉王。王误以为只是普通石头，命人砍掉其左腿；当楚武王登基后，和再次进献，武王再砍其右腿；直到下一任文王询问此石，卞和说服他找人剖璞，果得宝玉。这块无价之宝后被雕琢成一块玉璧，成为楚国象征。[36]这个故事常被解读为一则寓言：君主虽昏庸无道，臣子仍忠心不移。和璧遂成为无价之宝的代名词。

林佶将历经题识的古砚比喻为尚未雕琢的和氏玉璞，看似突兀，其实别有用心。不仅强调自身作为有远见的鉴赏家，能看穿平庸外表，也强调运刀的工匠赋予价值的力量（图3.5）。出自赵、文、项三家之手的铭文确实很珍贵，但在林的心中，它们仅算是次要考量。砚石的天然质感，如歙砚石质之"温润细腻"，除是一种美感外，更关乎磨墨的功能考量。讲究一方砚的"功能性"的观点，促使林佶直接从桃花坞转向专诸巷，找顾二娘去廓大其砚池和砚堂，以便磨墨挥毫。当林氏求一方砚时，他是根据士人关切书写和琢砚这两种技艺去评定一方砚台的高下。

对书法家来说，平滑而微凹的砚堂是一方砚的核心。砚堂的平滑程度取决 96
于砚材密度、透水性以及凹面度、整体面积和设计、配合笔毫之粗细。"开池"这个动词，使人联想到信众为佛像开眼的开光仪式，赋一方死物石头以生命力。

36 这个故事最早出现在《韩非子》中。这枚玉璧最后成为秦始皇的皇权象征。

图 3.5
琢砚工具。中国工艺美术大师黎铿使用按照他的规格所锻造的传统工具。它们包括木锤、凿子（尖头、斜角、平头，各三种规格），及刻刀（圆、半圆、斜角、平头）。其他主要工具包括尺、抛光石及刷子。取自刘文编：《中国工艺美术大师：黎铿》，第76、78页。

增大一方旧砚的砚堂讲求精细处理，一旦失败就无法挽回——要求对弧线的敏锐观察，对手的精确控制，并尊重原有设计——因此，它被列为考验一名制砚家的技艺等级之首。[37]

　　关注砚堂体现出一名书法家对其书写工具的执念，林佶长子林正青（1680—1755 后）则暗示砚堂平滑另有功能之外的考量。他谈及一方由顾氏为其弟涪云制作的砚时，说："此石乃旧坑，温而栗，吾乡多宋砚。是石经顾氏手琢，墨积如数百年旧物。"带古物感的包浆平添一方砚的器物审美旨趣（《砚史》长林山庄本，卷 4，第 6a 页；首图本，卷 1，第 5—6a 页）。

　　与林佶一样，黄任将一枚旧砚交给顾二娘改制，可能同时出于功能和审美之考量。黄氏藏砚中有一方带元四家之一吴镇的铭文。它原购自京师一个旧户故家，砚石颇沉，厚二寸多，长逾一尺。虽无特别说明，但从砚旁有鸲鹆眼二枚推断，应是端石。黄的朋友谢古梅在砚铭中提到，这次不止是扩大砚堂那么简单，而是整体"重制"，花了顾氏两个月时间完成（《砚史》长林山庄本，卷 7，第 3a 页）。和林佶的例子一样，确定这方砚之"真伪"，既无从稽考，

97

37　余甸收藏的两方砚为"开池"乃砚工技艺之首的重要性提供了支持。余氏曾获赠一方淄川石砖。他想要将它改制成砚台，遂问友人薛若辉去"开池磨面"（《砚史》，首图本，卷 2，第 13b 页）。这道工序就相当于制砚了。在另一个例子中，余氏购得"奇珍砚"，内心挣扎是否应将之改制："开池犹恐伤天趣，贮水从旁衬玉蟾。"（《砚史》，长林山庄本，卷 8，第 10a 页）拙劣的开池会毁掉整方砚的。

也无关宏旨。[38]

更重要的是，这两个例子除可供了解时人对制砚工艺的整体态度外，亦能加深我们对顾氏职业生涯的特定理解。第一，有别于后世说法——谓顾氏极为挑剔，非老坑佳石不肯奏刀，她会雕琢不同种类的砚石，既包括备受青睐的端石，也有同属上乘、更硬密的歙石。第二，重制一方旧砚，要比砥石新制更讲究技艺，认可度更高。最有趣的是，尽管女性特质和精致小巧相联系的性别刻板印象仍盛行，但顾氏的主顾们将厚重砚石交付给她时，并没有这重顾虑。经顾氏亲手制作的砚台有大有小、有软有硬，很大程度上，不受时人对性别期望所约束。然而，这绝不代表身为一名工匠，顾氏已完全摆脱性别之约束（敬称"顾大家"已表明其女性身份）。但是，当主顾们考虑是否交给顾氏制砚时，是后者的技艺主导着决定，而非其性别。下一章的讨论将展示未亲自接触顾氏的藏家和造伪者，是如何想入非非地营造她的女性魅力。目前需要强调的是顾氏形象在闽中男性主顾眼中去性别化的一面。

镌字

作为同行业内首屈一指的制砚者，顾二娘根据主顾意愿及石品（若有的话）形状和位置进行设计，随形制作并开池。起码在一次可考例子中，她亲手为林涪云在砚背刻杏花春燕图（见附录1，作品8）。在砚背绘刻图画，于清初渐成流行装饰，下章再及。重点在于，她的福州主顾们描述其治砚从未提及刻字这一项，无论是砚铭还是其他文字款识。

这种劳动分工或可简单解释为，大部分的顾客将砚石交到琢砚匠手上时，还没有来得及撰写铭文。通常是在砚台的后续生命史中，砚主才有机会去仔细品鉴，或在酒席、雅集向友人出示，或作为友人离别的礼物，引发新一轮的题铭活动。

38　吴笠谷认为此乃伪款（《名砚辨》，第215—217页）。将旧砚改制的做法常见于清初闽中藏砚家。譬如，余甸在北京一位好友的建议下，携龙尾山歙砚去找良工"磨洗"，"顿改旧观"，见《砚史》，首图本，卷8，第7b页。

A

砚铭和附注，连同作者的名字和钤印，都见证了一方砚被制成后的流传和接受史。福州士人会保留纸上的即兴诗作，留待日后有机会亲自将其镌刻砚上，或雇人为之，将砚铭收录在个人文集，或将它们单独编成合集（日后成为《砚史》）。

98　　　　有一次，余甸在延请顾二娘制砚前，罕有地事先撰好砚铭。这方砚名曰"太璞不雕"，几乎完整保留了天然石态，突出一洗"蕉白"石品横跨整个砚面。余氏记录了定制时间和地点：己丑（1709）冬十月，时客居苏州（见附录1，作品2）。至于称颂蕉白纹的砚铭，是他先延请藏书家兼著名书法家何焯（1661—1722）手写，再托何氏推荐一位专业镌手，将字摹刻在砚上。[39]额外征求何的书法并物色其认可的镌手多花了三天，但余氏似乎觉得划算。喜于该砚结合了名贵砚材、娴熟琢工、细腻刻字，他爱不释手，希望将它当作传家宝珍藏（《砚史》，长林山庄本，卷1，第3a页；首图本，卷2，第3a页）。

_____

39　台北故宫博物院藏有一方砚是何焯旧藏，砚背刻有他所撰写的砚铭。盒盖上的字则由秋生所刻，见台北故宫博物院编：《兰千山馆名砚目录》，第148—149页。

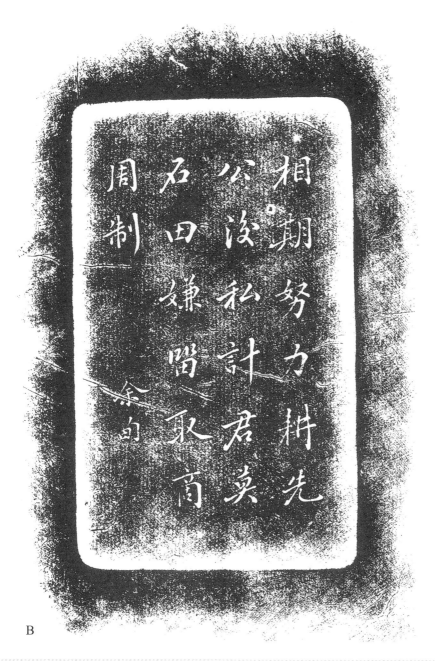

B

图 3.6

刻余甸砚铭的井田砚。（A）正面照片；（B）砚背拓片。此砚设计表达了儒家经典《孟子》和《周礼》中描述的土地分配均田制之理念（井田制）。将一整块土地分成九块，形制如同"井"字。除了分配劳动力去管理中心的"公田"外，各家会轮流经营自己"私田"。此砚面上，"井"字划分出砚堂边界；左上角的方形砚池被塑造成"田"字；其右侧刻出阳文"留"字。砚背的砚铭是由余甸针对该砚亲自题赋："相期努力耕，先公后私计。君莫石田嫌，留取商周制。"长 16.1 厘米，宽 9.9 厘米，高 1.7 厘米。兰千山馆寄存台北故宫博物院。

99　　　余甸的如实口吻，表明他照惯例会聘请另一拨不同的工匠来为砚刻字。他特别强调对字体的书写和镌刻的关切，务求达到最佳品质。[40] 林佶在两次长期寓居京师期间，也从当地丰富的古董店和集市中搜求砚台。这段时期内，他联系过顾二娘；记录显示康熙五十一年（1712）左右，他曾延请顾氏琢制奎砚，后成为其藏品之冠。林氏保存了所有撰写的砚铭，以便他的门生、福州人杨氏兄弟日后能一一镌刻在砚上。可惜他们没来得及完成便先后离世，留待儿子涪云在林佶去世后才勉强完成先父遗愿。[41] 可以想见，顾二娘并没有为林佶刻字。

　　实际上，雍正朝的内廷作坊存在相同的分工，器物制作和刻字分由不同匠人处理，现今广东的刻砚作坊亦如是。[42] 女制砚家关红惠（1955 年生）在肇庆市经营一家以自己名字命名的工作室，向我解释说，她之所以委任男工匠刻字，因为这项技能要求不同。[43] 在 18 世纪或今日，肯定有制砚师能兼任两种任务（见本章后面提及的杨洞一和董沧门），但这掩饰不了两者之间的概念差异。要成为一名制砚大师意味着擅长精确"开池"的技艺，以及拿捏整体形制和设计的概念及操刀制作。为砚镌字虽是同受敬重的技艺，比起"开池"——也就是制作平滑又易于控墨、不伤毫且触感温润的砚堂，其重要性居于次席。

　　总而言之，顾二娘的福州主顾留下的文献记录表明，整体上，留在顾氏砚上的字，不论是主顾的砚铭、附注、铭款及印章，镌刻时间和地点均与她的作坊无关，是由其他人操刀的。再者，她相识的主顾无一提及她（或他们）会在

40　林佶对刻铭非常上心，只交给专工于此的能手。他的儿子涪云回忆说："先君都门集中，得砚数十方，各系铭文，无佳手不得镌铭。"《后序》，载《砚史》，首图本，卷 10，第 13b 页。

41　砚铭原留给杨氏兄弟来镌刻，见《砚史》，首图本，卷 10，第 13b 页。下文有两兄弟更详尽的讨论。有关林涪云镌刻其先父的砚铭，见《砚史》，首图本，卷 10，第 13b—14a 页；长林山庄本，卷 4，第 4b 页。

42　在雍正帝的造办处，"刻字处"出现在 1723、1724、1727、1729 和 1730 年的《活计档》记载中。有时相关活计会单独列出，有时则并入裱作。数位匠役被称为"写篆字人"（《养心殿》第一辑《雍正朝》，第 102、119 页；另参嵇若昕：《从〈活计档〉看雍乾两朝的内廷器物艺术顾问》，第 90 页）或"写宋字人"（《养心殿》第一辑《雍正朝》，第 82、90 页）。另一拨匠人叫作"刻字人"（《养心殿》第一辑《雍正朝》，第 6—7、90、189 页）。在 1725 年农历二月二十日，雍正谕旨："凡做的活计好而刻字不好的就不必刻字。"（《养心殿》第一辑《雍正朝》，第 53 页）之后，才专设"刻字人"。乾隆年间，"刻字匠"常从江南招募，特别是苏州。参见嵇若昕：《清前期造办处的江南工匠》，第 12—16 页。

43　与关红惠在肇庆的访谈（时间：2007 年 11 月 28 日）。

定制的砚上刻款。这样一来，那些带顾二娘款的砚台是如何频繁出现于今天中国的文物拍卖场上和各大博物馆收藏中的呢？

款识

传闻清初名士王士禛在其书房的一次小型雅聚中，出示了一方"星月"砚，带"吴门顾大家制"款。[44] 在传世品中，"顾大家"款识较罕见，只见于民国的著名鉴赏家朱翼盦（1882—1937）收藏的一方凤砚（图 3.7A）。她的款识一般沿用"顾二娘"名字，并大多遵照"吴门顾二娘制"的固定模式，偶见省略"吴门"，但"制"或"造"字是固定出现的。

文字或图形记号让我们得以辨别一件工艺品的制作者，在中国的物质文化 102 早期阶段就普遍使用，特别是青铜器、漆器、陶瓷和丝织品等威望物。[45] 在 16 世纪，款识广泛通行于其他物质媒材，诸如竹刻、玉雕、牙雕、犀角和石雕。广泛来说，这些记号有三种不同目的：官方监造和质量管控、作为宣传作坊或工匠的品牌、作为工匠个人创意的表达。[46] 顾二娘的主顾均与她有私交，自然与官方监控品质无关。因此，她的款识是用于宣传其品牌，又或将作品标记在她这位艺术家的个人名下。

44　叙述这场 1700 年秋举行的雅集的砚铭，传为王士禛撰，附注则由与会宾客之一、余甸好友陈亦禧所写。两者都收入林涪云辑：《砚史》，长林山庄本，卷 7，第 4b—5a 页。《砚史》首图本（卷 7，第 5a 页）只收了王氏的砚铭。虽然此铭有可能是伪作，但它至少说明，至迟在《砚史》1733 年编成之前，带顾二娘款的砚已在市场出现了。

45　北宋在山西高平制砚的吕老，在其制作的澄泥砚上留"吕"字款。收藏家相信吕老是能用炼丹术将澄泥变得比金更硬。在他卒后，冒名赝品斥市，见何薳：《春渚纪闻》，卷 9，第 4a—5a 页。用细泥在窑中烧造的澄泥砚，具有陶瓷的特性。我未曾从宋代石砚中找到带款者。

46　中文用两种词来表述刻或书写在器物上的文字。"铭文"常指器物体表的诗文及吉祥语。"款识"则与特定制作和流通过程有关，包括年款、工匠款署，有时（带迷惑性）甚至是藏家或使用者的刻款。见萧丰：《器型、纹饰与晚明社会生活》（武汉：华中师范大学出版社，2010），第 235、263 页。另参见 Jonathan Hay, *Sensuous Surfaces: The Decorative Object in Early Modern China*, pp. 56-59。

A

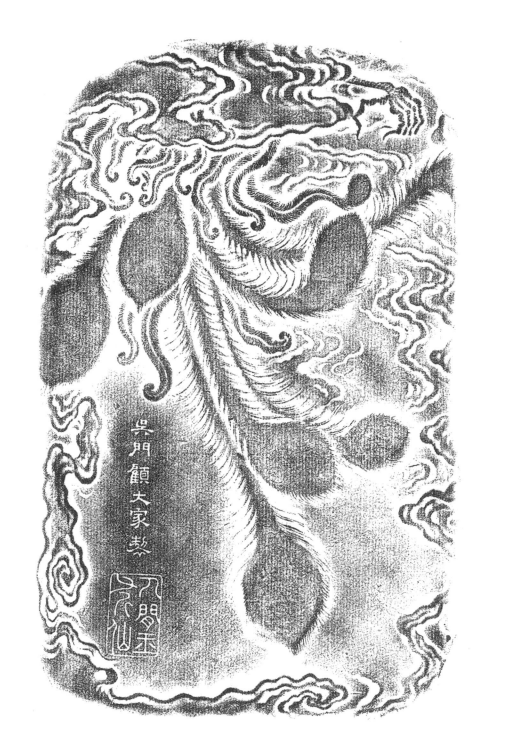

B

C

D

E

图 3.7

一组带顾二娘款的砚。

（A）凤砚砚拓。左下方带"吴门顾大家制"隶书款，后刻"人间玉斧仙"印。该款的用词及书体都较特殊。朱传荣提供图片。

（B）凤砚。背面左下角刻"吴门顾二娘制"阳文篆书款。长 12.9 厘米，宽 9.5 厘米。纽约大都会艺术博物馆藏。

（C）杏花春燕砚。背面左下角刻"吴门顾二娘制"楷书款，后刻"得趣"印。天津博物馆藏。

（D）杏花春燕砚。背面左侧"吴门顾二娘制"篆书款。兰千山馆寄存台北故宫博物院。

（E）蕉月砚，正面。兰千山馆寄存台北故宫博物院。

（F）蕉月砚，背面。左侧刻"吴门顾二娘制"行草书款。兰千山馆寄存台北故宫博物院。

　　将这些"吴门顾二娘制／造"款识分组比较的话，会发现一个显著特征：行文虽相似或一致，视觉上却各不相同（图3.8）。在使用书体、刻款位置和雕工技法上，这些款更是大相径庭。藏于北京故宫的作品（图 I.4，图 3.8D）附款是阴刻篆书，面积之大，几乎覆盖砚侧一面。相反，天津博物馆藏的双燕砚（图 3.7C，图 3.8A）在背面左下角的款是阴刻楷书。该款位于杏花双燕图的左侧，连同下方钤一方葫芦形印，都不免令人联想到画家署款。纽约大都会艺术博物馆藏凤砚（图 3.7B，图 3.8C）的款虽然也在其背部左侧，却以篆书减地阳文，与其说是款识，更像是一个标签。若再参照其他例子，人们更不免心生疑窦：除了有几件使用篆书的个别相似性（用词也不同），没有两方砚是彼此一样的。

　　这些款识显然是出自不同工匠之手，而非顾氏留下的。它们也不可能是顾家作坊雇请刻字人留下的商标，因为若是在作坊指导下，多少会带有统一性。如果商标不能作统一识别，又有何意义呢？对这些款的源流有两种猜测：一是一些可能是刻在真的顾氏砚上，但刻字与原作坊无涉；二是砚主可能在决定转手此砚时（卖给不知道该砚制作者的人），后加的款识。然而，下章对这些砚台的进一步分析表明，其大多数完全就是赝品。就目前分析须指出的是，不管是何人镌刻，无论可信度有多大，顾二娘款识的功能，是为了将一方砚指向她个人，更确切地说是指向其巧手和意匠。

　　这些款识作为顾氏象征，形式出现如此多的差异，令人好奇。技术上而言，将刻在一方砚上的字照搬摹写，相对简单。任何一个熟练工匠都应懂得纸上双钩填写，再传移摹刻到另一方砚上。[47] 千百年来，高度还原的法帖摹本就是以这种方式制作的，有时连专家也难以辨识底本和摹本之间的区别。顾氏款没有用这种方式制作，说明伪造其款（可能连砚也是伪造）的那些工匠没有亲眼见过原作。幸好对他们来说，这并不重要，因为买家们也不知情。这用来形容在顾二娘去世两百年后的今天我们对她的认知，也是恰如其分，但我有充分

47　这个见解来自台北故宫博物院的古器物和书法专家游国庆先生，谨申谢忱。

理由怀疑，在 18 世纪，除了苏州和闽中圈子外，其他人同样知之甚少。[48] "顾二娘"之名被冠上如此耀眼的光环，以致这三个字一出现便能平添一方砚的价值。在这种盲目崇拜的经济下，比起人们追求名物的狂热程度，严谨的鉴定及真伪已无关紧要。无论真伪与否，不同形式的顾二娘款均足以证明一个前所未有的现象出现了：一位女琢砚家已被成功打造为超级品牌。

杨氏兄弟

顾二娘之所以在制砚史上享有如此特殊的地位，是因为她身怀不凡技艺的女性身份。为证实此观点，进一步探讨作伪的问题，有必要转向与顾氏同时代的其他男琢砚家。他们全都祖籍福州，与顾氏的许多闽中主顾有着紧密联系，并曾为后者制作多方砚台；他们都是透过这些赞助人接触到顾氏手艺。其中，至少两人在亲手制作的砚上留款；至少两人曾前往苏州拜访顾氏。虽然技艺、交游网和人脉与顾二娘重叠，但他们的职涯和际遇却与顾氏迥异。

尤其坎坷的是杨氏兄弟（中一、洞一）。他们少时读过家中藏书，早年可 104 能尝试过科举，但最终放弃。[49] 在文献中他们以林佶的学生身份出现，在篆刻必备的秦汉（公元前 221—公元 220 年）古篆上接受指导。林佶的父亲、兄长均收藏书法碑帖，对勒石技法投以极大兴趣，视之为训练书法的不二法门。

48　我的怀疑基于顾氏作品除了依靠先前提到官僚宦游的交游圈外，生前缺乏正规渠道传播到苏州和福州以外的地区。最终令她成名的《砚史》，直至她去世后才开始传播。即便是《砚史》及其他文本中，除了福州士人外，我们也很难找到其他人能亲见如此多的顾氏真迹来作品鉴和比较，以此建立一个鉴赏知识体系。出于某些原因，福州藏砚家拥有此资源，但没有意图去这么做。

49　不清楚这些家藏书籍是否主要用来应付科举考试教育。这一些书藏之存在，是从游绍安的诗句中推导的，见《涵有堂诗文集》，第 390 页，另参第 364 页。林涪云透露杨中一字 "沅"，洞一字 "亮"，见《砚史》，首图本，卷 10，第 13a 页。林也称他（洞一）为 "杨二"，见《砚史》，首图本，卷 8，第 18a 页。

| A | B | C |

图3.8

五方砚的顾二娘款识局部。(A)杏花春燕砚砚拓，天津博物馆藏；(B)蕉月砚，台北故宫博物院藏；(C)凤砚，纽约大都会艺术博物馆藏；(D)洞天一品砚，北京故宫博物院藏；(E)结邻砚，天津博物馆藏。

D   E

他显然有意培养杨氏兄弟成为刻印、琢砚及刻碑能手。作为有学识的刻手，二人善于镌字，特别擅长金石学家看重的古篆。林涪云回忆起杨氏兄弟："镌刻极工"，为先父的书法作品手勒刻石，临拓摹本。[50] 这本身是个体面行为，士人–书法家如林佶者也参与其中，但涪云的措辞似表露出一丝势利心，视杨氏兄弟为工匠而非士人。

譬如，涪云虽比杨氏兄弟年幼，却不断称呼二人为"子"或"杨子"；虽然"子"也可用于尊称，但在此语境下，却不无贬义，是出于对方社会地位低下，而非年龄差异。更明显的是涪云叙述二人在林佶书房受学，说道："余髫年（三至八岁）侍先君侧，窃闻与杨氏子议论刀法。时习举子，未暇也。"（《砚史》，首图本，卷 10，第 13b 页）即使是在推崇琢砚并视之为士人艺业的林家，苦读举仕和运刀为生之间的界线依旧存在。[51] 同样都是勒石，林氏操刀和杨子操刀便有社会身份差异，同时左右文化定位；这区别是男性的职业发展带来的结果。

为求仕途有成，林佶屡屡北上京师，广交名士。一次他携杨氏兄弟中的哥哥杨中一同行。[52] 对杨氏来说，这应该是一次难得的机会。林氏为他提供住宿，而杨氏除满足林的镌字需要外，也依托他的交游圈培养新的顾客群。不幸的是，当杨名动京师公卿之际，却因病卧床，后来去世，而林佶留下数十方砚作的铭，亦无法镌刻（《砚史》，首图本，卷 10，第 13b 页）。这类非官僚技术人员相当于巡抚官员的"幕僚"，私下延请来协助处理各种政务，而刻石家则服务于士大夫，用专业技艺满足后者需求，以此为生。这种流动雇用形式对男琢砚工来说，应相当普遍。杨中一的弟弟杨洞一，先是跟随另一

50　其中一部是《兰亭序》，1700 年农历六月制作完成。它很可能是手勒刻石以制摹拓。另一部是《北阡草庐记》，记述林氏 1702 年在位于福州郊外的祖坟旁，修筑一书斋"北阡草庐"之事。我猜测刻出石碑后会竖立在书斋。

51　林涪云"因悲二子一技之工，亦造物所忌"中用"技"这个字眼，进一步证明了学术和工艺之间的差别。见《砚史》，首图本，卷 10，第 13b 页。

52　林佶首次于 1698 年抵达京师，两年后（1700）返回福州。他后来在 1705 年重返京师，五年后（1710）因母亲去世回福州。第三次北上是在 1711/1712 年，1723 年返乡。他是在第二或第三次北上京师时携杨中一同行，第三次的可能性大一些。

名福州士子游绍安（1682—1756仍在世；1723年中进士）前往北京，在雍正三年（1725）又长途跋涉往南抵达广东，成为当地新任县令黄任府上的两名琢砚匠之一。如前已述，嗜砚成痴的黄氏也是福州士人圈中顾二娘的重要主顾。

　　与认为杨氏兄弟比不上士人的林涪云形成反差，游绍安不遗余力地强调杨洞一的士人习性。按游氏描述，他与杨形成平等相待的友谊。游氏是林佶的邻居，偶尔跟他学习书法，称杨为"同门"和"友"。比起林佶和中一，游氏与洞一年龄相仿，关系融洽。康熙五十八年（1719）春，这一群福州士人皆身处京师，相约去城外八里庄看杏花，连洞一也一起。到了初夏，游氏科举失败后，踏上漫漫归家途。杨洞一至少曾陪伴他抵达山东济宁。游氏在诗中描述河岸边的饭局，两人吃肥鸡、韭菜、小干虾和当地特产，对酌杯复杯、相互抛书。[53]

　　在一首赠杨氏的诗中，游氏以士人相称并称赞他："遗书堪卒业，余力且多能。"游氏在行间附注，接着讲述其才能："洞一临摹、碑版、制砚、镌石俱精，亦工于画笔。"[54]这一描述正符合我早先提出新涌现的"学者型工匠"具备的技艺门类。洞一是否另赋一诗作为答谢，已不得而知，但这也不重要了。在文士礼节中，获得赠诗，如同受邀与其他士人赏花一样，赋予接受方一种"士人"地位。林涪云看待杨氏"不类"士人和游氏评价其"力且多能"，两者之间的反差提醒我们，一个人所谓的社会地位是由他人赋予的，也因此受制于主观评价。这种反差也证明了在清前期的动荡社会中，可能存在着不一致的评价标准，要清晰界定一个士人及其应具备的技能是很困难的。

　　杨洞一到了广东，成为四会知县黄任的随从，后者的辖区包括端州砚坑。黄氏对杨的态度似乎介于林、游二人之间。他称呼杨为"余友"，有时也用略带轻蔑的"杨生"称呼。[55]杨氏住在黄任的衙邸，平时主要制砚供黄氏用或转赠他人。杨也制砚自用，至少有一方他亲刻铭文的砚，作为赠礼送给了福州的

53　游绍安：《涵有堂诗文集》，第362—364页。

54　游绍安：《涵有堂诗文集》，第390页。

55　黄任：《题后倡和诗》，载《砚史》，首图本，卷8，第2b页。

朋友和主顾。[56] 不同于顾二娘，杨与同时期其他男性学者型工匠一样，制砚和镌字皆能胜任。[57] 雍正六年（1728），杨洞一为黄任服务三年后也去世了。尚不清楚他是否在制作的多枚砚台上留下款识；不像顾二娘，他的名望不足以出现冒充其名造假的情况。我未见任何砚台刻有他的款。

董沧门

　　与杨洞一一起在四会衙府院内高大的桄榔树下凿刻砚台的是另一名福州手工艺人，名叫董沧门，被黄任称为"余友"或"董生"。实际上，黄与其他福州士人常同时提及杨洞一和董沧门，以至于直接省略二人名字，代之以"杨董"或"董杨"。这可能与其工艺和职涯与杨氏高度雷同有关。我们对董知之甚少，只知他也是放弃科举，成为在各地漂泊谋生的学者型工匠，手勒古篆并用于钻研和复制，此乃当篆刻家的必备知识。和杨一样，董精于各式石材，尤以刻印和琢砚最突出。作为画家，他以松竹题材而闻名，在这方面似比杨氏获得更多关注。董氏留居广东后返回福州，贫穷且体弱多病，频繁更换空间狭小的租房，却是当地士人雅集酒席上的常客。[58]

56　关于杨氏赠砚有两条记录。其一是由中坑端石制成，赠给林涪云，后者赞其"类天成"（《砚史》，首图本，卷8，第18a页）。其二是赠给何崇，带"枕涛"款。何氏称赞杨氏为"哲匠工"，这个用词符合我所指的学者型工匠的新身份。何氏或比杨氏年轻，称其为"杨君洞一"（《砚史》，首图本，卷8，第25b页）。从"君"字在现代日语之使用中能体会细微差别，在对方年纪小或社会地位比自己低时才用。
57　其他所有男性学者型工匠会为砚台开池和刻字。这当中，包括余甸的友人薛若辉（见附录3，余甸条目），福州的董沧门和谢汝奇（见本章下文讨论）以及金农和高凤翰（见结语）。
58　根据冯承辉（1786—1840）编的《国朝印识》，"沧门"是他的字，而"汉禹"是其名（引自《福建印人传》，第41页）。有关他的漂泊生活及钻研古篆，见于李馥（1666—1749）1724年题于董氏一幅名为《行乐图》画上的题跋，载《居业堂诗稿》，第149页。1731—1734年间身在福州的陈兆仑，描述他是文士雅集场合之常客。在他将见闻付诸文字时，董氏已不在人世（《砚史》，首图本，卷8，第41b页；长林山庄本，卷8，第20a页）。他住所的有关信息，源自林佶的四首组诗。在董氏从

至少照现有记载来看，董、杨二人最大的分别在于董沧门会在作品上刻款。20 世纪早期，一位福州收藏家写下他见到一件动物形钮的寿山皂石印上隶书阴刻"沧门"款，不过没有附带插图。另一个款见于一座四峰的山形笔架上面，也是隶书"沧门"二字。笔山的款识曾经公布过，但笔山目前藏地未明。现居北京的吴笠谷曾目鉴过私人收藏的两方带董氏款的砚台。其中一件造型占朴的风字砚是由珍贵的水岩端石制成，左侧带"沧门作"款（图 3.9）。[59]

"作"与顾二娘款的"制"或"造"字有很大不同，前者可指代不同创作活动，如写作、作诗、作画、制作等，而"制"和"造"只能用于器物和绘画。仅靠一例，难免有过度解读之嫌，但不可排除董有意选用"作"字，将制砚的地位提升到与文学创作比肩。另一传为董制作的砚也使用了带珍贵石眼的端溪石。突出长方形的古朴设计，砚池边饰一圈夔龙纹，董所刻的楷书铭文几乎占据整个砚背："切之琢之，温而且栗。笃实辉光，君子之德。沧门禹铭。"[60] 士人将砚石比作璞玉，激发君子（即他本人）之德，相当常见。"禹"是董氏的名字"汉禹"的简称。

综上可知，顾二娘这位从夫家继承治砚衣钵的遗媚，她的发展轨迹与其余同时代的男琢砚家都不一样。福州制砚家，如杨中一、杨洞一和董沧门，在早期就放弃了科举考试这条路。因家乡毗邻寿山石坑，这种软石适宜刻章，他们就容易顺理成章，把接受过的书法和古文字训练，转向治印为生。

107

租房搬出时，林氏曾赠予他一些诗，董后来自己再搬家时作画回赠。林佶赋了四首诗题于其相赠之画上。见林佶：《朴学斋诗稿》，载《四库全书存目丛书》集部第 262 册（台南：庄严文化事业有限公司，1997），第 109 页。董氏为井田砚作了一首砚铭（《砚史》，首图本，卷 7，第 12a 页，长林山庄本未见）。谢汝奇在董氏的菊画上题跋，见谢汝奇：《春草堂诗钞》（福建师范大学图书馆藏 1777 年钞本），卷 3，第 7b 页。

59 全部四件作品，见吴笠谷：《名砚辨》，第 209—210 页；《万相一泓：吴笠谷制砚、藏砚及书画艺术》（果川市：秋史博物馆，2015），第 143—144 页。吴氏并未对两方传董氏砚的真伪产生怀疑。虽然我未曾亲见，但是基于两点理由，仍倾向于相信它们是真迹。其一，"汉禹"款符合当时的模式。谢汝奇和王岫君同样只刻其名而无姓氏。其二，董沧门并无足够名望引起作伪者的兴趣。

60 吴笠谷：《名砚辨》，第 210 页。

A

图 3.9

端石凤字砚，带董沧门款。（A）正面。上窄下宽，如"凤"字外框的砚边是这种 9—10 世纪晚唐古风设计的特征。（B）砚侧壁的"沧门作"隶书款。吴笠谷藏。

B

晚明以来，对士人来说这是一种体面行当。[61] 他们从刻印扩展到与之同宗的琢砚、雕版及刻石，这些活动鲜有士人涉足，传统逻辑上多由所谓的工匠从事。[62] 部分福州士人——"士人"指的是通过科举取到或高或低的功名、通过科举而担任官职，以及屡次失败但仍未放弃考试——用可察觉的嘲讽心态看待身边的学者型工匠；另一些则在各自社交圈内接纳他们，平等相待。

尽管学者型工匠的社会地位模棱两可，但是他们展现出许多士人技能和习性，甚至原本可以成为士人。今天的观察者或会假定，既然学者型工匠也绘画、吟诗，有经验的书家和藏家应该更青睐雇用他们来制砚才对，但事实并非如此。所有现存资料均表明，林佶、余甸、黄任及其友人将最名贵的砚石交给顾氏，用她制作的砚来磨墨和把玩，作为传家宝留传后代。至于镌字等杂活以及品第相对较低的砚材，他们会交给杨氏兄弟和董沧门去做。再次些的砚石，就会交给坊间的无名工匠了。他们对制砚者的等次有着清晰的界定，正如在心中分出技艺等级那样。顾氏占据的特殊地位高于受过士人教育的工匠和无名工匠。

关于顾氏的魅力有三种可能的解释：名望、性别、技艺。杨氏兄弟和董沧门是学生和福州同乡，可能碍于熟人关系而难以成名。与此同时，苏州专诸巷本身的名牌效应无疑增强了顾氏的信誉。顾氏的性别——她在一个男性专属行业取得的成就——亦助长其吸引力。性别在其他方面也能助长其优势。她未曾考过科举，也就无所谓放弃仕途了；她是定居工作，无需漂泊求生。晚明批评家认为女性诗歌优于男子，因其不受男性旨趣侵蚀；[63] 同理，顾氏的特异性令其成为一个"噱头"。在对砚台设计和制作追逐新意的赞助人心目中，身为女子的顾氏具有独到眼光和精巧技艺。

108

---

61 士人刻章在晚明万历朝（1573—1619）兴起，以苏州为中心，见 Qianshen Bai, *Fu Shan's World: The Transformation of Chinese Calligraphy in the Seventeenth Century*, pp. 50-57。乔迅指出士人教育并不限于篆刻，还包括其他工艺，见 Jonathan Hay, *Sensuous Surfaces: The Decorative Object in Early Modern China*, p. 32。

62 顾二娘的家公顾德麟同样放弃功名，成为一名琢砚家。《中国历代考工典》称他"好吟诗，有诗稿藏于家"（卷 8，第 82 页）。但德麟的地位似未从工匠提升到像杨、董这样的学者型工匠，这是否与他不篆刻有关呢？

63 Dorothy Ko, *Teachers of the Inner Chambers: Women and Culture in Seventeenth-Century China*, pp. 61-62.

但是，名望和性别最终都无法完全解释这些福州赞助人的习惯，他们掌握刻石的专业知识，自身也是要求严苛的书家。[64]唯一合理的解释是，这些藏砚家认为顾氏确实手艺过人。除了精巧技艺，这些主顾恐怕亦看重顾氏代表的苏州风。以顾氏技艺在赞助人眼中的首要地位为前提，我们最后对理解顾氏赝品有重大意义的两首诗进行分析。

这两首诗是称颂杨洞一和董沧门的，由顾氏的长期主顾余甸撰写，第一首：

> 杨董曾如顾氏工，步趋名款细磨砻。
> 由来丘壑胸中有，得手真同鬼斧攻。（《砚史》，首图本，卷8，第6b页）

第三句意指文人画家达到外师造化、内得心源的最高境界。末句之"鬼斧"，呼应着先前满人纳兰常安针对专诸巷所用的"鬼工"一词，常见于表达对工匠奇巧做工的赞叹。

首句在一开始就指出杨、董的手艺与顾氏处在同等水平，若联系之前提及的工匠等级，这其实是对杨、董二人的赞誉。奇怪的是，余氏采用"曾"字，特别表示那已是过去。一个明显原因是杨氏在此诗之前已去世。另外，余氏也在表达一种不满，似认为杨、董的能力虽不逊于顾氏，但却未获得与后者同等的声誉。接着，次句的"步趋"，不是说杨、董的出道时间晚于顾氏，而是他们有意识地借鉴顾氏做工，从中学习。若用更直白的话说，"步趋"也可指"临摹"或"仿"。

无论杨、董出于何种动机去模仿顾氏手艺，余在第二首诗指出，结果依旧未变：

> 最是文人运斧工，董杨雅制善磨砻。
> 开池深浅凭心曲，错认吴趋女手攻。（《砚史》，首图本，卷8，第7b页）

64　余甸推崇顾氏手艺，显见于他为一方顾氏砚所题的砚铭："美石耐人赏，古款耐人仿。门外汉噤声，名手当技痒。"（余甸：《题顾氏砚》，载《余京兆集》，第19b页）此诗表明了顾氏仿古样，并暗示其他人会仿制或伪造她的作品。余氏划分出门外汉和名手，或反映了清前期琢砚不断专业化。

除了肯定董、杨二人的开池技术与顾氏同样杰出外，此诗似也在暗示顾氏赝品的源头之一，正是董、杨二人之手。模仿者既有如此广博才识和技艺，更直接接触过顾氏作品（及本人），不怪乎在 18 世纪或是今天，市场上有那么多品质上佳的赝品。作伪是最高形式的奉承，对于这点，相信董和杨会表示赞同。

造访顾二娘

我曾竭尽所能去重构顾二娘的作坊环境以及她使用的工具，但囿于资料匮乏，难以展示全貌。[65] 然而，通过一组以往鲜为人知的诗，我们得以一窥顾氏与士人的交往、其识字水平，以及当时其他琢砚家对她的看法。这组诗的作者谢汝奇（受汉军旗赞助人沈廷正青睐，赐号汝奇的谢士骥。见第一章）同样活跃于福州圈中，擅长篆刻、制砚和书法。他的职涯与杨氏兄弟和董氏高度重合，仅有一点例外：谢氏成功出版了个人诗集。由此，他算是所有福州学者型工匠中最接近士人者，但我还是倾向于将他纳入前者，因为除短暂当过一阵幕僚外，他以刻石作为主要的收入来源。谢汝奇也爱好收藏端溪石；自命砚痴的黄任，提及谢氏与他同嗜。他和董沧门一样，会为自己的作品刻款（图 4.6）。[66]

65　乌苏拉·克莱恩（Ursula Klein）对 18 世纪德国制药作坊的研究显示，重建手工艺人的具体作坊环境、道具等，是了解他们的技艺水平和知识体系的良法。见 "Apothecary Shops, Laboratories and Chemical Manufacture in Eighteenth-Century Germany," in Lissa Roberts, Simon Schaffer, and Peter Dear eds., *The Mindful Hand*, pp. 247-278。

66　谢氏的生平细节源自朱景英：《畬经堂诗文集》，载《四库未收书辑刊》第 10 辑第 18 册，第 193 页。另见林乾良编：《福建印人传》（福州：福建美术出版社，2006），第 47 页。有关汝奇款，见吴笠谷：《名砚辨》，第 207—208 页。谢氏随后入幕府，但不久便辞退返回福州，在那里加入一个诗社（见《春草堂诗钞》）。他的儿子谢曦是书法家，兼工刻印、琢砚，见林乾良：《福建印人传》，第 44 页。谢曦也曾短期入幕府，见倪清华：《古籍写样大家林佶与谢曦》，《东方收藏》2012 年第 9 期，第 80—81 页。

110

他的这组诗共五首，标题讲述这次创作契机：同董沧门过鳟诸巷访女士顾二娘观砚。谢氏专访苏州，而这很可能是他和顾氏首次、也是唯一的一次会面：

一

勇夫宝剑文人砚，[67] 一样雄奇性所同。

雅慕苏门游侠女，刻云琢玉夺天工。[68]

二

砚史由来让董园，[69] 鳟诸古巷更思存。

顾家绣法人争美，曾识清芳解讨论。

三

竹裹帘栊映碧纱，斛泉磨洗旧青花。

出蓝宋款应无敌，井字纵横风字斜。

四

专门家数大方家，花底香浮顾渚茶。[70]

更美铭文镌写妙，黄金无滓玉无瑕。

五

香奁兼具石言真，龙尾羚岩脱手新。[71]

---

67 用武士的剑和文士的砚对仗已成定式；比喻两类人都需利器（好工具）做好本职工作。

68 我将"云"解释为"紫云"，这是对端砚的婉称。

69 我不清楚"董园"（或"董、园"）是指什么。"砚史"一词不可能是指林涪云编《砚史》，因为此书成型并取名之前，顾氏已去世。

70 顾渚茶是浙西顾渚山特产的一种名茶。它茶品非凡，更在唐代 770 年进贡朝廷。

71 这些有可能是顾氏曾用于赠别谢、董的砚台。

他日輶轩应入传，[72] 特书定比卫夫人。[73]

111　　　诗中满是客套话和该文体典型的溢美之词。缺乏语境令部分诗句的可信度难以判断。即便如此，谢汝奇仍是唯一拜访过顾氏并留下文字具体记载其作坊的人士，其诗让我们得以想象地处苏州专诸巷的顾氏作坊，兼具女性和男性气质的隐蔽空间。内院或外花园有精心打理的竹林和花丛；纱帘——任何窗帘皆如是，即便不是纱质——象征雅致。帘栊和香奁等词专用于形容闺房，但其引发的活动却与文士书房有关：观砚、磨洗、斠泉、渚茶、讨论治砚。

当中用"女侠"指代顾氏，颇有巧思，不是指其个人事迹，而是受专诸巷以古代刺客命名的启发，将这位英雄与刻刀为生的女工匠相连结。然而，最后一句的"卫夫人"作为一种逢迎话，虽有几分贴切，却是夸大其词。卫夫人（卫铄，272—349）是历史上最负盛名的女书法家之一。她从夫家习艺，受后世书法家推崇，因此可与顾氏继承夫家砚业相媲美。传为卫夫人弟子之一的大书法家王羲之，若与顾氏家传弟子顾公望相比，显然是对后者的一种夸张逢迎。除此之外，由此句来推断顾二娘擅长书法则过为已甚。

在第四首的第三句"更羡铭文镌写妙"，谢氏提到顾氏的识字水平。这里指涉的对象无疑是顾氏，但这句话与福州主顾观察到顾氏只开池而不镌字的描述产生了矛盾。一个合理的猜测是，虽然福州主顾们都是书法行家，对刻字要求甚高，倾向于找最好的镌工，但顾氏也许会为其他顾客刻字。深入研究或能证实这个猜测。与此同时，退一步解释亦有其意义：顾氏的识字水平超出妇人所需的严格要求，晚明作家吕坤指明妇人粗识"米""柴"等数百字用于家政，即足矣。[74] 当公公德麟训练顾氏制砚时，他或将古文字知识及其镌刻方式一同

72　不清楚使臣（輶轩）是指谢汝奇还是另有所指。

73　谢汝奇：《春草堂诗钞》，卷6，第3b—4a页。这组诗属"游吴草"十八首之一。虽然诗无纪年，但游访苏州应发生在1713年春。谢氏同伴董沧门在一首带纪年的砚铭中提及他同年苏州之行获得一方砚，1715年返回福建。镌有该铭的砚尚存，见《天津博物馆藏砚》，图18，第102页。

74　Dorothy Ko, "Pursuing Talent and Virtue: Education and Women's Culture in Seventeenth-and-Eighteenth-Century China," *Late Imperial China* 13, no. 1 (June 1992): 24-25.

相授之。

访客谢氏不加掩饰地称自己和董沧门是制砚的"专门家"。从他们的手艺，尤其是董氏模仿顾氏的本领来看，此话并非虚言。"专门家数大方家"，他们对顾氏的敬意应是出自真心。第三首诗为这次历史性见面，即两名福州琢砚家和苏州同业的意见交流提供了许多细节。交流不仅限于口头语言，也包括实物：他们毕竟是去观砚的。谢提到的井字和风字砚，乃是唐宋时期的主要形制（图3.10）。顾德麟以琢砚带古风而见长，二娘无疑会在延续古制的基础上加以革新。三人也卷起袖子来"磨洗"古砚。此二字或指洗去累积的旧墨但不伤砚的包浆，又或是指洗去积墨后准备重整砚堂。

还有谢氏在第二首中提到"顾家绣法"，令人费解，似可从两方面去理解。"顾绣"是晚明上海露香园顾氏家族的女红发展出的著名刺绣流派，在17世纪变成一个出口名牌。[75]谢氏或出于致敬而尽量围绕顾字（诗学用于逢迎的惯用手法）、顾绣、顾渚茶（第四首）来做文章。将顾二娘与顾家驰名绣工相媲美，是出于对女性手工才艺和成就的褒扬。这种解释却会受制于不当用词：用"顾家绣法"来形容顾绣非常少见。此句将重点放在"法"字，是否如字面所述，可能谢氏将二娘的琢砚运刀方式与刺绣穿针引线进行比较？[76]我在下章分析传世带顾氏款砚时，将就此再做进一步解读。

最后回到顾二娘本人。苏州人朱象贤指出，顾氏（他称为顾亲娘）时常与人谈到自己的制砚理论："砚系一石琢成，必圆活而肥润，方见镌琢之妙，若呆板瘦硬，乃石之本来面目，琢磨何为？"[77]这句话强调手工艺人制作时的转化能力：她的手艺如上苍造物，赋予石头以生命力。琢砚也由此是将"质"（天然）提升为"文"（文化／人工）的终极之道。

75　有关顾绣，参见 Huang I-fen（黄逸芬），"Gender, Technical Innovation, and Gu Family Embroidery in Late-Ming Shanghai," *East Asian Science, Technology and Medicine* 36 (2012): 77-129；上海博物馆编：《顾绣国际学术研讨会论文集》（上海：上海书画出版社，2010）。

76　"顾家绣法"的第三种可能是指顾二娘在其作坊收集到的顾绣制品；拜访的手工艺人看到后，以此展开话题。这虽非完全不可能，但用词十分突兀。

77　朱象贤解读顾氏的砚理，认为其受宣德炉铸造法的启示，见朱象贤：《闻见偶录》，第628页。

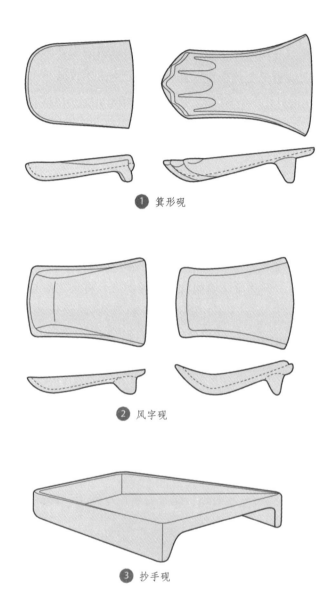

1 箕形砚

2 风字砚

3 抄手砚

图 3.10

唐至宋朝间砚台的样式演变，展示出从两侧弧度（至迟在 7 世纪出现）较大的箕形砚（图 1）演变至 11—12 世纪晚近的抄手砚（图 3），风字砚（图 2）是当中的过渡样式（流行自 9—10 世纪）。改自嵇若昕：《唐宋时期箕形砚》内文插图。

　　顾氏也是用这些话为琢砚工提出实践建议。现代砚学家兼制砚家吴笠谷先生觉得这番言论很有道理。对吴来说，要让砚石"圆活而肥润"，下刀必须精准，整体设计连贯，设计元素之间衔接紧密。吴氏概括自己对顾氏砚理的理解："石本刚性，化之以柔。质方气圆，阴阳调和。"[78] 专家与方家惺惺相惜。所有证据都表明顾二娘在理论和实践上确实是一位"大方家"。

78　在北京与吴笠谷的访谈（时间：2012 年 11 月 14 日）。吴氏论顾二娘砚理，见氏著：《名砚辨》，第 273 页。

图 4.1
杏花春燕图，仿崔白（活跃于 11 世纪）缂丝绣画，元代，104.8×41.5 厘米。台北故宫博物院藏。

第四章 从苏州至全国：顾二娘的超品牌

林佶离世（约 1725）后不久的一年春天，其子涪云携新得一块当时已采
竭的中洞端石，去专诸巷拜访顾二娘。早先他在家中整理先父遗留的诗稿时，
发现了一首献给顾氏的诗。林佶在该诗中采取的修辞策略，与前一章末谢汝奇
的五首诗如出一辙，兼用女性和男性象征来恭维顾氏："分来天上支机石，占
取人间玉斧仙。"[1] "支机石"喻指天上织女，"玉斧仙"则是指因受罚在月上砍
桂树的吴刚。顾氏非常钟意，听完即取出纸笺，向林讨要写下此诗。作为回
报，她为涪云在砚背刻一幅杏花春燕图。涪云为纪念"得未曾有"的"细腻
风光"，为该砚撰了一篇铭注，在文稿后钤"得趣""暖风来燕子"二印，并
注明"旁铸'只衔花片与多情'七字，篆书"。[2] 最后他是否把铭文补镌砚上，
则不得而知，这砚石的下落今天也无从稽考。

顾氏挑选杏花春燕图，不仅迎合林氏在春天拜访之时节，而且其本身也是
一种广受欢迎的题材。11 世纪的崔白（1004—1088）是最早绘制这个母题的
画家之一，其构图可见于一幅元代缂丝作品（图 4.1）。燕和杏（农历三月开
花）均是预示春天来临之物，呼应女性的温婉特质。尤其是双燕，一般影射爱
侣。然而杏树亦指涉其入药属性，杏林是医术的代称，连同三月是科考指定时

---

1 《砚史》，长林山庄本，卷 6，第 5b 页。林佶：《朴学斋诗稿》，卷 9，第 103 页，后二句为"传与
金门待诏客，好将玄象动星躔"。末句指科举考试的名次。

2 此铭注全文，见附录 1，作品 8。在一首晚作的诗中，林涪云回忆某日（日期不详）在专诸巷访顾
氏作坊。细节似吻合，但原因有别。首句意象应发生在夏季，而非春天："忆过胥江菡萏香。"更早
版本《砚史》，后三句同样出现"玉斧"，提及顾氏的小窗书帻和"佳赐"（《砚史》，首图本，卷 8，
第 19a 页）。涪云在晚期版本将诗句改为："专诸巷内忆相将。要他圭角墨磨好，惟有聪明顾二娘。"
（《砚史》，长林山庄本，卷 8，第 35a 页）。

116 间，杏和燕对于男性士子也是祈求健康和会试成功的象征。因此，这个流行题材在明清物质文化中除见于绘画和丝织品外，也出现在瓷碗和刺绣上。顾氏在林氏砚上即兴选用这个母题，体现了她头脑灵活并且对艺术史发展也许有一定了解。

杏花春燕图

在各大博物馆收藏品中，这个母题见于两方带顾氏款的砚台上。其一，名曰"双燕"（图 4.2，另图 3.7D 展示的砚背拓片），属于台北故宫博物院的兰千山馆藏砚之一。[3] 砚小但厚重，刚好和我手掌等大。仔细观察会发现一侧有两个虫洞用曲形刀剜去，并且凿刻出砚面的凹凸不平感。另有大量细致的加工痕迹，可以说是矫枉过正。砚面整体显得干涩，甚至瘦硬，有悖顾二娘认为制砚者应将"呆板瘦硬"之石转化为"圆活而肥润"的原则。

砚的背面以减地形成边框，中心刻画图像。边框围绕的空间之内，浅浮雕一对飞燕：一只向下俯冲，喙衔花瓣；另一只鸟喙半张着向上迎。右上角行书"杏花春燕"竖行，标识图像主题。"吴门顾二娘制"篆书款占据左下角并向上延伸。工匠似嫌大字不够显眼，在左侧保留（或加贴）一枚巨型的鸲鹆眼，隔断外框以吸引观者的视线。

117 与砚首和两侧壁的坑洼石面相似，砚背的双燕和花瓣，实际上要比照片和墨拓效果好。上方那只燕背部羽毛整齐划一的阴刻线，乃推压刀尖而成。然而双鸟躯干的羽毛显得粗糙，两对翅膀也刻画得略为生硬。下方燕子爪边的一朵花的四片花瓣经浅浮雕，中心花蕊蹙起。或由于鸟和花的部分元素处理尚佳，此图的整体效果算是此砚不多的亮点之一。做工虽不拙劣，但缺乏想象力。

3　台北故宫博物院编：《兰千山馆名砚目录》，第 159—162 页。我分别于 2005 年 12 月 9 日、2012 年 11 月 29 日提件观摩。兰千山馆收藏由慈善家林伯寿（1895—1986）建立，他是板桥林家后裔。

A

B

图 4.2

带"吴门顾二娘制"款的端石杏花春燕砚。(A)正面;(B)背面。长 6.7 厘米,宽 7.2 厘米,高 2.1 厘米。兰千山馆寄存台北故宫博物院。

A

B

图 4.3

端石杏花春燕砚。（A）正面；（B）背面。长 18 厘米，宽 12 厘米，高 3 厘米。天津博物馆藏。

　　若比起天津博物馆另一同名的端石双燕砚（图4.3，另图3.7C展示砚首、背面、侧壁的拓片），台北作品的飞燕和杏花明显刻板不少。前者较适体的尺寸在当时具有实用性，砚面有使用过的痕迹。[4] 砚首和两侧上沿装饰古朴的卷云纹，浅浮雕且不乏动感。云纹没有延伸到砚面下沿，令该砚未落入追求对称之俗套。这种不对称手法在明至清初的长方形板砚上已成定式，但这方砚几乎无一处是循规蹈矩的。

　　我第一次见到该砚时，觉得做工虽佳但稍显平淡。其后我目验过上百方砚，再度提件后，才意识到它的与众不同。几无重复的流云纹乃砚面点睛之笔。砚表圆角在其向下微倾的外角衬托下，与砚堂内角和谐统一。侧壁和砚堂的直线轮廓被斜角所缓冲。虽是长方形制，其圆润感似令所有直线带有弧度。流畅的流云旋涡和弧度令这方端砚外表细腻，触感温润。在我所知的全部砚台中，不管是否出自顾二娘制作，该作最接近她提出将"呆板瘦硬"之石转化成"圆活而肥润"的目标。当然，这不足以证明它就是出自顾氏之手。

　　砚背的无边框平面上，双燕和飘落杏花以浅浮雕刻。综观鸟的姿势和布局，其构图与台北双燕砚（图4.2）几近一致。唯一区别是燕子的下方多出了两个花苞和一朵花，以及顾氏款下方的葫芦形"得趣"印。款识的字虽相同，但此作的楷书每道笔画是经刀锋自右向左、又自左向右雕凿，以"双刀"技法模仿书法家用软笔施加的顿挫。右上的字也不同，改用篆文："只衔花片与多情。"该铭和印都和先前引用的林涪云铭注相同。[5]

　　二者构图虽然雷同，但天津双燕砚传达出台北作品所不具备的如画特质。除款识字体较小，砚背无边框也是一大因素。不同于欧洲油画，中国卷轴画不加边框，而是装裱于纸或绢帛上。一幅画在壁上悬挂，须配合周遭环境，营造图像和场地之间的协调感。[6] 但是，构成该图的如画效果最重要的因素，源自

118

4　天津博物馆编：《天津博物馆藏砚》（北京：文物出版社，2012），第96页。我于2008年11月6日首次目验该砚；第二次是在2012年11月5日。其石色深紫中略泛黄。

5　林涪云上引铭注，载入他所编的《砚史》，因此无法排除有人看到书稿后，将文字转刻赝砚上这一可能性。

6　此点受到乔迅（Jonathan Hay）的提示，谨申谢忱。

精细雕工对燕眼、羽毛、杏花的处理，刀痕之隐显恰到好处。若一幅水墨画的
意境在于笔墨之运用，那么砚面雕琢图像的意匠则在刀法。不同于软笔，石质
和刀刃都很硬，故琢砚家的刀法和画家的笔法在技法上肯定是有差异的。为砚
面雕刻如画的图像，须顺应砚材的物质特性开创一种独特的视觉语言和技法。

　　天津双燕砚突出两种技法。第一是结合压地隐起，在平滑砚面营造一种立
体感。[7]两燕间的那朵五瓣杏花作为全图焦点就是一个范例。花所处位置要比
周遭平面稍低，而五片扇形花瓣的轮廓运用阴刻浮雕，细致难察。[8]用刀剜出
瓣中平面（显示为拓片灰线内的五个白点），内部微凹。在微凹平面内，用刀
尖重复刻画雄、雌花蕊：花药是水平一点，承托其下的花丝是一条竖线；柱头
周围加上一簇小点。然而，效果不同于以真花塑模，花瓣、花蕊和柱头更像是
在砚的负形空间（negative space）中刻画，也不同于工笔画用细如发丝的笔触
勾勒花鸟的平面图像。石面的杏花之所以栩栩如生，并在光照下产生阴影，源
自其触感。压地和隐起阴刻施展于小于指尖的面积上，但过渡流畅到连从侧面
也难以看到明显的重叠起伏，细腻入微，令人不禁想伸手用指尖去摩挲。

　　低处那只燕子的左翼下侧，是巧妙处理渐变平面的又一例子。两只燕的
飞羽各有不同，但高度写实，每扇翅膀带有九片初级飞羽，准确得足以当解剖
学教科书插图。高处的燕子每片翎毛均刻有羽轴和羽枝。可惜的是，由于下侧
的翎毛长度不足，戛然而止，效果不甚理想。工匠在低处的燕子处理上转换策
略，仅呈现出两排翎毛的完整轮廓，翅膀其余部位显得简练抽象，只用疏落平
行线制造出羽毛效果。右翼的一组短羽和虚线交汇的部位，制砚者特意将横
跨翅膀的整片区域凹陷（照片和拓片都无法展现），借此缓冲过渡，制造立体
感。压地和隐起之间的此起彼伏，同样令人产生想要摩挲的冲动。

　　以恰到好处的力度在砚面轻轻运刀尖敲凿，代表了第二种针对石材去提升
如画效果的技法。低处燕子的双翼、头部和躯干，经雕琢而变得栩栩如生；高
处燕子的头部和身体亦如是。与杏花的雄蕊和柱头一样，这些很浅的阴刻线像

7　此细致操作在现代称为"压地隐起"。

8　五道隐起圆弧线接近"蹙金"，即常见于刺绣中用捻紧的金线（一缕丝线以金箔包裹）刺绣而缩皱
其纹线的技法。

用绣针刺划，而非用刻刀。均匀排列的成组刻痕类似刺绣施针。雕琢双燕和杏花时，手工艺人是否受到刺绣工艺的影响，甚至融入了刺绣技法？

首先需要指出这两种媒材的区别。在刺绣工艺，尤其是在苏绣中，写实性的绘画效果相当重要，绣工需要掌握的关键技艺是设色：现代绣工会自己染丝线以达到色阶渐变和排布均匀；有时为一种构图，就需要染制超过 400 种色线。施针亦是如此，其挑战在于控制每针之间的衔接排列，使之富有节奏并过渡自然（图 4.4）。[9] 为使绣面平整，并且避免突兀或不自然的色块过渡，苏州绣工用的针很细，一条丝线可抽成36缕。[10] 追求设色写实，对琢砚显然不适用。绣工用色彩达到立体感和逼真效果，琢砚工则运用质地和触感。

16 世纪一组杰出的顾绣花鸟册页，其中一开名为《杏花春燕图》，描绘一只飞燕在杏树枝头嬉戏的景象（图 4.5）。这只鸟伸展双翼飞翔并向上仰头，张开鸟喙迎向一片掉落的花瓣。身姿虽与天津砚的两只燕不同，但对羽毛的刻画却惊人地相似。其左翼被分成三块区域，一层长羽未整，下侧有两层完整翎毛，用平行线表现。躯干上一组施毛针，方向与砚面的燕毛相同。扬起的鸟头和后颈的交叠部位因无施针而留有余白。相同处理在天津双燕砚上方的燕首和上身交接处十分明显，羽毛表现也不例外。[11] 刺绣与琢砚技法本质上差异甚殊，砚工借鉴刺绣技法一说值得商榷。不过，跨媒材的视觉证据强烈表明天津双燕砚的制作者熟悉苏绣，或曾接触过顾绣作品。[12]

121

122

9　与刺绣家张蕾在江苏南通的访谈（时间：2003 年 4 月 11 日）。

10　Dorothy Ko, "Between the Boudoir and the Global Market: Shen Shou, Embroidery and Modernity at the Turn of the Twentieth Century," in Jennifer Purtle and Hans Thomsen eds., *Looking Modern: East Asian Visual Culture from the Treaty Ports to World War II* (Chicago: Center for the Arts of East Asia, University of Chicago and Art Media Resources, 2009).

11　我不知道其他如竹、木、玉的雕刻媒材如何处理羽毛，部分原因或在于这些材质惯用高浮雕和镂空。一件清代前中期的雕竹梅花绶带，见嵇若昕编：《匠心与仙工：明清雕刻展（竹木果核篇）》，第 77—78 页。

12　跨媒材交流在帝制中国的艺术和物质文化很普遍。毕嘉珍（Maggie Bickford）考察了梅花母题在一系列媒材间的流转，在宋代从绘画到丝织品。见 Maggie Bickford, *Bones of Jade, Soul of Ice: The Flowering Plum in Chinese Art* (New Haven: Yale University Art Gallery, 1985)。她也指出针法可能对宋

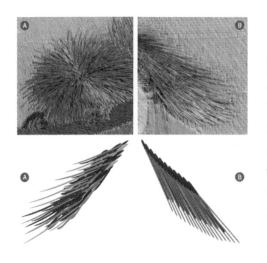

图 4. 4

顾绣绣工用以表现鸟羽和兽毛的两种不同的"施毛针"方式。（A）上方：《松鼠葡萄图》册页的放大局部。下方：显示长、短针层叠相交的示意图，每排长短不一。（B）上方：《文姬归汉图》册页的放大局部。下方：显示长、短针在同一层面上逐排对齐的示意图。取自上海博物馆编：《海上锦绣》，第 209 页。蒙上海博物馆的于英女士绘图并惠允转载。

图 4. 5

《杏花春燕图》局部，顾绣花鸟册页之一，24.8×22.9 厘米。取自上海博物馆编：《海上锦绣》，第 123 页。蒙上海博物馆惠允转载。

　　顾绣起源于 16 世纪的松江府，是上海露香园顾名世家中闺阁发展的画绣，因在市场大受欢迎，吊诡地成了商品绣的著名品牌。它在商业上的成功，催生出相邻的江苏一带面向本土和海外市场的作坊群。降至 18 世纪，苏州变成顾绣的生产中心，而当地女性无论是大家闺秀或平民出身，普遍学习这种刺绣工艺，为其出嫁增添本钱。虽无实质证据，但顾二娘很可能学过刺绣，也像其余未出嫁的苏州女子一样，以此帮补家计。但这本身仍不足以说明天津双燕砚是由顾二娘制作。

　　有不少间接证据支持这个假设：该砚的设计和做工符合顾氏本人及其主顾对她作品的描述。形制古朴素雅，砚面圆活而肥润。有一条可靠文献可证明顾氏确曾刻过杏花双燕图。精细处理的鸟羽浓缩了如同绘画的效果，与苏绣工艺技法有关。这个可能性在同业琢砚家谢汝奇的诗中能得到支持，他忆述拜访顾氏一诗可能是在她作坊中见到绣品，又或是赞誉其手艺可与顾家女红相媲美。最后一点，天津双燕砚采用上佳端石，加上杰出的概念工艺，与顾氏作为同时代最有造诣的琢砚家之名声相吻合。

　　但是，即使将上述所有间接证据放在一起，仍难以盖棺定论。在我寓目的砚台中，它最有可能出自顾二娘之手，但是基于现有知识，没有确凿证据能够证实它（们）的制作者。[13] 鉴于无一方真迹可作"标准器"供参照，检验顾氏作品之真伪只能靠臆测。顾氏真品与伪作之间的差价极大，而中国收藏家仍会

123

徽宗《瑞鹤图》的风格产生影响，见 Maggie Bickford, "Emperor Huizong and the Aesthetic of Agency," *Archives of Asian Art* 53 (2002-2003), p. 82。最近，学者们在亚洲研究协会（AAS）会议的分组讨论中，探讨清代视觉艺术之"跨媒材再现（remediation）"趋势，见 Yuhang Li（李雨航），"Art Production and Remediation in the Qianlong Court," San Diego, Mar. 24, 2013。我的方式有所不同，比起视觉母题的跨媒材应用，更关注工艺知识上的交流。

13　此砚也有其疑问。承前一章所论，刻款方式有疑点。侧壁的黄任"一寸干将"诗是伪铭。黄氏确实写过这一首诗，但是在 1719 年，常见于传顾氏砚上（详见本章下文讨论）。另一方可能出自顾氏制作的瓜瓞砚，藏于北京首都博物馆。由于本人未曾见，不予置评。将此砚归为顾氏作品，并非因其款（此砚无款），而是基于镌在砚上的一首跋文。吴笠谷认为此砚工艺高明，但对跋文辞意提出疑问（《名砚辨》，第 279 页）。张中行首次提出顾氏砚的真伪最终无法证实，见氏著：《顾二娘》，载《月旦集》（北京：经济管理出版社，1995），第 277—283 页。

就此不懈探索。发掘出新线索的希望总是存在的；然就本书而言，寻找出自顾二娘之手的一件真迹的尝试，到此告一段落。

地点、媒材和超品牌

厘定真迹或赝品的鉴定过程，虽然有助于产生新知，但是最终易于导致忽视顾二娘作为一个历史现象的重要面向：她从一个地方手工艺人向一个超品牌的演变。对一组传世砚台展开分析，并对照文献，能让我们厘清这个转变过程。

使用"超品牌"（super-brand）这个词不仅是指超级名牌，更因它犹如刘禾笔下"超符号"（super-sign）那样的功能。一个超品牌通常不是指一种独立风格，而是"异质文化间产生的意义链"，横跨两个或更多媒材和地域的语义场。[14] 寻找真的顾氏砚，话是没错，但方向有误，易使人一头钻进死胡同。寻找真迹需要逆推过程直指其源头（制作者之手或作坊），而将顾氏定位为超品牌，需要将目光从单一源头延伸到所有相传是由她制作的作品。研究者的最终目标不是去定夺每一方砚的真伪，而是设法了解为什么某一类砚在某时空会被

14　刘禾（Lydia Liu）提出："'超符号'（super-sign）不是指个别的词，而是异质文化之间产生的意义链，横跨两个或更多语言的语义场。"Lydia H. Liu et al., *The Birth of Chinese Feminism: Essential Texts in Transitional Theory* (New York: Columbia University Press, 2013), 12n12. 一个超符号是"一个通过吸收或融合外国词和外国语，从而衍生出多重词义的语言学集成体"。Lydia H. Liu, *The Clash of Empires: The Invention of China in Modern World Making* (Cambridge, MA: Harvard University Press, 2004), pp. 12-13. 一个超品牌也可理解为一个"集合体"（assemblage）。戴维·吞布尔（David Turnbull）解释："由于知识是本土化的，它植根于当地；它有其据点，而一个知识集合体是由相连结的场域、人和活动构成。"David Turnbull, "Travelling Knowledge: Narratives, Assemblage, and Encounters," in Marie-Noëlle Bourguet, Christian Licoppe, and H. Otto Sibum eds., *Instruments, Travel and Science: Itineraries of Precision from the Seventeenth to the Twentieth Century* (London: Routledge, 2002), p. 275.

人觉得是可信的？

从 18 世纪早期至今日，艺术市场顺应供求而出现顾氏砚，即便它们是赝品——实际上，尤其是赝品——也是文化环境的风向标。论及顾氏的文献（不管正确与否）以刻本和稿本形式流通，伴随着顾氏砚之买卖、馈赠和收藏，引发追逐顾二娘的热潮，至今未见衰退。随着时间推移，文献和砚台两种媒材掺杂愈来愈多想象成分。要追溯这个符号意义网，需观照产生两类材料的特定地点，考虑到知识、图样、感情横跨媒材和地域的传播方式。

由此视角出发，从天津双燕砚可管窥这个 18 世纪"顾二娘"超品牌现象的两个突出层面：砚样的跨地域和跨媒材性质，以及惯用图样和文本格套来获得认可的策略。天津双燕砚的精巧做工，同时充当顾二娘和苏州的商标。为美观而追求精巧（呼应旗人纳兰常安形容为"鬼工"），不仅是专诸巷琢砚和刺绣的突出特点，也见于苏州清代驰名的玉雕。苏州跨媒材的超品牌是建立在多种作坊云集专诸巷一带的地理优势上，巷里的玉匠和砚匠具体如何切磋，则有待日后研究。

在此予以一提的是，匠人在追求技艺时，与他者接触是构建身份认同的催化剂。活跃在苏州内外的广东匠人对苏州样的产生，即纳兰常安笔下的"苏作"，贡献良多："广东匠役，亦以巧驰名，是以有'广东匠，苏州样'之谚。凡其所制，亦概之曰'广作'。"[15] 让人联想起苏州和广东匠役在内廷造办处作坊济济一堂之景象。苏州与广东匠役在宫廷和民间既相互模仿又存在竞争。纳兰常安指出广作的不足，呼应了时人主流评价："然苏人善开生面，以逞新奇，粤人为其所役使，设令舍旧式而创一格，不能也。"[16] 他的评价虽然有失偏颇，

124

15　纳兰常安：《宦游笔记》，第 947—948 页。有关"宫廷样，苏州匠"的说法，见赖惠敏：《寡人好货：乾隆帝与姑苏繁华》，《"中央研究院"近代史研究所集刊》第 50 期（2005 年 12 月），第 205—209 页。"苏样"一词最早用于描述当地的时尚服饰，贝林丽月：《大雅将还：从"苏样"服饰看晚明的消费文化》，载熊月之、熊秉真编：《明清以来江南社会与文化论集》（上海：上海社会科学出版社，2004），第 213—224 页。

16　纳兰常安认为苏州工胜于广东工，只是相对而言。他在此段末（见本书第三章"专诸巷"一节末段），批评苏作只求美观，不尽坚牢，且多虚假。他对没有实际功用的装饰艺术不感兴趣，见氏著：《宦游笔记》，第 947—948 页。

却道出 18 世纪工艺品市场一个重要法则：立足于本地的超品牌取得成功，需要建立起横跨不同媒材的独特风格。如果作坊制作的全都是象牙球的话，就不会存在所谓苏作和广作。

在制砚领域，除苏州和广东手工艺人相互模仿和竞争外，福州匠也参与其中。[17] 广东砚工虽在获取砚材上占有先天优势，但没法打响名气。清初的福建琢砚工相对好些，即使当地显然缺乏琢砚传统。晚明以来，当地盛行的手工艺是刻印，而省会福州因毗邻寿山石坑，尤为发达。受过经学教育的福建学者型工匠，放弃科举入仕的机会，以篆刻为生者逐渐增多。他们的名气虽比不上开创了"吴门派"的刻印大师文彭，但不少出色的福建印人也曾在这门工艺史的草创期留下自己的足迹。[18]

拜访过苏州顾二娘的谢汝奇就是其中一位，他的琢砚技法显然受当地篆刻传统熏陶。刻印有两个截然不同的步骤：雕刻印章顶部的圆雕装饰，以及阴刻或减地阳文刻另一端印面篆字，常由不同工匠分别完成。无论是人名或诗句，125   刻字与镌砚铭同理，要求熟练掌握书法史，从属碑学范式。另外，雕印钮则借鉴青铜器和古玉的装饰母题，特别是神兽形态。与顾氏同一时代的谢汝奇是会留款的少数制砚者之一，能从数件带款作品去探讨刻印对他的琢砚工艺的影响。

藏于天津的两枚谢汝奇制端砚，云月砚（图 4.7）和海天旭日砚（图 4.8），分别以不同景象命名，事实上，其设计元素是从相同主题衍变而来。圆形砚堂（满月或太阳）占据大半砚面，四周饰以轻柔的流云或波涛，巧妙地隐藏了砚池之余，呈现出质感和装饰面的强烈对比。"云月"设计常见于清代砚台，谢氏砚属此类题材之佳制。右下轻掩满月的卷云纹以浅浮雕刻，线条优美且绵延不断。整体圆润的效果让人联想起天津双燕砚。流云在左侧从月旁
126

---

17   高凤翰和金农作为两位在清前期以制砚得名者，主要以绘画谋生（见结语对二人制砚的讨论）。他们的品牌与地域无关，而是基于个人形象，不是超品牌。对于同为江南人士的清初制砚家王岫君 / 王幼君，我们知之甚少，难以分析其品牌。

18   林乾良：《福建印人传》。

升起。圆月弧线和左侧游离的云纹之间高浮雕刻一道深槽，而这种技法罕见于苏州砚。与天津博物馆的另一云月砚（带顾氏款）的平整侧面相比较，可资证实。[19]

　　谢氏的海天旭日砚突出更强烈的高浮雕手法。滚滚波涛盖过旭日下沿，刻画细致：每片触手可及的波浪以半浮雕雕成；每朵升浪以平行线堆叠浪身，犹如陨石划过长空留下的彗尾，赋予一波接一浪的实体感。细密阴刻的平行线令人想起刘源龙光砚上的龙须（图1.6）。在上半砚面，随着海面被云雾所取代，浪纹渐变为云纹，形态大致不变，但平行线不见了。旭日和流云交界之处，深凿而成的砚池，掩映在峋嵘石洞之间。这种高浮雕和镂空技法，毫无疑问源自福建刻印钮技法。[20]

　　考虑到谢汝奇与黄任等几名顾氏赞助人的交情，几可断定他曾观摩过顾氏等苏州砚匠的制品，可能在拜访顾二娘前就见过这些藏砚家携回福州的砚。[21]凭借谢氏与常驻广东为黄任琢砚的同业董沧门之间的交情，他至少能间接获得广东砚匠的知识。鉴于顾氏和苏州的超品牌地位，而福州制砚是晚近发展起来的，有论者认为顾氏与董、谢的这层关系带有师徒成分。[22]就技术和工艺概念层面来说，这类交流应是双向的，但此推断有待未来研究。

127

128

19　基于镌于砚面的铭文，博物馆将这方砚定名为"结邻"（天津博物馆编：《天津博物馆藏砚》，第97页）。我在2012年11月5日目验此砚。上海博物馆藏的谢汝奇端石赤壁图砚是随形板式，带云中月母题，带"汝奇作"款与天津两方砚（图4.6）几近一致。上海博物馆编：《惟砚作田：上海博物馆藏砚精粹》（上海：上海书画出版社，2015），第92—93页。

20　这一精辟见解是吴笠谷兄首先提出的。他显示一方私人收藏的云螭砚运用的高浮雕和镂空技法更显著。它的彩图照片显示，一条螭龙身体横跨在砚池上方（吴笠谷：《名砚辨》，彩图13，拓本另见第208页）。在此，螭龙主题是借用自福建刻印，不见于苏州砚。砚池的镂空雕法与天津博物馆藏一件带余甸砚铭的作品（1732年）类似。天津博物馆编：《天津博物馆藏砚》，第78页。

21　黄任亲切地称谢氏"谢君"，并为后者诗集出版写四首贺诗。谢氏与福州藏砚圈成员的周绍龙关系特别亲密。

22　吴笠谷称董、杨乃至谢汝奇属顾氏的"私淑弟子"，顾氏因此算是"闽派"制砚的开创者，则过犹不及。吴笠谷：《名砚辨》，第213、275页。我同意苏州和福州砚在质感和技法上是不同的，但取名为"派"则不合时宜。我倾向用清代的"苏作""广作"。

A

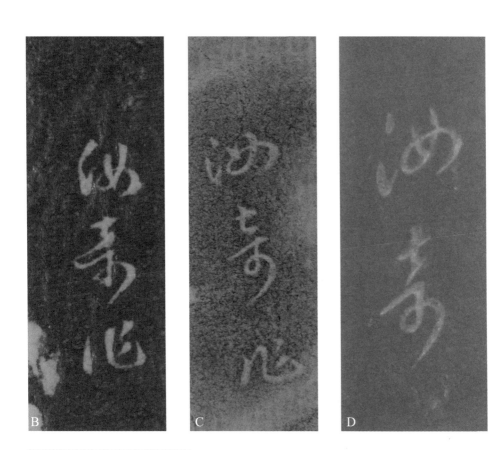

图 4.6

谢汝奇款识四种。虽然用词略有差异，草书书风应出自同一人，与顾二娘款形成反差。（A）流云螭龙砚。款识：谢汝奇作。吴笠谷藏。（B）云月砚。款识：汝奇作。天津博物馆藏。（C）海天旭日砚。款识：汝奇作。天津博物馆藏。（D）双凤砚。款识：汝奇。作者摄于广东省博物馆。

图 4.7
谢汝奇，端石云月砚，正面，长 15.7 厘米，宽 13.3 厘米，砚背带黄任砚铭（未显示）。天津博物馆藏。

图 4.8

谢汝奇，端石海天旭日砚，正面，长 19 厘米，宽 18 厘米，高 3.8 厘米，砚背带林佶砚铭（未显示）。天津博物馆藏。

至于广东工匠，事实证明他们能快速吸收京城和江南样式，富有经商头脑，技艺则更不在话下。他们见过同业董沧门和杨洞一是如何制作，或曾与后者探讨福州和苏州雕工的精微处，甚至可能观摩过知县黄任携往广东的顾氏砚，由此发展出一种称为"四会款"的砚。不难想象，其雕工结合了苏州、福州、广东的质感和技法。这类砚带黄任伪铭，配以紫檀木盒，盖面嵌一块玉，内髹黑漆。[23] 一些内廷成造的砚台有相同的配盒方式（包括刘源龙光砚），显示出宫廷和帝国南疆之间的互动，这很可能是通过召入内廷砚作的地方匠役进行的。

匠人、风格和技法跨越不同省份和媒材而流通，令清初制砚界富有生气和创新精神。顾二娘和苏州形成超品牌，新样设计大量涌现，手工艺人地位提高，以及砚铭成为一门独立文体，这些直观发展仅为冰山一角。默默无闻的琢砚工、采石工和古董店商的知识虽较隐秘，但却对制砚手工艺的发展不可或缺。此外还包括刷洗砚台和磨墨的僮仆，更别说平日磨砚写字以百万计的学童。[24] 这些人都以各自不同的方式，直接或间接地影响着今日博物馆或收藏家收贮的砚台外观和触感。

未来研究或能揭示出琢玉或雕漆工与琢砚匠在朝野之间的具体交流。当我们更多地将目光从名家转移到不同领域艺术实践间的联系，就会发现将每件器物归到单一作者名下的意义实在有限。在这个跨媒材和跨地域的工艺环境中，超品牌现象仅是冰山一角，而认识这一点，实有助于解释为何许多清初砚台彼此相似却又稍带不同，而不管它们是否归入顾氏的名下。

23　此描述在 1747 年出自董的好友游绍安之笔，作为二人 1726 年在广东相处时光的纪念。但游氏并未提供信息来源；我猜测他是 1726 年后从宦游至广东的黄任或其他闽中士人那里听说的，游绍安：《涵有堂诗文集》，第 556 页。游氏鄙视四会款，视之为仿冒品，而非广东工匠的创新。

24　也许除书僮外，有人会训练机灵的猴子磨墨。纳兰常安（《宦游笔记》，卷 28，第 14 a 页）提到浙江乐清石门山有一种"石猴"，身长四五寸。把它放在书桌上，会磨墨，还可以用来盛笔砚。猴子捧砚是个古老的视觉题材，例见波士顿美术馆藏 13 世纪早期的旧传张思恭《辰星像》（又名《猴侍水星神图》）。

顾二娘典型砚样

前揭已检视的两方双燕砚，展示了顾氏砚以砚样形成高识别度的组群（譬　129
如双燕和云月，其余五组典型砚样见附录2）。台北和天津的双燕砚皆带顾氏
款，虽然书体和大小差异甚大。杏花双燕的构图虽雷同，但工艺概念却迥然不
同。台北故宫博物院藏有第三件双燕砚，除铭文和印位置不同，它与天津双燕
砚高度相似。这方砚无顾氏款，却镌有其主顾黄任的印（号"莘田"），借此
将制作者间接归入顾氏名下。[25] 这三方砚可能都是赝品，或出自董、杨二人之
手，或由广东同业等造伪者制作。但是，作伪逻辑仍难以解释为何清初砚台会
形成几种特定砚样，又经广泛传播而衍生出新变体。中国传统的出于尊古或师
古去临摹艺术典范之作，也无法解释此现象。在现代观念中，作伪者和临摹家
会在原作基础上，制作出高度还原的复制品（两者的区别只在于动机不同）。
但使用相同典型砚样的砚台，它们之间总存在显而易见的差异。是什么动机和
知识驱使这些砚样在手工艺市场传播的呢？

凤砚样与顾二娘超品牌之间的联系，甚至比双燕砚更近。它相传由顾二娘
创制的依据也是基于《砚史》的条目，如林涪云之子写的砚铭，清楚明示顾氏
曾为林家制过一方端石凤砚：

具丹穴姿，回翔超越，制自顾大家，探从羚羊窟。

25　台北故宫博物院编：《兰千山馆名砚目录》，第124—126页。此砚与天津双燕砚的另一不同之处
在于，前者砚堂、墨池之过渡面上浅雕一只鸳鸯。我分别在2008和2012年两次目验，能确定其做工
要比天津砚粗糙。

丹穴山是凤凰筑巢所在的神山。[26] 次句字面意为"回转并飞越（某种界限或障碍）"。这个具体描述在平淡无奇之间稍显突兀，凤鸟回翔，要飞越什么界限呢？当我们仔细观察典型凤样的顾款砚后，也许会意识到林氏指的是凤砚突出的技法特点：砚的边缘用"过墙"浮雕一只凤鸟，使之犹如栖息在砚台上缘。上半身在砚面展开，凤尾则延伸至背面。这只凤要飞越难以言喻的边界或障碍，就是砚的边缘。

130　　　清初凤砚的基本构图和理念皆十分一致。例如，北京故宫博物院一件作品所示（图 4.9，另见图 3.7A），凤头位于砚面左上方，头部随颈部弯曲而朝右（呼应林氏砚铭的"回翔"）。双翼在其头部左右伸展，羽毛犹如一袭挂帘，分披在砚的两侧。卷曲的羽毛一直延展至砚背，每片都刻出羽轴和羽枝。外观和形制上，凤砚样与杏花春燕图截然不同。后者像是印在平整砚背的一张图画，可脱离砚身存在，并随意切换成其他装饰母题。与之不同，凤砚样凤纹是有机地融入了砚的形制（总是随形而不规整）、设计和结构。砚面下沿高出一块区域，宽度上配合其余三边（通常浅浮雕流云纹以呼应凤羽），使得砚面看上去像四方带折缘的浅盘。这种巧思再加上凤羽过墙，更赋予砚台以立体感[27]，让人不禁想将它拿起来，翻来覆去地把玩。

　　　现代的陶瓷鉴赏家将这种动物或其他装饰母题从内壁翻过器口，延伸至外壁的手法称为"过墙"。玉工似乎对过墙龙纹情有独钟，既具复古意象，又131　可展示大胆的镂空技法。譬如，明代著名琢玉家陆子冈将盘绕夔龙雕饰于玉杯口沿，或置于杯侧作为把手。清代前期，这种技法从玉雕扩展至瓷、墨和砚。

---

26 《砚史》，长林山庄本，卷 6，第 7b 页。铭文全文，见附录 1，作品 9。作者林兆显是林涪云三个儿子之长；他年纪太小，不可能请顾氏制砚，更可能为家藏已有的一方砚赋铭。如第三章所述，带吴镇铭文的一方砚曾经顾氏重制，也是凤凰样式。（《砚史》，长林山庄本，卷 7，第 3a 页）林涪云晚年曾为家藏一凤砚作铭，但不知砚是否为顾氏所制："自是超宗质有文，肯随凫雁与同群。长留只眼觑千古，撷取青华入五云。"（《砚史》，长林山庄本，卷 6，第 4a 页）

27 纽约大都会艺术博物馆藏的凤砚（图 3.7B）是个例外。此砚无起高边缘，显得去物质化。体量小而薄（长 12.9 厘米，宽 9.5 厘米），更具流通性。见 Robert L. Thorp（杜朴）and Richard Ellis Vinograd（文以诚），*Chinese Art and Culture* (Upper Saddle River, NJ: Pearson Prentice Hill, 2006), fig. 9-25; Jonathan Hay, *Sensuous Surfaces: The Decorative Object in Early Modern China*, pp. 54-55。

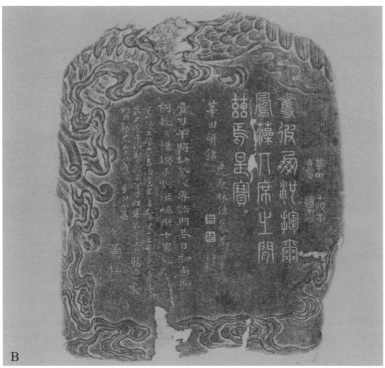

图 4.9

带"吴门顾二娘造"款的凤砚砚拓。(A)侧壁及正面;(B)背面,凤羽披覆下有林佶、黄任的数枚钤印及砚铭。长 21.5 厘米,宽 18.1 厘米,高 2.6 厘米。北京故宫博物院藏。

康熙十七年（1678）由刘源设计的龙德墨（图1.8），一条金龙缠绕在长形墨的上缘和侧壁。陶工则将三维立体的过墙技法转化为描画瓷胎。早期实例见藏于维多利亚和艾伯特博物馆（Victoria and Albert Museum）的一件青花碗（约1700—1710），龙纹上身在内壁，龙身翻过口沿，尾巴则延伸到外壁。[28] 过墙动物纹在宫廷和苏州作坊之间的传播机制是有待深入研究的丰富主题。现有证据表明这种过墙龙纹的跨媒材交流是清初的特有现象。据我所知，砚台和瓷器迟至清初才出现类似的过墙母题。

过墙凤纹装饰砚台的新奇手法，要求手工艺人具备在砚缘的过渡面（北京凤砚厚达 2.6 厘米）精确地刻画羽毛的能力，使之自然地覆盖砚首、背面和侧壁。这个挑战要将侧面既想象成相连（无深度）的平面，也要赋予三维物体的体量感。制作北京凤砚的工匠在这一点上发挥得不错，即便其余部位缺乏生气。每片羽枝延展并随转角折叠，使得厚 2.6 厘米的上沿充满动感和张力。层次分明的凤羽向左右两侧展开、垂落，延伸至砚背。

我寓目过五件同类凤砚，其中两枚刻顾二娘款，一枚刻谢汝奇款。[29] 整体做工质量虽然参差不齐，过墙凤羽无疑是对每方砚要求最严苛之处。手工艺人对潜在的新挑战跃跃欲试。砚样衍生的变体都突出过墙技法，如广东省博物馆一件谢汝奇款双凤砚（图4.10）与几枚饰短卷羽的鹦鹉砚。谢氏双凤砚是融苏州和广东工于一炉的实例。两只凤头各有一枚硕大的绿色石眼，内填刀痕与顾氏双燕砚一样，像刺绣施针。披裹砚侧的凤羽看似采取相同手法，但砚池隐藏在带状云下的深槽，则是用福州刻印常见的镂空手法雕成。福建手工艺人浸淫在雕印钮所练就的高浮雕和镂空传统，将顾氏和苏州品牌连结不同装饰立面

28　饰过墙龙的玉杯，见《故宫博物院历代艺术馆》收录一件明中期的仿竹节形（第420页，no. 1125）和另一带陆子冈款作品（第425页，no. 1138）。柯玫瑰（Rose Kerr）博士（私下交流，2013年12月13、19日）告知，维多利亚和艾伯特博物馆的瓷碗（C. 325-1916）与斯德哥尔摩的哈尔维博物馆（Hallwyl Museum）藏的三件同类作品（Gr. XLVIII:IX:B.a.a.1; Gr. XLVIII:IX.C.b.h.6; Gr.XIVII:XI:C. b.h.6）同是清初景德镇烧造。王光尧（私下交流，2015年7月15日）确认陶瓷应用"过墙"龙纹，始见于康熙朝晚期，约至乾隆朝中期消失。

29　五件作品分别藏于北京故宫博物院、天津博物馆、纽约大都会艺术博物馆、广东省博物馆（谢汝奇款，见于常设展厅）与北京聚砚斋私人收藏。见附录2，编号1a—c。关于其他四方凤样砚台，见吴笠谷：《名砚辨》，第289—291页。

图 4. 10
端石双凤砚，左侧局部。虽然砚面略有损伤，但凤羽从砚面延展至侧壁的过渡清晰可见。广东省博物馆藏。作者自摄。

的逻辑推到一个崭新高度。

富立体感的砚

　　天津博物馆的端石竹节砚取一段竹节为造型，是此立体砚新发展的最佳例子（图 4.11、4.12）。竹节砚没有偏离砚的基本形制，正、背两面平整，仍不乏写实性。手工艺人将视觉繁复的石砚同时视为平面画布和立体器物，生动再现一株挺拔的竹子。从砚的上下两端，清晰可见模拟竹节横向截断的凹洞，内里透着光泽。砚面被两条波浪线分成三部分，而每条线由凸脊和低槽构成，剖面像是大写字母 M。这条轮廓线精确再现了一段竹节：下侧凸脊代表箨环，是竹壳脱落后留下的疤痕；上侧的凸脊则是竿环，标示竹节停止生长的位置。

图 4.11

端石竹节砚，长 19.8 厘米，宽 12 厘米，高 4.7 厘米。天津博物馆藏。

图 4.12

端石竹节砚全形拓，砚首一端有一条螭龙从凹洞内伸出脑袋。天津博物馆藏。

竿环上方一排珠子代表竹竿的根脱落留下的蒂。根是从竹竿底部的根茎节长出，当下一段竹节从土中冒出，这些珠即是整段竹节的标记。一方砚的不同部位，呈现了竹子生长各个阶段的不同形象，生生不息和转变临界点是统一全砚各部分的两个概念。

砚堂设置在两段竹节间。砚堂的右上角有一个不规则的坑（砚池），像是被一只下颚强有力的昆虫咬破竹竿纤维并蚕食过的洞，这在现实生活中极为罕见。这个入侵生物正盘踞在砚首上缘，是常见于福建印钮的螭龙，从它蚕食过的巨大坑洞中探出身来，爪子和眼珠清晰可见。它盘曲的下半身镂空雕刻，依附在节端的凹洞中，从砚身一侧可以看到其全貌，仿佛仅靠尾巴和后腿吊挂着。与这种大胆设计相比，凤羽的过墙技法则显得平板。螭龙全身镂空，不仅具有三维立体感，更因捕捉到正在蚕食竹筒的一刹那，达至四维效果。

该砚第二种横贯立面的技法，是那两条波浪节环，从砚面一直环绕到两侧和背面。砚身因此就像是一段被压扁的竹节。不过，手工艺人在砚背三分之一的面积上用浅浮雕刻有一丛竹叶，随即打破了写实效果。这片竹丛没有过墙，而是由竿环左侧长出，向右伸展；竹叶在上缘戛然而止。除在特定区域刻有竹丛，砚背其余空间则像一块平整碑面，留待文士砚主刻铭。

另一处打破平衡的装饰见于砚面下方。在上缘和左侧壁交接处，环节线刻画了一段沿着砚缘生长的竹节，像是十字形，介于根茎和树桩之间。在竹节后方的地面，一段像新抽芽的枝干向左伸至左壁，再折回边缘。由于图像有违生物学形态，很难用语言去形容，但借此炫技的视觉功能却毋庸置疑。[30] 手工艺人仿佛在说：将一种母题（不管是竹节或凤羽）跨越三个平面并非难事，镂空立体作过墙亦不例外；我都能做到，并且能同时把边缘当另一平面，在上面作画。

这个手工艺人没留款，但螭龙图像和雕刻技法都与福州有渊源，铭文亦不例外。镌于砚背的一段铭文"香山养竹记"是由福建名士曹学佺（1574—1646）撰于崇祯八年（1635），他是一名明朝官员、诗人兼藏书家。[31] 曹氏是福州当

134

30　这个凸状物并非如树干是直长的，更像一根竹茎。但它底部有须根，又像是禾秆。一侧的树枝也令人费解，竹子是不会长出分枝的。

31　铭文云："香山养竹记云：竹本固以树德，竹性直以立身，竹心空以体道，竹节贞以立志，是故称为君子一日所不可无也。今因之以琢砚，又一日所不可少，以不可少之物而貌不可无之象，趣执甚

地名人，他于 1646 年当家乡遭清兵攻占之际，上吊殉国。左侧刻旧藏家李馥
135　（1662—1745）一段铭文："观石仓此砚，可想见当年君子风度，令人睠怀而不
能已。"身为福州士大夫的李氏曾获赐松花石砚，却未留文记述此事。在此，两
段铭文成为连结两位各处不同时代的同乡之间的纽带。曹氏铭文在纪年和真伪
方面存在一些疑点。[32] 此砚繁复的视觉手法在明清两朝都算是异类，但杰出的
雕工，缀以如画效果，再加上强烈的立体感，都属清代早期制砚的典型特点。

　　重新回到技术改革与工匠和工艺知识的地区性互动，它们是催生顾二娘超
品牌兴起的前提；从技法层面分析，传世的清初砚制清楚反映了如下趋势：苏
州砚因如画般的效果，是具有独特风格的"苏作"，着重设计整体连贯性，细
致处理雕刻层次。对浅浮雕和减地（即"压地隐起"）的熟练掌控，让匠人创
造出一种质感和视觉的精巧过渡，类似于苏绣的色彩过渡。而福州的手工艺
人，引入螭龙作为琢砚新母题。福州砚突出大胆的高浮雕和镂空技法，源自刻
印钮传统。砚表的过渡面通常刻流云或龙爪，横跨深挖的凹洞（多是砚池）上
方，点缀视觉趣味。

　　从追求一方砚面的立体感，提升至将全砚塑造成另一种立体物件（至此，
新想法在更小环路内来回传播，已很难将之归入特定地方风格）。竹节砚抛
弃了砚身是由六块独立的面构成的观念，展现了所需的观念转向及其包含的
技术挑战。唐宋的砚台常取四足兽、箕或风字形（见图 3.10），它们的物性
［objecthood。译按：物性（objecthood）一词，最早由艺术史学者迈克尔·弗
雷德（Michael Fried）在其 1967 年发表的著名文章《艺术与物性》（Art and
Objecthood）中所提出。他将现代主义艺术的"非艺术性条件"（condition of
non-art）界定为"物性"，指出极简主义（Minimalist）雕塑的尺寸、规模越
大时，观者需要相当的观看距离，这种观看距离需要观众的身体参与和介入，
绕场观看，以把握作品整体。从而产生一种观看延伸的情境，即弗雷德所批评

焉。"砚面右上角隶书阳文"凌云"。此二字与曹学佺或竹节母题之关系，尚未明确。天津博物馆编：
《天津博物馆藏砚》，第 40 页。

32　因曹氏是明人，其铭纪年为 1635 年，编撰天津博物馆藏砚图录的研究者，将端石竹节砚归入明代
部分。蔡鸿茹先生说："感觉不像是明代砚"，并认为它应重新定为清代作品（私下交流，2012 年 11 月
9 日）。日本私藏一件同类端竹节砚，见相浦紫瑞：《端溪砚》（东京：木耳社，1965），第 38—39 页。

的干扰艺术"纯粹性"（purity）的"剧场性"（theatricality）效果。同理，观看石砚亦需要观者拿起，手动翻转正、背、侧壁不同装饰面，这种身体参与形式及情境是为其"物性"]体现着另一种逻辑。竹节砚既是一段有根有茎的竹节，亦带竹简般的刻铭面，需切换视角且饶有视觉趣味。凤砚样以披散的羽毛覆盖除下缘的其他空间，并未打算将砚身全变为一只凤，是迈向肖形的一种过渡样式。若板形砚让人不禁想用手抚摸其凿刻和抛光面的话，那么新型的像生砚则吸引人们拿起它，来回翻转，感慨其创造力。

王岫君的文人山水

高产但身份神秘的制砚家王岫君，追求创造山水的立体感和如画效果，对此新方向贡献良多。他的生卒年份不可考，大致与顾二娘、杨洞一、董沧门和谢汝奇处于同一时代。[33] 虽然他的训练和职涯背景几近空白，让人无法得知其与先前论及的苏州和福州手工艺人之间的关系，但他的作品却是填补清初制砚技术革新全貌的最后一块拼图。

王岫君的诗意构思，例见台北故宫所藏的一方刻岫君款的端石竹节砚（图4.13）。[34] 不同于视觉繁复的天津作品（图4.12），王氏将该砚塑造成宛若真实的竹节截面。砚身长度就是一段节间长度，两端附带上下两道环。与天津砚一样，该砚的节间鞘环、竿环带有 M 形凸脊，自然形态刻画准确。背部则呈现如竹茎被纵向劈开的一段内截面。竹竿内的中空部位，功能犹如"抄手"，即高足底挖出一道槽，以便拿起砚时避免触及砚面（图I.1B）。

136

---

33 根据现存的砚台，带清初制砚手工艺人刻款的作品，只归于顾、董、谢、王四人名下。我排除金农和高凤翰的原因是由于他们的画家身份。

34 当我首次在 2012 年 11 月 29 日亲验这方砚台时，惊讶于其触感。它收贮在一件竹节形盒中，应是收藏家的心头好。安徽博物馆藏有一方歙石竹节砚，在形制和概念上相近；博物馆将它定为明代［中国文房四宝全集编辑委员会编：《中国文房四宝全集2·砚》（北京：北京出版社，2007），图版说明，第43页］。

B

C

图 4.13

王岫君，端石竹节砚。（A）背面；（B）侧壁展示
王氏砚铭及其款识：岫君；（C）王氏砚铭和款识
"岫君"的墨拓。长 10.8 厘米，宽 9 厘米，高 3.9
厘米。兰千山馆寄存台北故宫博物院。

这方小巧的砚台由细滑的端石制成，右上角带一些黄色赘石，因整体看似简洁，深具立体感。雕工同时带出物质的"石性"与视觉性之"似竹"。[35]

官员兼法学家阮葵生（1727—1789）在其潜精研思的笔记《茶余客话》中，将王岫君的职涯嵌入工艺职业化的背景中，而此进程始自晚明，兴于清初。"技艺名家"条下，比起终日汲汲于抱书著述的平庸士人，阮氏更看重成功的手工艺人："昔人治一业，攻一器，足以传世行远而不朽。"[36]阮氏有意使用了中性的"人"字，而非一般被认为带有贬义标签的"工"或"匠"字。动词"治"指代特定领域内的专家知识，譬如治学、治国，以往鲜用于一门工艺。这些措辞连同条目名称，体现了阮氏对新型手工艺人的敬意——他们在一门手工艺中磨炼技艺，成为专家，得以留名传世，远比"抱兔园一册，饱食终日，老死牖下，淹没而无闻者"更值得称道。

阮氏笔下的"昔"，意指不久前的晚明。他接着列举二十八位手工艺人，几乎都用上"治"字，在此语境下，应理解为"工于"或"善于"。当中包括"陆子冈治玉"或"鲍天成治犀"等名家，还有"顾家绣"等驰名家业，然而有不少手工艺人的姓名鲜见于其他文献。他们代表了竹刻、锡器、制扇、镶嵌、金器、铜器、琴、漆器、炉、笺、蜡烛等领域。末尾列有明朝文人画家文徵明，虽非工匠，却身怀职业手工艺人的倔强品性，精益求精，"非方扇不书"。

清初时期列出的人名较少，涵盖明代未提及的一些手工艺："及近时薛晋臣治镜，曹素功治墨，穆大展刻字，顾青娘、王幼君治砚，张玉贤火笔竹器，皆名闻朝野，信今传后无疑也。"[37]在阮氏心中，顾氏和王氏并列为清初的

35　岫君效仿文人画做法，镌刻的砚铭描述竹子的象征性。私人收藏有一方端石竹节砚带岫君款，见吴笠谷：《名砚辨》，彩图 59；另参同氏著：《万相一泓：吴笠谷制砚、藏砚及书画艺术》，第 133 页。它取横剖竹节形，逆于竹子纹理并近似一段竹节。向阳一面自然做成砚堂，节环横跨在砚身腰部。亦是一种营造竹节立体感的出色设计。

36　阮葵生：《茶余客话》，第 587 页。此书编于 1771 年。阮氏出身自江苏淮安的士人家庭，取得举人（1752）的他毫无疑问是士人。乾隆二十六年（1761）恩科不中，另以"明通榜"入选内阁中书，官至刑部御史和侍郎。或许因为他早期任中书和后来任职刑部的宦途，培养出关注技术的视野，对工艺抱以兴趣和敬意。

37　阮葵生：《茶余客话》，第 587 页。阮氏在读书时期交游甚广，1759 年直至去世，主要留在北京。

琢砚二大"技艺名家"。细心的读者会注意到阮氏将王氏名字写成"王幼君"。"岫"字不常见，意指山洞，常被误读为"幼"。[38] 读作"幼君"，暗示他的名字是经由口头渠道传播，与顾氏名字分"亲娘"或"青娘"的例子相似。

除了他的竹节砚外，王岫君对清初制砚向立体化发展的贡献，在于透过砚石去重新诠释文人山水画。藏于天津博物馆的端石山水砚，同时展示他在概念与雕工两端之老练（图 4.14）。[39] 该砚随形雕琢，宛如一块天然砥石；体量大得出奇，凸显厚重"石性"。占据砚面中心的一泓暗水实为磨墨的砚堂，铲去石表棱角来刻画山湖。砚堂的乳白斑纹巧妙运用被鉴赏家称为"蕉叶白"的石品，衬托湖面之静止和深邃。左下角刻有一位盘坐石台上的隐士，眺望着水面。图像表达了该砚与文人画相通的主题，发端自王羲之观鹅。

但是，手工艺人充分利用石材的优势，在模仿绘画意境基础上更进一步。琢砚工长年累月练就出泯灭刀痕和凿刻砚面使之平滑的技艺，但王氏却与这种本能背道而驰，他在石面刻意留下显著凿痕，这在右下方尤为明显。运刀的走向和石块剥落的锯齿边缘，制造出一种错觉：刻文十观湖图的这方砚，仿佛直接从某山体一侧切割出来，搬到砚主的书案上。融巧思与（人工斧凿的）天然于一体，使人将信将疑之际，激发观看之愉悦。当观者最终忍不住伸手触摸砚面，湖水（砚堂）触感细滑温润，而山岩状似崎岖的石面竟然亦是如此。

砚背面的山水小景，呈现另一种文人画的常见主题，描写文士抱琴，行于山间小径。一株树横长出扭曲的树枝，其背后有一块看似山峰的巨石。那株树的枝叶将观者视线从下方的石丛引向中部的一大片平面空间——应是刻画湖泊。在湖对岸，即砚面上方约三分之一区域，浅泉淌经卵石，汇入湖面并消失于岸边。

右侧页码：139　140

在他的京师友人中，士人兼藏砚家纪昀藏有一方王岫君款的山水砚。（《阅微草堂砚谱》，第 17b—18b 页）无迹象显示阮氏的交游圈与福州士人圈有重叠。他提到顾二娘和王岫君治砚，名闻朝野，显示两位制砚者名气在乾隆朝已远传京师。

38　更有趣的是，有一方端石五龙治水砚，带"丙申（1716）夏王秀筠制"款（《天津博物馆藏砚》，第 100 页）。"筠"字经常误读为"君"。

39　我是在 2012 年 11 月 5 日目验过这方砚台。

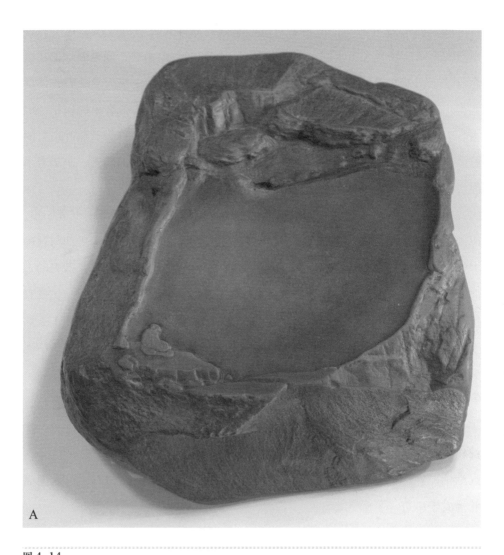

A

图 4.14

王岫君，端石山水砚。（A）正面；（B）砚背、侧壁显示"岫君"款的墨拓。长 24.5 厘米，宽 20.1
厘米，高 4.8 厘米。天津博物馆藏。

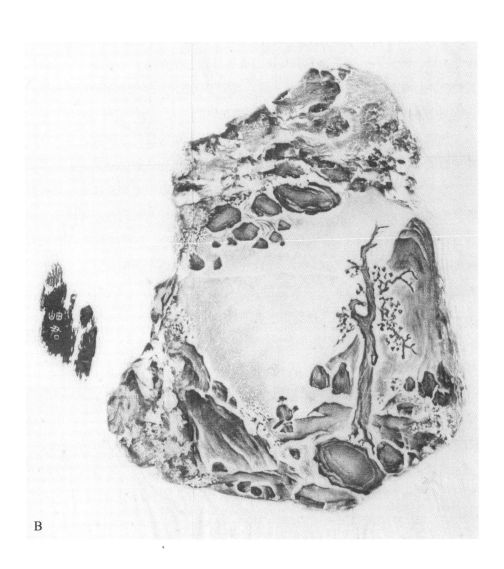

B

砚背的小景主要以浅浮雕刻成，另有一些炫技手法，例如树干与扭曲的树枝相重叠。但最具独创性的手法在于那人左侧的一块巨石，从拓片上看是一块靠向他身体的凸石。不过，拓片无法显示那里的一道凹槽究竟有多深。石面下的岩体被挖空，留下一道陡槽，里面几乎容得下人的一根小手指。从抚琴人的视角来看，那块岩石像是从地面拱出的庞然巨物。左侧的区域满布刀痕，延伸到侧壁并与砚面左下角的凿痕浑然一体。有别于画家使用笔毫晕染或皴法去塑造岩体的立体效果，琢砚家靠刻石来完成。他在砚的一侧，为作品刻"岫君"款。

该砚是一幅文人画的跨媒材移植。[40] 我们从天津的顾氏双燕砚，看到砚匠在平硬的石面融入画家的笔意，顺应砚材特性创造出如画般的效果。王岫君则进一步将自觉性的三维立体感带入山水景观，借助满布浮雕和岩体质感的砚面来营造画意。他施加刀凿后稍加磨平，实是有意为之，借此营造"天然"斧凿之意。经过自我指涉（self-referentiality）和匠心独运，一枚端砚被打造成野逸之石。王氏深谙石材作画的另一个标志在于，景中两个人的身形要比画中人更大。另外，砚背山水的边缘被消解掉，将动势推向近景。若没有设色晕染，要在一方砚上还原一幅宋代巨轴山水画的近、中、远景将徒劳无益。

琢砚在清代前期发展成一项专业领域，不乏敬业的匠人，并开始吸收绘画、刺绣、刻印等其他领域的审美和技法。但需要强调的是，如顾二娘所述，"砚系一石"，琢砚技艺需要突出砚材的石质。为做到这点，手工艺人汲取其他领域所长，最终突出自我本色。如阮葵生所述，顾二娘、王岫君等人的革新之作是制砚者及其工艺迈向"专业化"，成为一门专业领域的表征。

在此情境中，岫君款和顾二娘款的几处差异则颇为有趣。王岫君刻款只留名字，与同时期男琢砚家（先前提及的沧门、汝奇）的习尚相一致。男手工艺

40　山水主题恐怕是王岫君最突出的成就。士人兼藏砚家纪昀评论王氏的个性："砚至王岫君，如诗至钟伯敬，虽非古法，要自别趣横生。"晚明诗人钟伯敬（钟惺）以其革新性为闻名。纪氏评论作于乾隆乙卯年（1795），镌于一件砚盒的盖内。此砚虽无岫君款，纪昀是依据山水砚样推断是出自其手。见纪昀：《阅微草堂砚谱》（扬州：广陵书社，1999），第 17b—18b 页。北京收藏家阎家宪藏有一砚，带山水图的近景是一只鹤立于高草堆中，远方地平线上升起一轮旭日，中间隔着一片泛涛河水。侧壁带"吴门顾二娘制"款，见阎家宪：《家宪藏砚（上卷）》（北京：世界知识出版社，2009），第 102—103 页。我曾两次看过此砚。另一方带顾氏款的砚台（背面楷书"吴门顾二娘制"）是藏于广东民间工艺博物馆（见附录 2，编号 5b）。在此感谢馆长黄海妍博士提供这条资料。

人不留姓氏，以此突出个人独立身份。[41] 另外，汝奇和岫君皆发展出高度个性化的刻款书风，通行于不同作品。前者是行书款，而后者采用一种自创圆折的篆书。与之相反，不同顾氏款砚台的书风和形式均差异甚大（图3.7、图3.8、图4.9、图4.15）。顾氏款辞句变化较少，像是一个标识作坊地点（吴门或苏州）且后带"制"或"造"字的商标。这造成挥之不去的印象：男琢砚家自我展现为独立手工艺人，甚至是艺术家；反之，带顾二娘款的砚显然是由多间作坊大量制作，却以铭款标榜它们是出自个人之手。

量产的菌砚样

当带顾二娘款的菌砚重复出现时，人们难免会形成这是大规模作坊式生产的组织化造伪的印象。在竹节砚或凤砚上经营三维效果，本来或是想让砚石变得更为生动可喜，但若过度追求立体效果，砚身反而会僵成死物。菌砚样代表着这种追求巧雕的风气之末流。

北京故宫现藏有一件菌砚作品（图4.15）。[42] 端石本身稍粗糙，但圆角和边缘的上佳做工仍带出一些温润感。砚面的新月形砚池——比实际所需大许多——池底刻有一束从某个中心散发的放射线。将砚翻到背面，就会明白这束线是菌盖底部的菌褶。区隔砚池和砚堂的一道弧线，横跨两侧和背面，将砚背划分成两部分，上半部布满凹坑（拓片上的白斑）。下半部分的放射状菌褶的中心，一根菌柄向右伸长并下垂，与边缘重合，末端是扁平的菌托。

142

41　这个习惯在我看来带防御心理，因为男画家不会回避用姓名去落款。不同岫君款在字体上有细微差异（图4.13C、4.14B），另参见吴笠谷：《万相一泓：吴笠谷制砚、藏砚及书画艺术》，第133页。

42　我在2012年11月5日目验这方砚。更精美的菌砚作品，见朱传荣：《萧山朱氏藏砚选》（北京：生活·读书·新知三联书店，2012），第101—102页；另参见朱家溍：《故宫退食录》（北京：北京出版社，2000），第237页。后者带篆文阴刻"吴门顾二娘制"款，曾是朱翼盦收藏，现下落不明。菌砚的确与福州砚圈有渊源。林涪云于辛酉年（1741）曾制一香菇砚，赠给李云龙，后者有乾隆八年（1743）铭。（《砚史》，首图本，卷7，第14b页）

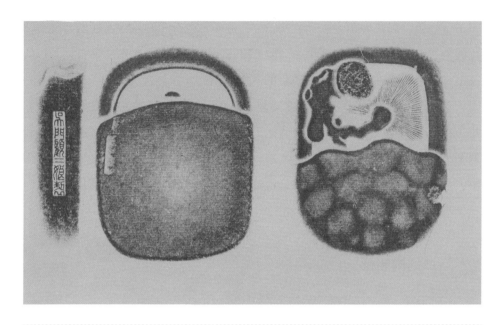

图 4.15
侧壁带"吴门顾二娘制"款的菌砚，墨拓。自左向右：侧壁；砚面；砚背。长 15 厘米，宽 8 厘米，高 1.9 厘米。北京故宫博物院藏。

菌式的设计意图与竹节式类似 —— 将砚台塑造为一种有机物。然而不同于天津（图 4.11、4.12）和台北（岫君款，图 4.13）竹节砚，这枚菌砚的效果并不理想。手工艺人诠释立体感似用力过猛。第一处败笔在于砚面区隔出砚池和砚堂并延伸至两侧和背面的那道弧线（不同于竹子的节环），没能将正、背两面有机结合起来。现实中的菌类也无法找到相应特征。其主要功能应是划分砚的不同平面的一条分界线。

该砚背面既不写实，也不悦目。上半部分布满凹坑的菌伞，像是将要降下盖住下方的帷幕。费了一番功夫理解后，我的解释是，它可能想要表达的是翻折过来的菌伞。回旋弯曲的柄下的伞盖溢出砚缘，像是有人将它折叠起来，压在玻璃下被锤扁似的。手工艺人尝试用超越三维性的复杂错视手法，挤压一个平面，令它展现正、反两面。但它没能激发兴趣；这件菌砚无法吸引观者去摩挲或拿起把玩，只会令人迷惑不已。

从清朝一直到 20 世纪，技艺高超的造伪者持续制作着带顾二娘款的雷同砚台，笀篱砚是砚样的一例，但手工艺技术创新重心已转移到其他材质上了。[43] 借助一方砚台的夔龙纹砚池（图 I.4）样，观者会将其古雅与制作者顾二娘相连结；还有蕉叶样之诗意，双燕样的如画效果，凤砚样的过墙技法，菌砚、笀篱砚、莲叶砚的肖形写实。[44] 顾二娘超品牌涵盖的多元技法和风格，至今仍然层出不穷。往往在一个藏砚家的藏品集结为图录出版后，或在拍卖行的预展期间，都会冒出新的砚样。[45]

铭文格套

除了款识和砚样外，将制品归入顾二娘名下的第三种形式 —— 镌在砚上　143 的铭文、诗句或散文 —— 是顾氏超品牌尤其引人关注的一个侧面。砚铭有时在讲述该砚的制作史时，直接说它是出自顾二娘之手。此类铭文中最有名的例子，见于北京首都博物馆收藏的一方端石瓜蝶（牒）砚背面："研为吴门顾女史所制，经三阅月始成，感其功之精而心之苦也，因书以识，李云龙（霖邨）。"[46]

43　一方带顾氏款的笀篱砚，收录在《双清藏砚》（台北：历史博物馆，2001），第 220—221 页。另一方无顾氏款的作品，见朱传荣：《萧山朱氏藏砚选》，第 142—143 页。吴笠谷指出它们是由上海和苏州的近代手工艺人大量伪造出来（《名砚辨》，第 290 页）。有趣的是，近代上海琢砚家陈端友（1892—1959）的佳制中，的确包括了一方出色菌砚（上海博物馆编：《惟砚作田：上海博物馆藏砚精粹》，第 238—240 页）、一方端石卷莲叶砚（第 270—273 页）和一方笀篱砚（第 274—276 页），这些砚样经手艺稍逊的工匠重制，常带顾氏款。甚至陈氏一件作品的款识是篆文阴刻竖行（如第 214、258 页），与纽约大都会艺术博物馆的顾氏凤砚款识样式（图 3.7B）很相似。

44　另外二方蕉叶砚及其变体，即蕉月砚，见台北故宫博物院编：《兰千山馆名砚目录》，第 105—109、163—166 页。北京故宫藏另一镌有余甸铭文（见附录 2，编号 4b）的端石夔龙砚，见张淑芬编：《故宫博物院藏文物珍品大系·文房四宝·纸砚》，第 90—91 页。我在 2012 年 11 月目验这方砚。

45　譬如有蟹荷砚样（上海道明拍卖，2008 年 12 月 17 日，人民币 28000 元）。江西省博物馆收藏一方双圆相交的砚，刻"吴门顾二娘造"款，见江西省博物馆编：《江西省博物馆文物精华》（北京：文物出版社，2006），第 238 页。

46　首都博物馆编：《首都博物馆藏名砚》（北京：北京工美艺术出版社，1997），第 24—25 页，另参

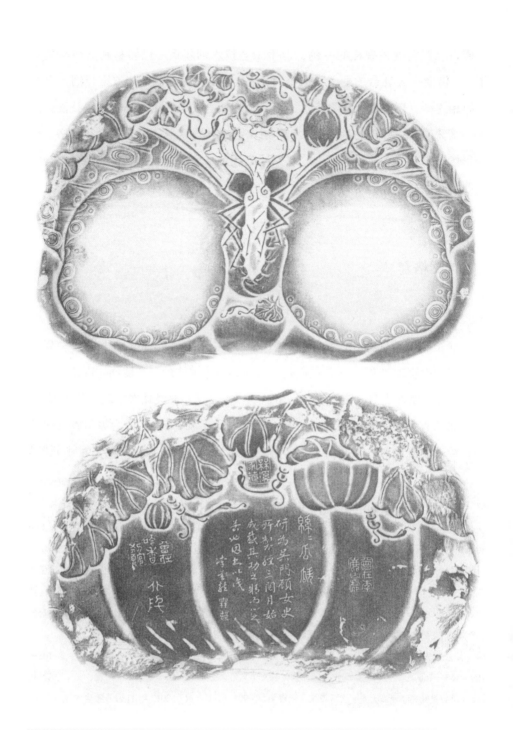

图 4.16

端石瓜蝶（牒）砚，墨拓。长 17.8 厘米，宽 12.7 厘米，高 4.5 厘米。北京首都博物馆藏。

李云龙（1750 年代初卒）与黄任和林涪云有交情，属于福州藏砚界的第二梯队成员，但他收入《砚史》的铭文中未见这句话。

在砚表面以文字镌刻其历史，部分原因是害怕它会被遗忘。在第三章中，我讨论过黄任认为砚石、主顾和手工艺人互遇的因缘，冥冥中自有定数。在探讨砚铭和散失的语境下，他表达该观念的原话值得摘录："余怀袖此石将十年。"根据铭文标题"青花砚"，显然可知这是一块带宝贵的"青花"石品的端溪石。[47] 黄氏接着说："今春携入吴，吴门顾二娘见而悦之，为制斯砚，余喜其艺之精而感其意之笃，为诗以赠，并勒于砚阴，俾后之传者，有所考焉。"144
（《砚史》，首图本，卷 3，第 2b 页；长林山庄本，卷 2，第 3a 页）黄氏害怕一方砚，尤其是如此珍贵者，不久会落入他人之手，而砚台离散后，其历史将不存于世。一件宝物愈容易散失，持有者就愈急于在其上留下印记，以流传后世。镌铭之砚因此附带碑碣的纪念性功能，铭记其诞生，在无情岁月中留下印证。如下章所讨论，黄氏对砚台易主之担忧，实不无道理。

除了感情上的共鸣外，李云龙和黄任砚铭的关键词亦不乏相通处："感其"和"功 / 艺之精"。更引人关注的是，二者使用相同的并列结构："功 / 艺之精"接着是"心之苦 / 意之笃"。这种并列结构之格套，本身就是托传顾氏制作的标志。这不免让人对这件瓜瓞砚的真伪性起疑，虽然它无疑做工精良。

更常见的格套铭文是黄氏献顾氏的一首诗，它不断出现在尺寸、造型和品质各异的砚上（例如，图 3.7C、图 4.9），叫人想入非非地以为，手上一方砚，原主是黄任，琢者是顾二娘：

> 一寸干将切紫泥，专诸门巷日初西。
> 如何轧轧鸣机手，割遍端州十里溪。[48]

见王念祥、张善文：《中国古砚谱》（北京：北京工艺美术出版社，2005），第 150—151、314 页。这方砚经中央电视台《国宝档案》节目的纪录片播放（2011 年 4 月 26 日首播），变得出名。在所有传顾氏砚中，这方砚的样式独一无二。

47　"青花砚"，《砚史》，首图本，卷 3，第 2b 页；长林山庄本，卷 2，第 3a 页。

48　此诗及注解最早出现在《砚史》，首图本，卷 3，第 2b 页。它收录在黄任诗集《秋江集》（1754、

此诗的确为黄任佳作，押韵险辟（ni、xi、不押韵、xi），大胆地以"一寸干将……"和"割遍……"暴力意象突显巧工，更不乏直白的浪漫情怀。它不仅是黄氏最知名的诗，也是象征顾二娘制作的最具代表性且流传久远的铭款，即便当中没有出现她的名字。[49]

从超品牌到神话

随着"一寸干将"诗逐渐传开，造伪者抓住时机将它刻在砚背，在兜售时伪托其名。诗人袁枚（1716—1797）在其著名文集《随园诗话》中提到这些砚。他的友人在南京购得一枚端砚，背部镌有此诗，内容与原作分毫不差，只是作者由黄任改成了刘慈。后附诗注是由福州士人圈的三首砚铭拼凑而成："吴门顾二娘为制斯砚，赠之以诗。顾家于专诸旧里。"为增强可信度，造伪者编造一个具体时间：时康熙戊戌（1718）秋日。[50] 当袁氏与另一友人顾竹亭聊

146

1756年序）时，无诗注（卷2，第743页）。连诗注后收入《秋江集注》（卷2，第20a—b页）。另收入黄氏诗集更晚（1814年序）的合辑《香草斋诗注》（卷2，第33b—34a页）。我并未找到更早、无注的《香草斋诗》，但根据《黄任集》（第586页）后附"年谱"，《香草斋诗》是由黄氏友人桑调元在1758年选编、资助出版的。作为古代制剑师，"干将"在此与下句的古代刺客"专诸"对仗。紫泥影射端溪石呈暗紫的典型石色，而有技巧的手工艺人则切石如泥。"专诸门巷日初西"句可作不同解读：黄氏拜访之时间；或由于顾公望当时在北京内廷服务，顾氏作坊衰落；或专诸巷整体经营在衰退。第一种解读对这类赠诗而言，又似过于具体，而专诸巷一直保持繁荣至乾隆朝，故第二种可能性最大。周南泉误读第三句，将"机"以为是琢玉工具，见周南泉：《清初女琢砚高手：顾二娘及其制端石方池砚》，《故宫文物月刊》第109期（1992年4月），第17页。

49　实际上，诗中没有出现顾氏名字，使它更有想象空间。有许多铭文格套，绝大部分是闽中赞助人的诗句，作为传顾氏制作的凭据。它们有时连同顾氏款一同出现在砚上。部分例子，见吴笠谷：《名砚辨》，第219—221页。

50　袁枚：《随园诗话》（北京：人民文学出版社，1960），第642页。刘慈与福州士人们相识，一首诗收在《砚史》（长林山庄本，卷9，第17a页）。他应该与作伪无关系。我怀疑作伪者曾阅读过《砚史》，或是一些抄本的部分内容。《随园诗话补遗》收辑了《随园诗话》未收内容，其中就包括这条诗

到该砚时，后者补充更引人关注的细节："顾二娘制砚，能以鞋尖试石之好丑，故人以'顾小足'称之。"[51] 当人们的焦点集中在顾氏小脚上，超品牌和神话之间薄如一层窗户纸的界线被捅破了。没有任何证据表明顾二娘曾经缠过足，但是在袁枚所在的 18 世纪晚期，女性缠足无疑带有情色意味。[52]

制造神话是一个超品牌现象的固有本能。随着顾二娘和她的作品在人们想象中传播，后者也不断将个人欲望和幻想注入品牌中，借此将之据为己有。小脚顾二娘的形象一旦传播开来，对藏家和文士具有难以抵挡的吸引力。[53] 每次转述改写着语境，增添费解的谬误，点缀以新细节，令其形象贴近时代，以此提升可信度。譬如，晚清苏州画家徐康（1814—？）在《前尘梦影录》中除散记个人收藏活动外，也收录各式逸闻、可考文献以及徐氏和其他人的注解，连同古今诸评论，文字蔚为大观。

徐氏记叙太平天国运动（1851—1864）前，自己曾获三枚镌黄任铭的砚台，很可能在战乱中散失。劫后恢复和平，他再得到第四枚云月砚，背面画赤壁图，附乾隆朝官员傅王露的题跋，左侧篆书"吴门顾二娘制"。该砚被其友人潘椒坡携往楚北的武穴，因遇到火灾而剩下半截。虽然人名地名俱如实点出，但再追究下去是肯定不会有结果的。徐氏接着讲述黄氏任广东四会知县，引用他赠顾氏的诗（改为黄氏友人刘慈），并引袁枚《随园诗话》为资料来

注。《随园诗话》辑录 1750—1790 年作品，1790 年刊刻；《随园诗话补遗》则收录 1791 年至袁氏在 1797 年去世前的诗作，嘉庆年间（1796—1820）刊刻。袁枚友人何春巢何时购得此砚，已无从稽考。

51　袁枚：《随园诗话》，第 642 页。

52　情况并非总是如此。我曾指出过高跟鞋在大约 16 世纪发明之前，缠足是士绅阶层的标志，并无情色意味，见 Dorothy Ko, *Cinderella's Sisters: A Revisionist History of Footbinding* (Berkeley: University of California Press, 2005), pp. 190-195。也指出过清初官方禁止缠足未成功，反使它成为汉文化象征，可能部分导致了缠足向帝国周边地区和下层人民传播，见 Dorothy Ko, "The Body as Attire: The Shifting Meanings of Footbinding in Seventeenth-Century China," pp. 8-27。

53　譬如，"巧艺"中涉及顾氏的条目，见易宗夔（1875 年生）：《新世说》（台北：明文书局，1985），第 562 页。以脚尖试石头的传说完全照搬袁枚。易氏的资料出处主要来自朱象贤（没有明示）和袁枚（提起名字）。当代史学家黄云鹏将顾氏小脚逸闻附在其文末，见氏著：《吴门琢砚名家顾二娘》，《苏州文史资料选辑》第 28 期（2003），第 101—103 页。相反，身为鉴赏家兼教授的邓之诚，在条目"顾二娘制砚"中未记录这条逸事，见《骨董琐记全编》（北京：北京出版社，1996），第 561—562 页。

源。他再提到浙江的陈星门也有一首献顾氏的诗，见于其诗集（确实如此，但名字不是"星门"，而是"星斋"或"性门"）。

最后，徐氏称黄任诗集的注解中有一则关于顾二娘的传闻："能以纤足踹机轴之绳，即知石之美恶。古人有郗之技，同于庖丁解牛，真神乎其技矣。"[54] 即便读者翻遍厚达 1700 页的黄任《香草斋诗集》，也不会找到这条注的，因为其出处应是袁枚的《随园诗话》。一则材料在不同时代和文体间流传，编织出荒诞不经的故事，并以袁枚的个人地位做背书。机轴之绳的细节应是徐氏夸大附会之辞，但都不及袁枚原话流传得广。[55]

鉴别未剖砚石的内在品质，乃是石工重视的"看穿石"技艺；乾隆朝以降，神话的制造者以赞扬技艺高超为名义，将大众目光从顾氏的手转移到她的脚。在顾氏有生之年，虽然她的赞助人肯定认识到其女性身份在一个男性职业中的独特性，诗中的措辞也没回避其女性气质，但是他们的赞词巧妙结合了男性和女性的双重意象。延请顾氏制砚的士人和藏砚家，视她为一名出色的手工艺人，而不是男性猎奇的对象。顾二娘在公共想象中的情色化，无异于一名手工艺人的去技能化，工作性的身体变成具观赏性的花瓶。

女性在父系家谱上的缺席

若顾二娘的情色化是发生在她去世后，那么在她生前，围绕顾家治砚谱系引发的激烈争议，同样体现了清初社会普遍存在的性别偏见。争议的始作俑者是敕制《江南通志》（1731—1736 年编纂，1737 年刊刻）的监修者。社会史学者重视中国的地方志，视之为可靠史料，这部乾隆《江南通志》权威性甚

54　徐康：《前尘梦影录》，载黄宾虹、邓实编：《美术丛书》第 1 册，第 103 页。这部著作序分别是 1885、1888 年。"郗之技""庖丁解牛"两个典故都引自《庄子》，前者源自"知北游"（XXII. 43—52），后者源自"养生主"（III. 2—12）。

55　徐氏的附会之辞被当代周南泉引用，却被后者误以为出自黄任《香草斋诗集》，见周南泉：《清初女琢砚高手：顾二娘及其制端石方池砚》，第 20 页，另见第 17 页。

大。在体例和覆盖面上，乾隆本在康熙二十二年（1683）旧版的基础上有所增补，后者编修于清朝开国之初，当时资料尚未完备。

新增的"艺术"部分列有苏州府的画家、医师、占星家和制琴家，顾二娘在当中仅一笔带过："顾圣之，字德邻（麟），吴县人。父顾道人，工于制砚，人称之为'小道人'，所制砚皆仿古式，朴雅可玩。子死，媳独擅其艺者二十余年。"[56] 最后一句提到二娘对顾家的贡献，但事实上，她仅以子媳身份出现，未提及个人才艺。史料中凭空出现顾德麟之父，暴露出背后重男轻女的逻辑。

记性好的读者会发现这个顾家作坊的传承谱系，看似与第三章介绍的非常接近，一处关键细节却截然不同。命顾德麟制砚的苏州士人黄中坚，没有提过德麟有个父亲也在治砚。与顾二娘同时代的苏州人朱象贤只提到顾家三代人，她位列第二代，也未提过德麟之父。实际上，朱氏更言"道人"是德麟自号，不是他父亲的。德麟有"父顾道人"一说，最早见于《古今图书集成》（1701—1706 年初编，1726 年增补）。[57] 不管原因为何，顾氏家谱的这个改变大大削弱了二娘在顾家治砚传统中的地位，使她仅作为一个无名子媳被编入谱系。监修者似乎暗示着只有子承父业才是正统。[58] 这个逻辑植根于主导私修家谱和土地继承权的父系与父权制原则。按照这个逻辑，女性是被排除在娘家家谱之外的，而身为人妇的她，唯有生育子嗣来获得夫家承认。由于官修地方志的权威性，这个版本的顾家谱系被奉为圭臬并流传至今。[59]

148

56　黄之隽、赵弘恩编纂：乾隆《江南通志》（扬州：广陵书社，2010），卷 170，第 11b—12a/2802 页。康熙版本没有涉及手工艺人部分。

57　康熙的《古今图书集成》工程是由福州士人陈梦雷（1650—约 1714）主持编纂。"考工"部分，按照《考工记》形式，重新整理了一系列技术性文献，2003 年收入《中国历代考工典》再版。后者收录的顾家条目，前半部分与乾隆《江南通志》一致："顾圣之，字德邻，吴县人。父顾道人，工于制砚，人称圣之为小道人，所制砚皆仿古式，朴雅可玩。"但后半部分内容，并未提及儿媳，而是继续讲述德麟的手艺："尝谓人曰：'刀法于整齐处，易工，于不整齐处，理难明也。'亦好吟诗，有诗稿藏于家。"（卷 8，第 82 页）后一种陈述，塑造出他的士人志向。1883 年《苏州府志》结合乾隆《江南通志》条目与《古今图书集成》，忽略了顾德麟作诗的信息。

58　《古今图书集成》完全没提到顾二娘。《江南通志》将她纳入官方叙事中，只提到她是德麟"儿媳"。

59　南开大学的历史学家常建华在他的"顾二娘"条目内容中没有采用这个家谱的资料。吴笠谷兄则是第一位公开质疑其合理性的人，见《名砚辨》，第 267—268 页。

面对顾二娘的艺术被忽视的不公，朱象贤及部分顾氏主顾提供了另一种叙事。特别是林佶在其中所做出的巨大贡献，实不容置疑。他在献顾氏诗的并序（本章开首）中说："吴门顾氏以斲砚名且三世矣。大家上承其舅，下教其子，所制尤古雅浑成，因赠以诗。"[60]生性一丝不苟的林佶，每句都在强调二娘在顾家制砚家业中的应有位置，用意相当明显。他未提及德麟的父亲，更在"三世"后直截了当用了"矣"字。

为避免顾氏被湮没，林氏最刻意的修辞策略是套用"上承"和"下教"的结构。这种表述方式将对方纳入代际血统，是编修家谱的标准用辞。指涉对象无疑全是男性家长，即父或子。林氏用这套表述明确地将顾二娘放在父系传承谱系之中心——她既从前人那里继承手艺，又在未来传给下一代。确立顾二娘的传承谱系的位置之同时，林佶提出第二种更直接的评价标准：她的手艺是三代中最有造诣的。

149　　没有确凿证据能解释德麟之名及其神秘父亲的职业。但我认为黄、林皆是二娘的赞助人，而朱氏又是与顾氏同时代的苏州人，当比《江南通志》的编修者更为可信。最后，林佶的辩护性口吻和刻意的修辞策略已十分直白了。透过这些士人，我已意识到顾二娘看似无伤大雅的艺业，受到主顾如此敬重，在部分时人眼中却被视为对父系家族的一种冒犯。

顾二娘与清初制砚之革新

传为顾二娘所制作的各式砚样的传播，以及砚样新品不断涌现，作伪者显然是幕后主导，而不管其技术高超抑或拙劣。铭文格套反复出现在赝品上，作伪图利是主要动机，不过，我们通过砚样愈衍愈多会发现另一种逻辑的运作——实验性。"顾二娘"款识与提升砚台写实性和立体效果的跨媒材创新息息相关。其他手工艺人透过流传的顾氏或男性同业制作的砚台来学习这些技

60　林佶:《朴学斋诗稿》，卷9，第103页。

法。一旦看到施于印钮的镂空螭龙被转移到砚池，或是过墙手法被应用在竹节样或凤砚样，他们就会挑战自我并更进一步，譬如，开创出以石为菌的新样。

在江南、闽中和华南的手工艺人和士人身上见证如此卓越的创造力，我们或能较全面地去评价清初的技术官僚文化，至少是在制砚及相关工艺领域。清初帝王重视手工艺和科学，以造办处的运作为其缩影，建立起一个帝国框架，令技艺、匠役和物品得以在朝野之间流通。本书第一章揭示了由精力无穷的皇帝及其孜孜不倦的包衣们由上至下掌控的物质帝国体系，其实包含着多重价值，有更多石工、匠人、文人等在大小城乡参与其中，各擅胜场。

晚明的商业繁荣引发的创造力，并未随改朝换代和清代高压统治而消失。清帝国最有造诣的匠人技艺，以及利于人员流通的社会网络，于 17 世纪末在京师和江南再次出现。刘源作为内廷设计师的丰富职涯，折射出朝野之间新型的协同合作的潜能。虽然刘氏的才赋在造办处才有所展现，但其技艺得益于早年在南方作坊的经历，尤其是受到了苏州雕刻、雕版和绘画的影响。

顾二娘的生平和工作，与手工艺行业在 1700—1720 年间的成熟期重合：更多读书人入行，更多士人将精力投入工艺，而南方作坊的职业化和分工程度更日渐提高。设计和技法的跨媒材实验，以及作坊和工匠个体之间的竞争，都是这种发展的兆头。从内廷发明多彩的松花石砚盒组合，到南方作坊中上演的绘画和三维效果的跨媒材实验，这数十年是中国治砚最具革新性的时代之一。 150

顾氏随后转变为一个超品牌的奇特现象，证明了追求新制艺术品的收藏市场在乾隆朝迈向成熟，这是始自晚明发展的又一高峰。在下一章中，我们会继续追踪福州的藏家圈子，探索他们视书写为物质工艺的方式以及藏砚家生涯，尤其关注推动清初砚坛的市场经济。借由一窥市场的动力因素，去进一步了解制砚作为专家领域和新制砚台作为收藏品这两大时代趋势。

"顾二娘"广泛涵盖一系列技法、风格和砚样，似无法妨碍盛清（及今天）藏砚家们的热情，事实上，这多元性也正被看作是她超品牌的标志。当市场无止境地追逐新奇，很少人会记住顾氏的苏州和福州主顾。这一小拨人认识顾氏，亲自延请她本人定制，青睐素雅古朴的砚台，这在清代中晚期和今天的市场恐怕会显得朴素且相当无趣。顾氏身边那些士人和藏家为砚倾注自己的热爱和关怀之心，视之为艺术品，认为其首要角色是磨墨工具。

图 5.1

光禄巷北望景色。左侧逐渐离远的白粉墙显示的是早题巷西面的房子，到尽头转角处就是黄任的宅邸，即图中的起重机所遮掩的巷尾位置。右侧的灰色高墙，就是林佶祖宅的外墙。作者于福州三坊七巷景区摄，2012 年 12 月。

第五章　福州：藏砚家

雍正九年（1731），来自帝国腹地杭州的陈兆仑（1700—1771），身为新科
进士，抵达东南沿海的福州城首次履职。[1]这位青年士子在那儿的修志局结识了
一群志同道合的同僚，包括闽中才俊谢古梅。结束了一天工作后，他们常常会论
诗赌酒，往往至夜分未已。一天夜里，陈氏无意间发现修志局壁上有一首越王台
诗，书法疏秀。他以为此诗必是古人所作，哀叹不得亲见其人以表敬意。当得知
此诗作者不仅在世，且祖籍永福，家距离此地不远时，他的惊喜之情可想而知。

　　度过那个不眠之夜后，陈氏难抑兴奋之情。鸡鸣三声他便披衣起身，步
行前往光禄坊拜访对方。地处城西南的光禄坊，取名自宋代官员程师孟为早
已不存的法禅寺所吟的诗句，自 10 世纪起一直是名士望族聚居之地。明清
时期，光禄坊成排的府邸引人注目，不少保留至今。[2]一条不足二米宽的短
巷通向的宅院，正是诗人黄任（1683—1768）的住处，谢古梅自小便与之
相交。年届五十岁的黄氏刚洗完晨浴，便革履而出迎接这位不速之客（那么
早拜访甚至有些鲁莽）。逾三十年后，陈氏仍能清楚回想起黄任当时的形象，
如一位戏子登台亮相："则见其须眉如戟，瞳子如点漆，面白皙，口若悬河。"[3]

1　陈兆仑：《紫竹山房诗文集》，《年谱》，第 10a 页。陈氏于农历十月自杭州出发，经更快捷但险峻
的仙霞山道，雍正八年农历十二月（1730—1731）抵达福建。黄任直至 1731 年秋才从广东返回福州，
所以两人相见应是该年秋季或冬季。

2　那个街区叫"三坊七巷"，现是旅游景点。这个名字在清初还没出现，迟至嘉庆、道光年间才使
用，见福州市地方编纂委员会编：《三坊七巷志》（福州：海潮摄影艺术出版社，2009），第 35 页。关
于光禄坊的有两个传说并不一致（同上书，第 5、44—45 页）。黄氏的家位于光禄坊西北侧的早题巷。
我于 2011 年 11 月和 2012 年 12 月两度访问过那一带，当时黄任故居正在整修，幸运地得以观察年代
久远的脊梁斗拱和其他木构件原貌；我打算另辟专文分析黄氏十砚斋的所在位置。

3　黄任：《香草斋诗注》，陈兆仑序，第 4b 页。

图 5.2

黄任像。取自叶衍兰、叶恭绰:《清代学者象传》,无页码。

寥寥数语之间，陈氏不仅捕捉到黄氏的面容，还有他奔放而矍铄的神态——他乃闽中最具传奇性的砚痴，晚号"十砚老人／十砚叟"，人称黄十砚（图5.2）。

两人自此结交，虽伴随年龄地位差别，但对诗艺的共同热爱维系着此段友谊。年青的陈氏诗艺稍显青涩，因有着更高功名，官衔随个人宦迹而攀升。黄氏最高只考取了举人，任官四会县令，因被人恶意诽谤，于雍正五年（1727）被劾罢官，四年后（1731）返乡，政治生涯就此画上休止符。基于上述理由，又或江南出身的陈氏在暗地里瞧不起福建，他不称黄任为"师"，即便他承认"每颂其诗，觉胸中辄有长进"。二十余年后，他承认闽中友人的影响难以磨灭："余书因谢（古梅）以变，而余诗因黄（任）以力。"[4]

陈氏并没有提到自己在品鉴砚台方面同样受到获益良多的指导。他在酒会、赛诗、观帖的场合，结识到当地琢砚兼篆刻家董沧门、有砚癖的刻字家林涪云以及黄谢的其他友人。身为藏砚界的局外人，陈氏恐怕未意识到置身以光禄坊为中心、全国最有学识和创见的藏砚家圈子之一，是多么幸运的一件事。我们已经认识该团体的核心成员：林佶、余甸、黄任，他们都是顾二娘的赞助人和老主顾。本章会关注砚台在他们男性身份和社交联谊中的核心地位，收藏、学术与宦海生涯之间的关联，以及砚藏在商品市场的成形和散佚等问题。

寓居福州三年后，陈兆仑在雍正十二年（1734）离开福建，调任京师。当年七月，所有临别活动已结束，陈氏即将北行之际，林涪云赶来向他出示刚编撰的砚铭拓本册，即未来《砚史》的雏形，邀请他为之题跋。陈觉得难以推脱，临行前仓促赶出一首贺诗，答应会在路上回寄与黄任和余甸和韵的组诗十八首。当陈横过险峻的仙霞岭，他行囊中的砚石及闽中诸友临赠的砚台，被窃贼尽数偷去，很可能因其重量，被误以为是贵重的金银财宝，诗稿则原封不动。[5]作为文士行囊必备之物，体积小而便于携带的砚台是名副其实的可移动物品。

第155页（旁注：155）

4　黄任：《香草斋诗注》，陈兆仑序，第4b页。陈氏长期供职翰林院（翰林检讨，从七品；侍读学士，从四品）后，迁顺天府府尹等职，最后以太仆寺卿（从三品）退职。

5　《砚史》，首图本，卷8，第41b页，陈氏提到其中一方砚背刻"后奎章阁图书"，是林涪云的族兄林兴井所赠之物。奎章阁是元代宫廷贮藏善本书籍、艺术珍玩的宫殿。陈氏贺诗的早期版本见《砚史》，首图本，卷9，第9a—b页。作于农历十一月，见陈兆仑：《紫竹山房诗文集》，第11b页。

陈兆仑尚未抵达京师，已收到林涪云来信，催促他履行题和诗的承诺。除了陈氏外，林和他的兄弟四下延请亲戚、邻居、熟人乃至生人为砚铭稿册题跋。带着破釜沉舟的热忱，林氏兄弟发动他们所有的社交网络，只为书稿能够多得名人题跋，成功面世，这与《砚史》书内营造出的赏砚闲适形象和浪漫怀古情怀相去甚远。林氏显然是将家族过去与未来的声望，寄托在此次砚铭册的成功编撰之上。为什么如此大的希望会寄托于片纸间零散文字，又或是镌在巴掌大的砚台背侧的铭文呢？

福州藏砚圈与《砚史》

福州砚痴的圈子兴盛于 18 世纪上半叶（约康熙四十年至乾隆五年前后），
156 涵盖了三个梯次：核心成员大多出身闽中世家，自小便是邻居，受学于同一拨长老，互带同族或姻亲关系，共享相同的教育背景和文化资源（见附录 3　福州赏砚圈成员）。《砚史》主要内容是他们为对方的藏砚所撰的砚铭。第二梯次由核心成员的亲戚和友人组成。他们大多是福州当地人，亦有少数是赴福州履任的官员，譬如陈兆仑。他们认识部分核心成员，但相互间未必认识。除为《砚史》撰文外，他们与核心成员偶尔在文章和砚材上有交易活动。最外层的边缘人士，主要是与核心成员（特别是林家兄弟）交善的高官、考官、艺术家等。许多人除为书稿写过题跋之外，与其他两个梯次的人士并无接触。

这个藏砚圈的社会史，折射出《砚史》自身的结构和版本史（见附录 4　林涪云编辑《砚史》的版本史）。如林涪云的长兄正青所言，本地藏砚圈和《砚史》的源流，皆可追溯到 17 世纪晚期（约康熙二十年至四十年）其父亲林佶的书斋内。当时二十岁出头的林佶是个有抱负的书生，醉心于手摹或拓片复制青铜器和碑刻的古铭文。他的长子身为助手，年幼尚不能执笔，已开始帮忙刷洗砚台（由此开启正青的终生喜好）。常过来帮忙的除了年龄相仿的友人余甸，还有比林佶年长近二十岁的邻居许遇（约 1650—1719）。[6] 书画家许氏是一户从明

6　我们知道许遇卒于 1719 年农历八月十三日，是由于游绍安从北京返回福建途中记录了此信息

图 5.3
华嵒（1682—1756），《春夜宴桃李园图》局部，1748 年。花朵盛放的树枝及点燃的灯笼底下，四位身着士人冠帽的朋友及两名束发的少年学生（坐在右下角），在夜晚鉴赏古物。已准备一枚砚和一支毛笔，记录砚铭及赋诗。绢本墨笔及设色，180×95.5 厘米。天津博物馆藏。

代起便住在光禄坊的书香世家的后裔。三人结下了"石交"。若获得佳砚一方，他们会撰铭，为它们镌字。[7] 将古碑和新砚这两种用于书写的石材等量齐观，既不同寻常又意义非凡，而将书写的重点放在物质性表达活动——蘸墨、手刻铭文——也同样如此。对正青而言，砚和相关技艺是他家传宝的一部分。

（《涵有堂诗文集》，第 364 页）。许氏的出生年，可由他去世年届七十岁倒推出来。他的父亲许友（1615—1663）则是书法家。至于镌有许遇、林涴云铭文的心经砚，见吴笠谷：《万相一泓：吴笠谷制砚、藏砚及书画艺术》，第 137—138 页。

7　林正青：《砚史小引》，载《砚史》，首图本，第 1a 页。

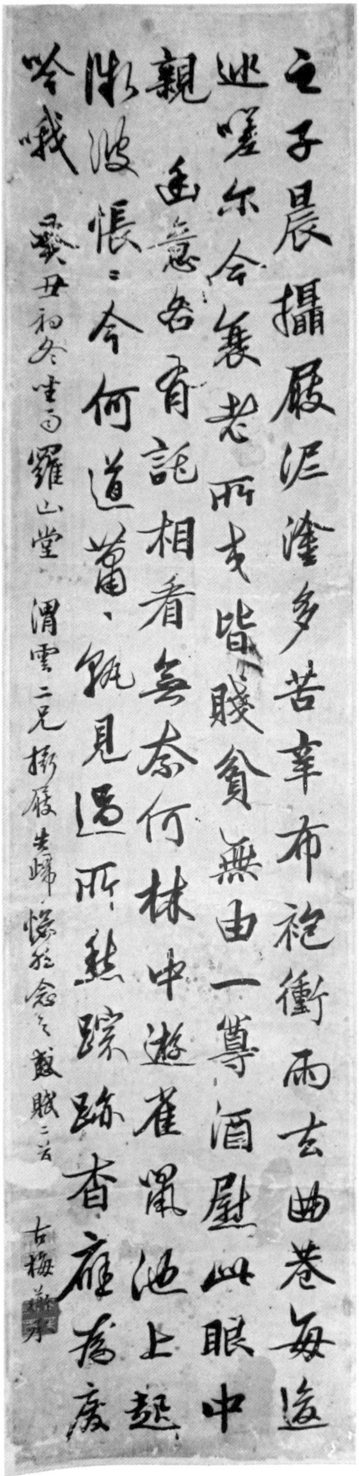

图 5.4
谢古梅（道承），赠予儿时好友林侗的儿子林渭云的书法立轴，1733 年。福州黄以注藏。

砚台和技艺也在共享，福州鉴赏家团体的第二代成长即浸淫于这种石交中。许遇的儿子许均和挚友黄任（许遇妹妹的儿子，也是许家的近邻，在许宅的书斋紫藤花庵长大）一起接受科举教育，并跟林佶学书法。当林佶离家为仕途奔波时，年轻一辈就聚集在其父亲林逊（1618—1709，1654年举人）位于福州城郊的别墅荔水庄。置身于山水园林和湖泊之间，许、黄与林家兄弟及其表兄弟陈德泉、谢古梅一起读书聚会，而他们的家都在光禄坊。他们的老师是林佶的哥哥林佸（？—1716），在碑铭研究上颇有造诣。父亲林逊到陕西三原出任知县时，林佸曾陪同前往，在遍布古迹的秦地搜集到一批石碑拓本，尤其是唐太宗昭陵的碑刻，后来更花了一生精力钻研它们。[8] 在荔水庄读书和把酒畅谈的共同记忆，成为这群人日后各自人生遇到事业坎坷时，能从中获得慰藉的"桃花源"。四十年后回首往事，同窗游绍安用"总角石交"一词凸显出砚和碑对他们学术和感情积淀的长远影响。[9]

这个团体随着各自离开福州赴考而解散，但在1710—1720年间，出于考试或履职等原因，有几次在北京重聚，"烹茗、谈艺、饮酒、赋诗"。他们陶醉于赛诗比文，"击钵，分题，更喝迓"。黄任回想起来，当时尤喜许均、谢古梅和周绍龙等人做伴，"宛似荔水庄故事之一时佳话也"。[10] 在北京，林佶的住所位于宣南区的梁家园，那里聚居着许多汉族文人，实为理想的聚会地点。[11] 从那里步行前往慈仁寺相当方便，每月农历初一、十五和三十日举行集

157

158

8 林涪云：《后序》，载《砚史》，首图本，卷10，第13a页。涪云描述这些碑拓是其父亲林佶所藏，但实为林佸个人收集、研究之用。林逊的生平，见《砚史》，长林山庄本，卷4，第1a—b页。1660—1665年，他担任三原知县［*Eminent Chinese of the Ch'ing period (1644-1912)*, p. 506］。许均后娶林佸女廖淑筹为妻。

9 "总角"指8至14岁的男童。"总角石交"一词见于游绍安在1748年写给其福州挚友们且冀望和韵的诗中（《涵有堂诗文集》，第340页）。游氏在《砚史》中也用了"金石交"一词（《砚史》，首图本，《小传》，第5b页）。林正青另与当地的鳌峰书院二人结成石交（《砚史》，长林山庄本，卷1，第4a页）。

10 谢古梅：《小兰陔诗集》（乾隆三十八年刻本），"黄任序"，第1a—b页。这些诗作散见于他们的诗文集。

11 林佶在康熙四十六至四十九年（1707—1710）供职京师，还乡葬母后，1712至1722/23年在京

市时，他们竞相去淘宝搜砚，以便书铭。[12] 他们的砚铭随着藏砚丰富而增加，但大多无暇补镌。除黄任和第二代的林家兄弟外，核心成员都成功考取了进士，即便仕途多乏善可陈，但仍算是了不起的成绩（见附录3）。

这个圈子的下一篇章，自1720年代末在福州展开。随着林佶去世和长子正青远游，担子落在林佶的第三子涪云及罢官的余甸身上；黄任1731年回乡后，也加入其中。随着仕宦理想的破灭，他们待在闽中，醉心品鉴砚台。他们观摩对方的收藏、书铭，而林后来也为不少砚补镌。林涪云标榜道："自是风气相尚，以案头无片石为雅俗，且不得京兆（余甸）之铭，不为宝贵。"他接着说："余乃集诸家之砚，拓其铭词，集为《砚史》。"[13] 涪云为此格外投入，于雍正十一年（1733）完成初稿。

涪云虽无明确透露，《砚史》的编撰应有两方面动机：一是增加林家的文化资本，二是将福州藏砚圈的名望推向全国，尤其是京师和文化中心江南。不仅发动了圈中第二梯次的旧友们，第三梯次的许多边缘人士也随着书稿传播而被卷入其中。乾隆十一年（1746），林涪云辑成《砚史》定本，六年后去世。他的儿子们延续这项工程，致力于书铭、镌字和扩大网络，但这段书写砚台的传奇已成往事。此书并没有如林涪云期望的那样，为其子科举带来捷报。下一代中除黄任的侄子考得进士，其他人均未获取功名。[14]

师任官。他于康熙五十一年（1712）搬入梁家园的馨露轩。由于汉族士人不允许住在内城，他们多聚居在宣南。关于北京宣南在清代形成的思想和艺术文化，见岳升阳、黄宗汉、魏泉：《宣南：清代京师士人聚居区研究》（北京：北京燕山出版社，2012）。

12   关于慈仁寺（俗称报国寺）的庙会和古董店，见岳升阳、黄宗汉、魏泉：《宣南：清代京师士人聚居区研究》，第37、71、76、202页；Susan Naquin（韩书瑞），*Peking: Temples and City Life, 1400-1900* (Berkeley: University of California Press, 2001), pp. 425, 630-631；纳兰常安：《宦游笔记》，卷2，第29a—30b页。

13   林涪云：《后序》，载《砚史》，首图本，卷10，第14a—b页。京兆本是顺天府丞的别称，是余甸最高官职。

14   黄惠（1754年进士）是黄任弟弟的儿子。黄任的儿子黄度19岁去世后，由他抚养黄惠长大成人。黄惠的文集，收入黄任等撰，陈名实、黄曦点校：《黄任集（外四种）》（北京：方志出版社，2011），第398—454页。

当闽中藏砚圈在 1733 年决定用文字来纪念他们的"总角石交"之际，三位关键成员已先后离世（林佶约 1725 年，许均 1730 年，余甸 1733 年），许多砚铭还没刻，只是纸上的潦草文字，而且他们最好的部分藏品已佚失或出售。值得注意的是，《砚史》所描述的人情，本质上是怀旧性的，它纪念的是一个已经凋零的群体，核心成员一起读书成长，壮年后在宦海奔波，难得聚首，如许均更是骤死异乡。《砚史》所记录的物品，其珍贵之处，正是在于它们只能在纸上同时存在。以铭代砚，完整记录了各人一生的主要砚藏，仿佛全部都整齐排列在博古架上，可以永远品鉴赏玩。《砚史》文字所苦心经营的，是一种虚拟实境，书中的人与物，都不可能同时出现于"现在"。这"残像"性质是理解此书的体例和情感内容之关键。

林涪云编辑的定本依据书铭作者，而非砚台藏家来安排章节，影响深远。这意味着，若黄任和林佶为余甸的某一藏砚各作一铭的话，两首作品会各收入黄、林名下。如果余没有为自己的砚台写过砚铭，那么有关他的章节就不会收录这枚砚。另外，黄氏为其他友人的藏砚所撰的砚铭，也会收在他的章节内。这个编辑决策令整理每个作者的藏品目录增添不少难度。[15] 如此一来，《砚史》定本与其说是砚台之集录，毋宁说是一本砚铭的合集。不同章节集合在一起，记录这个闽中圈子在相互陪伴下，长期购买、目鉴和研究过的砚台。在此意义上，它就像是当地藏砚的文本化"分身"，以人际交往构筑的集体性"收藏"为前提，虚拟化且被共享。与此同时，每一章不同的评判体系中，藏家对私藏名品如数家珍，包括已散失的砚及朋友手中亲见和为之撰铭者。在一个物品频繁易主的经济中，砚铭替代了砚台实物。唯有透过纸上文字才能"重构"其原始收藏。

闽中圈内的藏砚家形象在《砚史》中跃然纸上，角色充满个性和癖好，而他们由持续数代的地缘、家庭、姻亲和师生关系构成，终生维系的"石交"也如此鲜活。不无讽刺的是，在一本以砚为主旨的书中，砚台本身似被遗忘和去物质化，无足够分量去承载砚主曾经对它们倾注的一腔深情——他们对砚石

160

---

15 《砚史》早期版本（首图本）并未完全遵循这个原则，砚铭有时随其作者，有时随所赋的砚。

的热爱以及砚友彼此间的情谊。

藏砚在宋代的起源

如同收藏其他物品，收藏砚台受到许多社会和制度性因素的制约。在清初，·造办处运作、宫廷进贡−赏赐文化、肇庆新端坑之开坑、手工艺人技艺之提升，以及由此引发的新设计和技法流通，都推动着石砚供应在质和量都超迈前代。福州藏砚家的故事也展现出需求一端的推动力。他们的个人收藏欲和品味，是在一个强调专业知识的竞争市场（不论是艺术品还是男性士人）环境中产生的。事实上，如下文所示，正是由于清初重视工艺技能，才使得砚台的地位、样式，以及鉴赏知识本质上与明代存在区别。

见识广博的藏家群体、具有评估机制的市场、相互转述的鉴赏文献、活跃的物质生产，上述推动砚台成为艺术收藏品的因素在 10—11 世纪已出现。书法与绘画被视为艺术家表达个性的载体，二者在六朝时期（220—589）的公元四世纪成为首类艺术收藏品，但其他器物成为值得收藏的艺品，为时较晚。[16] 汉代以来，砚台便用于研墨并受珍视，对砚色和包浆之讴歌散见于唐诗。[17] 不过，直至以米芾《砚史》为首的专业鉴赏文本在北宋问世，砚台才真正成为一种收藏门类。以实践经验为本，覆盖全国的知识面，并且采用笔记形式，确实令米芾的《砚史》成为适合入门级藏家的指南手册。米芾的功能性话语，换言之，即是将砚的功用价值始终放在首位，体现他不仅尝试捍卫新兴士人群体的边界，更试图在当时充斥多重准则和零散交易行为的雏形市场中，建立一个标准的价值体系。

16　Lothar Ledderose, *Mi Fu and the Classical Tradition of Chinese Calligraphy*, pp. 30, 39-44.

17　讴歌端砚的晚唐诗作，包括鬼才李贺（790—816）的《杨生青花紫石砚歌》（刘演良：《端砚的鉴别和欣赏》，第 3 页）。

图 5.5

杜大绶（活跃于 17 世纪），《品研图》局部。嗜砚如痴的好尚自北宋出现，在清初达至新的高峰。细长指甲、宽垂衣袖及冠式显示画中人职业与体力活或军事无关。两位士人脸上喜形于色，既是独自享受，又是精英男性群体内共享的身份表征。画作整体描绘两位鉴赏家在一座园林内；画心左侧则完整抄写 12 世纪《端溪砚谱》内容。画芯绘画及题跋部分，195.9×27.5 厘米。普林斯顿大学 1951 年校友约翰·B. 艾略特遗赠，普林斯顿大学美术馆藏。

　　当"藏砚家"的文化形象在北宋开始成型时，米芾算是其中的突出代表。要成为大藏家一般都要有癖，而这位我行我素的艺术家留下了大量奇闻逸事，可供后人传颂、膜拜。传闻宋徽宗曾传召米芾在御前赋诗，书写于一屏风上。展现了大师级表演后，他抢过皇上的御砚，不顾上余残墨，抱在衣间。米芾认为此砚经他濡染，已不再适合御用，希望皇帝能赐给他。徽宗最后答应了。在另一则记闻中，一个友人将这个把戏反施于米芾身上，在米氏新获的宝砚中和以唾沫来研墨，强迫对方将那枚砚送给自己。[18]

　　爱砚者的讨要把戏推到极端，便演变成贪官无止境的索求贿赂以及对名砚的巧取豪夺。与此相反的是，自律的官员连百姓相赠的一枚砚都不会收，如北宋以清廉著称的包青天包拯（999—1062）。[19]这些故事清楚表明，砚不再只是书房用具那么简单了；一方上佳砚台的价格远大于其砚材和书写价值。例如，米芾曾通过两位有权势朋友的搭桥牵线，用南唐后主李煜（961—975在位）旧藏的一座大砚山，换取位于江苏丹阳北固山的一片土地，在那里筑书斋。[20]

　　一个成熟的艺品市场需要长时间去孕育，而在藏砚市场的早期阶段，评判准则和参考价格尚未成型，一方砚石的等价更多取决于个人收藏欲和个别交易行为。杰拉德·瑞特林格（Gerald Reitlinger）在研究1750年以降的欧洲绘

18　两个故事尽管寓意各有不同，但皆暗示米芾有洁癖。它们最早见于周晖（1126年生）：《清波杂志》，卷11、卷5，引自《端砚大观》，第131页；另参见余怀：《砚林》，卷42，第4a页。其中一个版本指出为该砚引起争执的米芾友人就是苏轼（余怀：《砚林》，卷42，第4a—b页）。关于米芾收藏砚台的故事众多，关于他珍藏的紫金砚和砚山，见Peter Charles Sturman, *Mi Fu: Style and the Art of Calligraphy in the Northern Song China*, pp. 194-197, 223。

19　同类变体有仅携一方砚台的赵卞（1008—1084），见余怀：《砚林》，卷42，第13b页。虽然砚台与官员腐败的故事都以宋代为背景，但降至明朝才开始流传，宋代文献未见记载。关于贪官杜万石及包拯等三位清官的事迹，见屈大均：《广东新语》（香港：中华书局，1974），卷5，第192页。据肇庆流行至今的一则传说，包拯将百姓赠别的端砚投入江中。后来那个地方堆起一个沙洲，名叫"砚洲"，当地人在洲上建了一座包公祠来纪念他。见谭沃森：《趣谈端砚》（天津：百花文艺出版社，2007），第37—39页；刘演良：《端溪名砚》（广州：广东人民出版社，1979），第20—21页；陈羽：《端砚民俗考》，第199—200页。另一贪官故事则以当地叫凤公的石工为主角，见陈羽：《端砚民俗考》，第195—198页。

20　Peter Charles Sturman, *Mi Fu: Style and the Art of Calligraphy in the Northern Song China*, p. 223.

画和工艺品价格的两部著作中，指出价格是由天才和工艺这两个概念截然不同的市场所决定的。所谓"工艺"值，指的是"一件工艺品在某时间内肯定有可计算的基础成本，受时间和材质的综合影响，而天才之作则永不会被如此看待"。在工艺或技艺型市场中，一件器物的价值是用它的等价物，换句话说，就是原料支出加上手工艺人制作所花的时间和技艺来衡量的。[21] 基于研墨文具的功用性，砚台在成为一门收藏类别之初就横跨这两种概念性市场。诚如米芾所归纳，砚台有一定的"工艺"值，它的石质和琢工都会对书写产生影响。同时，被名作家、书家、画家使用或题跋过的砚台，自然赋有"天才"值，在天才型市场换得天价。[22]

天才型市场在 11 世纪显然已经开始运作。文人何薳（1077—1145）在《春渚纪闻》中记录与苏轼等北宋名家有关的砚台，数十年后到了他这一辈，已经积淀了一定的"天才"值。何氏祖籍浦江（今属福建），比米芾小二十六岁，记述了身边一批嗜砚成癖的文人，当中包括他的父亲、兄弟和友人。他的父亲何去非作为士人，是苏轼的"党羽"。何的一位友人似乎认识米芾本人。[23] 活跃于

21　Gerald Reitlinger, *The Economics of Taste: The Rise and Fall of Picture Prices, 1760-1960*; *The Economics of Taste: The Rise and Fall of the Object d'Art Market Since 1750* (New York: Holt, Rinehart and Winston, 1963); 引文采自 *The Economics of Taste: The Rise and Fall of the Object d'Art Market Since 1750*, p. 2。在欧美直至 1860—1890 年间，巴黎的艺术工作室兴起以及随后印象派画家兴起，天才和手工艺主导的两个市场才被逐渐拉开。在 18 世纪，比起古代大师画作，消费者更愿意花高价买时尚的橱具。这两个市场的概念能使我们摒弃"美术"（fine art）和"实用艺术"（applied arts）二分法。尽管古罗马时期已产生概念差异，二者是根据市场价格而晚近出现的现象。中国的历史模式很不同，此概念仍具参考作用。

22　由于此点，我避免使用鲍德里亚（Badrillard）的"功用物品"（functional object）与"审美物品"（aesthetic object）二分法。砚台一开始就兼具此两种属性。米芾论功用的话语是他将品砚加以美学化的表现。

23　何薳：《记砚》，载《春渚纪闻》卷 9。卷 8 专记琴和墨，卷 10 是记丹药。这个品砚圈子犹如轮辐，以何薳为中心，不清楚全部成员间是否相互认识。《春渚纪闻》记载的两组纪年分别是 1097 年，1102—1106 年（《春渚纪闻》，卷 9，第 2a、9b 页）。他也曾去嘉兴和杭州去购藏或观砚（《春渚纪闻》，卷 9，第 6b、7a、9b 页）。何薳生平传记，见王洋：《隐士何君墓志》，载《东牟集》（钦定四库全书本）卷 14，第 9a—13b 页。感谢许曼提示此则文献。

日渐衰败的北宋末年，何氏及其友人会相互观砚、定名、书铭、交换藏品。

他的友人吴兴（今湖州）许采，自儿时已有"砚癖"，常对朋友说死后希望用自己的藏砚叠成墓圹四壁，亦无遗憾（卷9，第8b页）。何薳指出许氏藏砚约有一百枚，"所藏俱四方名品"。一位朝廷贵人据传有砚数百枚（卷9，第7a页）。[24] 何薳用藏砚之冠来介绍两家收藏，进一步描述许氏收藏的五枚名端石。年代和来源（曾用者或前主人的名望，也就是"天才"值）似乎是与砚材石质同样重要。当何氏提及石质，着眼点是色泽、表面包浆与石眼，与米芾在《砚史》中列举的评判标准相悖。[25] 由藏家本人或他人对一批砚台定下品第，是该收藏被外界认可的条件之一。然而，当时的收藏水平参差并且评价标准各异。

收藏欲已初见规模，见于男性艺术家和作家推崇个性、追逐古物之风，以及男性精英的社交生活和竞争性之中，但是，砚台收藏在早期仍欠缺一个价格机制。换言之，具审美性的砚尚未成为流通性商品。在此情形下，宫廷的品味和政治特权，尤其是崇尚雅致的宋徽宗，无疑在建立价值和品味标准中扮演关键角色。[26] 何薳的藏家圈子尽管是个零散的个案，但仍在一定程度上说明了，当时崛起士人群体的批判眼光，和宫廷品味并不一致。在这些私人藏家眼中，朝廷和它的一群"贵人"并不能代表真正品味，他们只是从贡砚中坐享其成，或是见到喜好之物时直接"力取之"（卷9，第7a页）。

这些士人鉴赏家依靠自身的品味和交游网络，构建了一种另类的交易体系。何薳用动词"易"来描述一种完全基于藏家之间相互协商的机制：他的友人用一枚青州名家所制的唐砚，边缘用精铁包裹，向何薳求易他的苏轼《鹊竹图》；最后何接受这项交易（卷9，第9b页）。另一友人用自己的家传遗物，

24　根据许曼所说，"贵人"在宋代笔记一般指朝廷有权势之官员，偶尔也指皇室贵戚。私下交流（时间：2013年7月23日）。

25　这位贵人的砚藏之冠是一枚传为晋代的风字砚（《春渚纪闻》，卷9，第7a页）。许采的至宝则是官员兼书法家蔡襄（1012—1067）藏的圆端砚："厚寸余，中可径尺，色正青紫，缘有一眼才如箸大。"为之取名"景星助月"（《春渚纪闻》，卷9，第8a页）。

26　Patricia Buckley Ebrey（伊沛霞），*Accumulating Culture: The Collections of Emperor Huizong*（Seattle: University of Washington Press, 2008）.

即一枚状如蟾蜍的紫端砚，腹部有篆文"玉溪生山房"五字，收贮在刻有苏轼小楷书铭的砚盒中，向何薳求易一轴苏轼的醉草书；何氏回绝此交易。依据砚腹的瑕疵垢，何薳认为它是"真数百年物也"，但再次回绝其请求。那位友人最后同其他人互易成功，而后者将该砚上贡朝廷（卷9，第2a—b页）。[27]

　　这些描述砚台的文字既具体又程式化，形成一种新文体——砚谱，何薳等藏家则为谱录范式的发展做出贡献。他们的互易个以市场既定价格为据，而是基于共同经验产生的共通语言："正紫色"，即正宗端溪石的一种特征，指的是一起赏过那方石色的深浅，大家心中有数。他们发展出这些砚谱的基本格式，今天一直沿用：描述一方砚，要介绍砚坑产地、款样、色泽、石品、质感、旧藏家、来源、铭文及其书体。[28]体例和定名体系就此制定下来，成为后世鉴赏文本的惯例，不仅为鉴别砚台立下标杆，也是设计和样式发展之参考准则。

164

玩砚与士人男性特质

　　苏轼、米芾等北宋鉴赏家作为该传统的开创者与树立典范者，对18世

27　何薳圈内另外两次交易，见《春渚纪闻》，卷9，第7a页（风字晋砚易铜香炉）；第7a—b页（乌铜提砚易去，未提何物）。何薳描述的四次易砚，只有一例是用砚换以绘画及其他艺术品，而非砚台。其他提及的易物，见《春渚纪闻》，卷9，第11b页（钱易砚台）、第12b页（铜蟾蜍水滴易古书）。何薳临死前，嘱咐妻子将所藏自绘的画若干、砚两方和其他杂物卖给某位友人，换钱来瘗埋自己（王洋：《隐士何君墓志》，载《东牟集》，卷14，第11b页）。

28　常见的样式给出合适名称，以此形成描述之规范。何薳的定名如下：古斗（卷9，第1a、7b、8a、10b页）、蟾蜍（卷9，第2a页；另有铜蟾蜍水滴，第12a页）、玉堂（卷9，第8a—b页）、圆形（卷9，第8a页，出现两次）、马蹄（卷9，第10b页）。何氏也描述一枚砚是莲叶样（卷9，第6b页），但并非统称，只是具体描述。基于文献和考古资料对唐宋砚台样式的研究，见嵇若昕：《唐宋时期簸形砚、风字砚、抄手砚及其相关问题之研究》，《故宫学术季刊》第18卷第4期（2001年夏），第17—61页。关于宋代士人书案上砚台、水滴等文房用具，见嵇若昕：《宋代书案上的文房用具》，《故宫学术季刊》第29卷第1期（2011年秋），第49—80页。宋代民间砚台的样式，见陈羽：《端砚民俗考》，第303—307页。

纪的福州藏砚圈子产生了深刻的影响。他们从事相同活动——访购、观摩、题铭、互赠。除个人品味外，影响他们砚藏的形成和散佚的因素也一样：宫廷、达官贵人、市场。相似的部分原因在于有意识的模仿。譬如，黄任成长过程中，外祖父许友（1615—1663）就十分仰慕米芾，甚至为书斋取名"米友堂"。但更深层次的结构性原因在于，象征书写、文学和文化价值的砚台自士人在北宋演变为一个社会团体，就一直居于他们的男性身份之核心。

砚台在男性士人的精神、日常和公共生活中频繁出现。宋人对后世的长远影响，一方面是将砚台与特定男性天才艺术家或作家相连结，另一方面是形成了男性官员在正式或非正式场合的互赠机制。砚的相关知识从而被打上男性精英的烙印，为砚台书写著述的特权亦不例外。女性作为砚的使用者在文化上是可以接受的，如同女性诗人和画家在 17 世纪日益受到敬重那样。传为名妓柳如是和才女叶小鸾等女性作家使用过的砚，在清代成为人们竞相追逐的藏品。但收藏砚台及相关鉴赏研究仍由男性主导。两宋和清代，砚与碑帖作为传家之物在男系的父子之间相传；在官场内外交换砚和砚铭巩固男性友谊。并且，因考场严寒，墨汁在砚上结冰的故事，难道不是折射出作者下笔无墨、男性对科举失意的挥之不去的焦虑吗？

这种男性化偏见根深蒂固，连顾二娘忠实的福州赞助人也不例外，他们不单看重顾氏的手艺，亲戚中也有许多知书识礼的女诗人和画家，但她们用过什么砚台，有没有藏砚雅致，则在这些男性文人的诗文中几乎尚付阙如。几位藏砚家的夫人是才女，但似乎无一人有文字传世，更遑论正式出版诗文集了。[29]

165

29　许均的妻子廖淑筹（1684 年生，1743 年仍在世）则是例外。她是林侗的女儿，过继廖家，人称寿竹夫人。廖氏工于诗、兼绘画，传留有诗集《琅玕集》（《黄任集（外四种）》，第 601 页），但目前未能找到。福建女性缺乏出版作品，与其说是文化或道德层面因素，毋宁说是经济原因；即使是男性也往往无法筹措资金出版，余甸即属此例。黄任的两个女儿在福州成立了一个女性诗社。见 Guotong Li（李国彤），"Imagining History and the State: Fujian Guixiu (Genteel Ladies) at Home and on the Road," in Grace S. Fong and Ellen Widmer eds., *Inner Quarter and Beyond: Women Writers from through Qing* (Leiden: Brill, 2010), pp. 330-336。黄氏次女淑畹的诗集《倚窗余事》附于黄任《香草笺》（收入《黄任集（外四种）》，第 352—387 页），别名为《香草笺外集》。长女淑窕的诗收录在《墨庵楼试草》钞本（收入《黄任集（外四种）》，第 323—349 页）。

林佶的妻子张柔嘉是闽中闺秀，学识颇高，她在林佶负责御制百科全书《古今图书集成》之编修时，曾协助过他。[30] 我们之所以了解她的学养，只是因为其侄子林涓云（？—1736）曾回忆张氏在年末寒夜教导十二岁的孙子林皖一事。张氏指着她面前的一枚歙砚，问小男孩说："能铭此乎？"当林皖出口成章时，张氏的欣慰溢于言表。《砚史》的两个版本对后续描述有所出入。早期版本中，林涓云和张氏皆次其韵，各作一首铭。张氏云：

> 琢歙溪之精英，伴君子之幽贞。童孙书声，午夜白发，相对寒檠。
> 睹子髫龄之颖妙，感我岁月之峥嵘。[31]

《砚史》早期版本中明确指出此佳句的作者是张太孺人。其子林正青在该版本的小引中确切指出，这本砚铭册开头是父亲林佶的奎砚（由顾二娘雕琢），并"殿之以十五侄皖所铭与吾母张太孺题句，明是史为林氏家藏也"。[32] 然而，晚期版本中，林涓云的次韵被删去，张氏的诗归到他的名下。正青在引言提到他母亲和林氏家藏的部分也不见了。这首铭诗的作者因缺乏更多资料，实难有定论。[33] 不管真相如何，这个谜团本身已带出这群福州藏家为文时的一个盲点：女性几乎完全缺席于男性忆述自身的藏砚经历中。即使偶有现身，她们的声音只能通过男性，用第三人称转述。

30　福州市地方编纂委员会编：《三坊七巷志》，第349页。根据陈德泉对林涓云之生平描述，涓云于1717年前往京师协助编纂。《砚史》，长林山庄本，卷6，第2a—3a页。

31　林皖（1720—？）是林涓云的次子。在涓云子嗣中，林皖是继承撰砚铭的家族衣钵且表现最出色的一位。他曾延请自己的老师为《砚史》晚期版本作序。林涓云是林侗（林佶之兄）的儿子，常被林佶四个儿子称作"兄"。《龙尾砚》，载《砚史》，首图本，卷6，第9a—10a页；另见长林山庄本，第8b—9a页。

32　林正青：《砚史》，首图本，《小引》，第2b页。

33　有可能是林涓云在《砚史》早期版本中弄错，林皖在编辑较晚版本时作出修正。不过我是基于两点理由，推断该铭出自张氏之手。第一，砚铭中"童孙"以张氏第一人称去叙述，显得更自然。第二，《砚史》晚期版本的编者强调该书见证了林家传统，并将章节重新编排。林正青的《小引》部分字句被删，因它与该版本的结构和重心无关。见附录4。

　　黄任的妻子庄孺人（名字不可考）生平空白是更为显著的例子。若不是黄氏在三十五年后提及亡妻生前一首诗的两句内容的话，她的才华将无人知晓。庄孺人在嫁入黄家的第七年，她在除夕夜再次独守空房。此时，黄氏正在北方参加第三次会试（以失败告终）。她寄给黄氏一诗："万里寒更三逐客，七年除夕五离家。"[34] 诗句触动读者之妙在于"逐客"一词，暗喻唐诗巨匠杜甫和李白之间的真挚友谊。当李白因政治放逐而杳无音信，杜甫三次梦见他，在两首《梦李白》诗中回忆自己的挂念之情。庄孺人影射其句："江南瘴疬地，逐客无消息。"在很多层面恰如其分：杜氏的三场梦不仅对应黄任三次会试，庄氏亦能够简约地传达多重情感。她传达自己对丈夫的思念，对他未曾写信回家表达温和的不满，并祝贺他早日带捷报而归（二人都熟悉原诗的喜剧性收场：当杜梦到李时，不知道对方已被赦免，正在归家途中）。没人会觉得她自比杜甫，将丈夫比作李白的做法有失谦逊。[35] 黄任对这两句诗印象尤深，乾隆九年（1744）妻子去世后，第二句一字不漏地出现在他二十八首悼亡诗之一。若非出于黄任悼念，庄氏的文思和她熟悉唐诗的才华将被历史淹没。

　　另一首悼亡诗中，黄任透露了更让人惊奇的信息：他的妻子好砚，至少藏有一枚端砚。她是在随同黄任在四会当知县期间，在那里获得了这块端溪石。其石质非凡，黄任形容它"肤理细腻，紫翠焕发"。砚侧镌有引人遐想的名字："生春红"，借用苏东坡咏一枚歙砚的诗句。黄氏没谈到庄氏如何取得此石，也没解释砚名的典故。他想要表达的是妻子对该砚的热爱。他用了两个常见于男鉴赏家的动词，"蓄"（也用于蓄养宠物、蓄姬、蓄养戏子）说明归她所有，而"摩挲不去手"形容她对该砚之钟爱。他们在 1731 年因罢官狼狈离开广东之际，不得不打点行李租船返闽。庄氏"翠羽明珠汝不收，只裹生春红一片"。她终身将该砚留在身边。庄氏去世后，黄任在尘封的砚匣中找到这枚

166

34　庄氏此诗作于康熙四十八年（1709），见黄任：《秋江集》，卷 5，第 16b—17a 页。梁章钜收辑福建女性诗作的《闽川闺秀诗话》（1849，卷 1，第 14b 页）中单独列出庄孺人，来源显然是黄任的悼亡诗，编者引的是《永福县志》，但我从乾隆本（1749）没找到相关记载。诗中其余两句已佚失。

35　该赞誉应非虚言。袁枚称黄任是李白在清朝的唯一真正继承者。袁枚认为二人的诗皆直抒胸臆，见氏著：《随园诗话》，第 326 页。

砚，见其上墨迹犹在，津津欲滴，不禁潸然泪下。[36]

　　庄孺人虽是女性，但她的性别人格在黄任笔下却横跨男女之界线。借由庸俗的翠羽、明珠与一方砚形成的强烈反差，他将朴实无华的妻子比作清廉的宋代官员赵抃（1008—1084），后者辞官退隐时仅携砚台一枚。延展开来，黄氏在她身上注入了自我形象：一个清官即便爱砚成痴如他，也断不会在掌管端州时滥用权力。庄氏在黄任笔下亦男亦女的性别身份，表明爱砚者在清初是如何被赋予男性气质的。由于鉴赏砚台的一套术语是为男性量身打造的，他不得不用"蓄"和"摩挲"等男性化用词。[37]实际上，砚台专属男性所有的成见相当普遍，这导致从清代至今，人们援引此诗，竟会将它视为生春红属于黄任藏品的证据。此诗另一流行的有讹版本中，庄氏更被误认是黄任的姜。似乎很少人会相信一位正室或贤妻良母会钟情于砚。[38]

　　关注明清江南夫妇唱和这一现象的学者（包括本书作者在内），以往较多强调自晚明起，士人家庭中因妇女教育水平提升而出现的对等男女关系。士人对砚台的男性化执着，有助于提醒我们，无论夫妇在感情生活和学养才情上如何匹配，性别差异在对物品的执着和日常使用上仍然相当明显，一时难以改变。当砚台与男人的读书生涯、交友应酬、仕宦焦虑都交缠在一起时，把砚癖男性化则尤其无法避免。

36　黄任：《秋江集》，卷5，第16a页；另参见《砚史》，长林山庄本，卷2，第9b页。黄氏罢官后，在广东待了三年才返回福建。当时他已穷困潦倒，需要向其老师的一个素不相识的友人讨要返乡的路费（阮葵生：《茶余客话》，第648页）。

37　黄任的次女淑婉在一诗中用了"摩挲"："思亲无所见，一研日摩挲。"《香草笺外集》，第33页。其他两首谈及砚台的诗，见第33、40页。两首诗中，淑婉提到书案上的砚台属于诗友芷斋汪夫人等社会地位更高的女性（视乎其丈夫的品衔）。由此可见，她将女性定位为砚台使用者，而非收藏者。

38　在《梧门诗话》中，法式善记载生春红后来归《砚史》边缘成员沈大成所有（《黄任集（外四种）》，第529页）。传世至少有两方砚台使用同名，皆传为黄任所有。一件藏于台北历史博物馆，另一件藏于台北故宫博物院（吴笠谷：《名砚辨》，第260—261页）。前者乃福州新闻工作者林白水（1872—1926）旧藏，见林万里：《生春红室金石述记》（台北：学海出版社，1977）。黄任之姜的故事，见吴笠谷：《名砚辨》，第248—256页。在19世纪，黄任命侍姜（或雏尼）怀一砚而寝的故事开始流传，例见谢章铤：《稗贩杂录》，卷4，第9b页。没有证据显示它们确曾发生在黄任身上。

167

建立一批收藏：家传

当年少的黄任还在荔水庄读书时，他在收藏砚台方面已投入大量的情感和金钱。三十岁（1719—1720）时，他决定筑一座书斋去珍藏这批砚台。书斋取名"十砚轩"，既是斋名也是人名，更是其砚藏的总称。黄氏的第一部诗集和砚藏以此为名，而"十砚"也是他的别号。无论是砚藏、书斋，都可以随着黄任游踪，在不止一个地点同时出现。出任四会知县时，他在府衙书斋外题字悬额，沿用"十砚轩"斋号。这个名字相当有名，虽然缺乏确凿证据，但乾隆皇帝（1736—1795 在位）自诩拥有黄氏十砚的其中四枚。[39] 林涪云也积累了一批数量可观的好砚，尤其在他晚年客居苏州时，但比起黄任所藏，既没有名字，更没有名望。[40] 一批收藏（collection）与一堆砚台，两者之间的差别是什么？名望又是靠什么累积起来的呢？

以独特的《砚史》为主，辅以核心成员的文集和诗，以及镌有匹配铭文的传世品，我们得以重组黄任等人一生的收藏活动，尝试给出答案。柯律格（Craig Clunas）的《长物》（*Superfluous Things*）以及讨论所谓"品味指南手册"（manual of taste）的其他研究，建立起消费对晚明的精英士人身份界定的重要性，而当时社会关系在白银经济影响下发生松动。与此同时，对李日华和项元汴等晚明收藏家的相关研究，展示出绘画、书法和善本书等"高端"藏品的转让性。[41] 不过到目前为止，主要因资料匮乏，尚无研究论及清前期工艺品

39　《乾隆御制诗》的分析，见吴笠谷：《名砚辨》，第 234—235 页。黄任在广东移用原斋号，经亲自为他写匾的林正青证实（见《十砚轩记》）。

40　1752 年途经苏州的陈德泉，称林涪云邀请他到寓居住所作客，"出其箧笥所藏弄与几案陈列"。他看到许多"水岩神品"。涪云不久后去世，未能如愿携其藏砚返回福州（林涪云辑：《砚史》，长林山庄本，卷 6，第 2a—3a 页）。

41　消费社会的形成，参见 Craig Clunas, *Superfluous Things: Material Culture and Social Status in Early Modern China*; Timothy Brook（卜正民）, *Confusions of Pleasure: Commerce and Culture in Ming China* (Berkeley: University of California Press, 1998); 巫仁恕：《品味奢华：晚明的消费社会与士大夫》（台北：联经出版事业股份有限公司，2007）；Wai-yee Li（李惠仪）, "The Collector, the Connoisseur, and Late-

收藏市场的形成。尽管简略且缺乏价格等定量信息，但从以下的探讨中仍可略窥，在江南以外地位稍逊的藏品类别的市场推动力，且时间要比乾隆的鼎盛期更早。

第一点重要观察，在于福州士人群体的砚藏受到清初环境的影响程度；他们都是家族的第一代藏家。黄氏家族世代居住在永福（今永泰）白云乡，那里位于福州西南约80公里的山区，白云深处的高山上满布松柏和杉树（图5.6）。他的曾祖父黄文焕（1598—1667，1625年进士）曾任翰林院编修，是功成名就的官员，遗留下房产（包括黄任留为别墅的姬岩环翠楼、麟峰之祖宅、麟峰山脚的冻井山房）、善本书籍及用于校书的旧砚数方。黄氏小时候就喜欢上那几方砚。[42] 但他需要从店铺或其他私人藏家（"故家"）那里购买，或买砚石请手工艺人制作，以此建立属于自己的收藏。[43] 市场是获得砚台的主要渠道。

这点在侯官人林佶和他儿子身上更明显。满族入关对林家这个在福州城及附近山地拥有家产的书香世家来说，是一场浩劫。家族收入在战乱中急遽减少，恢复和平之后，离黄任家很近的光禄坊祖宅的一半房屋需要租出去，全家人挤在剩下的三间房内。[44] 虽然林家是处境不错的文士家庭，但是入清之后，

Ming Sensitivity," *T'oung Pao*, second series 81, nos. 4/5 (1995): 269-302; 李惠仪：《世变与玩物：略论清初文人的审美风尚》，《中国文史哲研究集刊》第33期（2008年9月），第35—76页。李日华在他的日记《味水轩日记》中记录自己鉴藏活动。关于项元汴，见沈红梅：《项元汴书画典籍收藏研究》（北京：国家图书馆出版社，2012）。关于徽商收藏家的研究，见张长虹：《品鉴与经营：明末清初徽商艺术赞助研究》。

42　"旧砚数方"引自游绍安的黄氏传记，见《砚史》，首图本，《小传》，第4b页。在较晚的长林山庄本中，改成"承大王父中允公文焕所遗并自购"（《砚史》，长林山庄本，卷2，第1a页）。谢古梅提到黄任的曾祖父文焕"著述收藏极富"，依其语境，很明显他指的是古籍和碑帖（谢古梅：《小兰陔诗集》，卷4，第42a页）。一本钤有黄任藏书印的朱载堉《乐律全书》明万历本（Worldcat，OCLC 122859315），有可能即源自其家藏。

43　余甸的学生王延年祖籍仁和（今杭州），据诸长老所说，孟津王氏、真定梁氏、商丘宋氏、昆山徐氏、无锡秦氏，皆是重要的藏砚家族。他更单独列出两个人：海宁的陈奕禧和山阴杨大瓢（《砚史》，长林山庄本，卷10，第4b—5a页）。陈、杨二人都与林佶和福州士人相识。

44　林佶：《朴学斋小记》（福州福建省图书馆藏钞本），第1a页。据记载，一位神秘的老人带着女

图 5.6
黄任第八世直系族孙黄修朗，在黄任出生地及祖宅的庭院内，福建永泰白云乡。作者摄于 2012 年
12 月。

林氏兄弟难以获得名砚。林正青在 1733 年说："余家藏砚十余方，皆先君子手
自磨砻，刻铭其背。"林涪云在《砚史》较晚版本的自序说："先世多遗砚。"[45]
这与林正青原话和我们的观察有较大出入，令我不禁怀疑涪云想要美化过去。

　　即便是对黄任这样如此投入的藏砚家来说，砚也只是众多收藏类别之一，

儿作为林家租客，1678—1687 年间入住西园东厢。他与年轻的林佶成为朋友，却不愿透露自己姓名。
林佶称之为"青州老人"，后来得知他是躲避通缉的盗匪（林佶：《朴学斋小记》，第 26a—b 页）。
45 《砚史》，首图本，《小引》，第 1a 页。这句话也不完全准确，林佶藏砚中有两件就是顾二娘所制。
林涪云有关"先世"一段文字，在《砚史》首图本未出现。不管如何，林家收藏似乎增长迅猛。1735
年，涪云的弟弟林泾云自夸："陶舫藏砚十倍于前矣"（《砚史》，首图本，卷 8，第 21b 页）。泾云也
带有一丝嫉妒的语气指出黄、许二家砚藏超过林家，与其藏品源自名望世家的先天条件有关（《砚
史》，首图本，卷 8，第 21b 页）。

另有书画、善本、碑帖及玉雕等案头清玩。福州核心成员所继承的家藏中没有明确提到明代或更早的名画，此空白或表明他们的收藏焦点放在别的物品上。与此相反，碑拓在黄任、谢古梅、林佶及其儿子的情感和治学生活中占据相当重要的分量。承前所述，林氏父亲及兄长 1660 年代在陕西收集的一批金石拓片，后来传到林佶手中，是奠定他碑学和书法训练的基础。 169

黄、谢也各自继承了一批数量可观的拓片。黄氏忆述的措辞表明，在他看来，这批藏品的归属很含糊："古梅二梅亭、予家十砚轩各贮汉隶、唐碑百十本。"碑拓收贮在两人书斋中，可随手观阅，但动词"贮"强调的是保管，不是所有权。他们也无分彼此地"每日持挈相从过，考订题识"。黄、谢二人通过搜求"败肆村坊"和互赠方式，以此增加家传的碑拓。[46]

最令人难忘的是谢古梅和林正青在康熙五十八年（1719）为黄任庆祝生日的形式。他们将黄任的小像挂在其书房西斋供养，在墙上以特定的次序，罗列各式清供：绘画名迹、传世孤本、唐太宗昭陵六骏石刻拓片或基于碑拓绘制的画。[47] 纵饮高歌之际，一名贩子携湖南浯溪的唐宋摩崖石刻旧拓本前来兜售，他们点烛观摩，而谢古梅特别喜欢这套拓本。[48] 最后他们有无买下此套旧拓，我们无从得知。只知道黄氏度过八十岁生日时，回忆起四十三年前那段欢乐时光， 170

46　黄氏的话引自《秋江集》，卷 6，第 29a—b 页。"败肆村坊"一词，见谢古梅：《小兰陔诗集》，卷 4，第 42b 页。谢氏提及黄氏搜集到传世欧阳询碑六本之四种，但没说明是继承家传还是购买的。林佶赠琅琊王碑给黄任，谢古梅对此颇感眼红。黄氏在一首长诗中记录自己观碑一事，收入《福州府志艺文志》，第 174—175 页。林氏赠元祐党人碑给谢氏，后者则回赠以贾秋壑《玉枕兰亭》（谢古梅：《小兰陔诗集》，卷 4，第 41a 页）。在另一友人互易中，谢氏先给林佶一套残缺的唐睿宗《景龙观钟铭》，后者则以完本相易（《小兰陔诗集》，卷 4，第 43a 页）。

47　这些藏品究竟全是碑拓，还是混杂了碑拓和书画作品，已无从稽考。同样不清楚它们是出自黄家还是谢家收藏，还是两者兼有。若从黄氏诗中的遣词来看，"玉鐾金题"应指珍贵的书画或碑拓卷轴。"鲁殿"指硕果仅存的艺术品孤本。"昭陵六骏"是指昭陵六骏石刻墨拓或金代画家赵霖（活跃于 1162—1189）据石刻为本绘制的画。谢古梅曾以自藏唐代十大家的碑刻作装帧，并在一首诗中列举品名（谢古梅：《小兰陔诗集》，卷 4，第 35b—36a 页）。

48　湖南的永州浯溪有许多重要摩崖石刻，包括唐代书法家颜真卿的《大唐中兴颂》，以及宋人黄庭坚（纪年 1104）、米芾之作。有关摩崖石刻，见 Robert E. Harrist Jr., *The Landscape of Words: Stone Inscriptions from Early and Medieval China*。

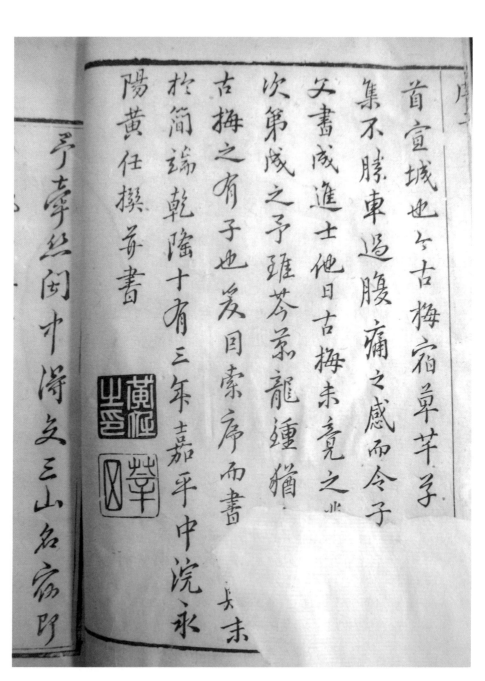

図 5.7

黄任为谢古梅遗作《小兰陔诗集》所撰的序言。此页展示黄氏签名及"黄任之印""莘田"两方印，乾隆十三年（1748）。原书此页右下角残缺，黄任书迹是临摹上版。

仍不免感慨。谢古梅早已不在人世，两家收藏的碑拓皆烟消云散，"无有完本"。[49]

　　除碑拓外，林佶和余甸或许也从父亲那里继承了明代书籍，他们亲自抄书，借此传播文字和练习书法。[50] 尤其是酷爱藏书的林佶，似发自内心地害怕文字失传，特别是福建人的著作。身为孜孜不倦的抄书者，他"收藏"书籍是靠摘抄其他人版本的残缺内容，再将之整合成完本。[51] 他也直接花钱从书院和急需周转的家庭手中收购书籍。他其中一个心愿是重建福州晚明藏书家徐燉（字惟起、兴公，1570—1642）的文集和藏书，它们是在 1675 年清军攻占福州时散佚的。林佶从徐燉的孙子那里购买两千册书，当林正青逾十年后找到徐公遗留的另外五十余种书时，他欣喜若狂。林佶校勘徐氏著作，将自己题跋汇编出来，希望最终能付梓刊刻。[52] 凭借其勤奋和坚定不移的使命感，林佶建立起一万余册藏书的收藏，包括数百种善本。

171

　　个性和学术使命感的分歧，使黄任和林佶在藏砚上展现出不同的个人动机。林佶的儿子正青形容放浪不羁的黄莘田"去端州三千数百里，而精神嗜好

49　黄任：《秋江集》，卷 6，第 29a—b 页。黄任生日是农历十二月十六日。"瓣香"是林佶为祖坟旁将建的一组楸房所取的名字，但后来成为林正青诗集的标题（《瓣香堂诗集》）。由于 1719 年，林佶当时身在京师，我推断它是林正青所取。

50　我们对余甸的家藏知之甚少，他的父亲是一位士人，却家产殷实。他在天津、福州各有一处宅邸（林涪云辑：《砚史》，长林山庄本，卷 6，第 8a 页），福州郊外有几处别墅，包括万卷楼（《砚史》，首图本，卷 8，第 17b 页；长林山庄本，卷 4，第 5b 页；另见黄任：《秋江集》，卷 2，第 45a 页）和星楂亭（《砚史》，首图本，卷 8，第 3b 页）。这两处是否等同于其余三处：葭湄草堂（《香草斋诗注》，卷 4，第 11a 页），洪江的篆隶草堂（《砚史》，首图本，卷 8，第 7a 页），位于塔湖的别墅（《砚史》，首图本，卷 8，第 26b 页）。他寓居北京梁家园的宅邸则取名八分室（《砚史》，首图本，卷 8，第 12b、15a 页）。

51　譬如，林佶继承了一套元代文人吴莱（1292—1340）《渊颖先生集》不完整钞本。林氏在友人余仲雅（余甸之兄，？—1796）帮助下，借另三本手写补全，使之重刻。何氏抱怨："盖吾乡得书之艰如此"。《朴学斋小记》，第 14a、13b 页。

52　林佶：《朴学斋诗稿》，卷 1，第 34b 页。林氏提到主要用他妻子的首饰，佐以古玩来买这两千册书。关于徐燉生平，我依据陈庆元：《明代作家徐燉生卒年详考》，《文学遗产》2011 年第 2 期，第 108—116 页；林佶所辑的徐氏《红雨楼题跋》未刊刻。见马泰来：《红雨楼题跋十则》，《文献》2005 年第 3 期，第 29—38 页；陈庆元：《徐燉序跋补遗考证》，《文献》2009 年第 3 期，第 79—84 页。关于林佶其他手写重刻的序，另见《朴学斋小记》，第 11b、12a—b、14a—15b 页。

独与上下岩片石梦寐"[53]。黄任承接了晚明的尚"情"和收藏癖之风，对玩物倾注大量心血：除砚台外，他亦涉足玉雕等案头清玩，谙熟寿山石并请良工用它们来制作印章，也可能收藏过高其佩（1660—1734）的一幅指头画册页。但是，砚才是这位浪漫诗人独一无二的执着和遗产，他珍爱自己的藏砚（及身边朋友），呵护备至。[54]

与之相反，内阁中书林佶作为专业书手，个性谨慎严肃，犹如身肩着扩大林家和家乡名望的重担。他将更多感情放在善本古籍上，自称一遇到古书就囤积成癖。[55] 虽然林对砚的关注和知识不逊于黄任，但他重视砚的实用性，视之为传递后代的文化资本与研究铭文的载体。他主张钻研金石的学者最好亲自学习执刀刻石，以便深入理解碑上书体流变和笔画构成。在结语中，我会再次提到这一同时代少有视角背后的认识论。在此值得一提的是，林、黄代表了藏砚态度的两个极端，福州圈子的其他友人则介于二者之间。

市场中的实用专业知识

无论收藏家的习性和经济手段是什么，市场知识才是成功关键。11 世纪的何薳及其藏家同伴用动词"易"形容的获取方式，在福州藏砚圈的《砚史》

53　林正青：《十砚轩记》，载谢章铤：《稗贩杂录》，卷 4，第 8b 页。

54　蔡九迪（Judith Zeitlin）注意到嗜藏成癖是晚明以来追求"情"的现象之一。黄氏购得玉虎一件，与其蟾蜍古砚做伴（《秋江集》，卷 6，第 26b 页）。他在一长诗中描述寿山石色及包浆，以及竞争激烈的市场（《秋江集》，卷 6，第 24b—25a 页），更在寿山石砚上刻诗。见《香草斋诗注》，卷 5，第 42a 页；卷 6，第 21a、41a 页。黄氏"十砚轩"印（两种风格）钤在辽宁省博物馆藏高其佩的花鸟人物十二册页上，带 1682 年作者题款。彩色图版，见 Klaus Ruitenbeek（鲁克思），*Discarding the Brush: Gao Qipei* (1660–1734) *and the Art of Chinese Figure Painting* (Chicago: Art Media Resource, 1992), pp. 96-97。永福黄氏族人汇编了黄任常用的十种印，但没包括"十砚斋"印。见《麟峰黄氏书画集》（福建：麟峰书院，2010 年序），第 51 页。

55　林佶：《朴学斋诗稿》，卷 1，第 3b 页。

中被替换成"售""购"等字。[56] 直白的商业性表明砚台在清初已成为一种商品。建立一批收藏意味着买家需消息灵通。涉及门路和估价的实用知识，本质上具有地域性和特定性：苏州哪一个故家打算要出售，谁可以帮忙引介？在北京慈仁寺看中某一块砚石，该如何与商家讨价还价？谁鉴定砚材值得信赖？在清初，这些信息既不公开，书本中也找不到；它们经口耳相传，与全国流动的宦游士人、举生、求职者的多重文人网络相交。[57]

172

　　黄任着手收藏的时间早，他趁赶考之便，频繁往返于京师、江南。[58] 在京师，他接触慈仁寺商贩和世家大族很可能是经林佶的介绍。参观庙会集市是他们在北京相见的一个例行活动。二十年后，黄任回忆起康熙五十三年（1714）他与林逛访集市时，斩获了几块好砚石的情景，历历在目。[59] 但最令黄氏难忘的是，他青年流寓苏州期间，常与许均共处且深受启发的一段时光。苏州有全国最成熟的艺术市场，二人与当地藏家、古董商和手工艺人打交道，如鱼得水。林佶和余甸在 18 世纪初往返闽京的途中会例行经停苏州，购买和定制砚

56　关于"售"，见《砚史》，首图本，卷 2，第 8b、12b 页。关于"购"，见《砚史》，长林山庄本，卷 2，第 7a 页；卷 4，第 8a 页。除"购"字外，他们也用"得"字（《砚史》，长林山庄本，卷 4，第 5a—b 页；卷 7，第 2a、3a 页）、"获"字（《砚史》，长林山庄本，卷 4，第 3a 页；卷 5，第 3b 页）。散见于《砚史》的十个买砚个案，五次从古董店或商人购得（《砚史》，长林山庄本，卷 2，第 7a 页；卷 5，第 3b 页；卷 7，第 14a 页；另见卷 7，第 2a 页），两次源自其他故家（《砚史》，长林山庄本，卷 4，第 5a 页；卷 7，第 3a 页），其余未说明。唯有价格低得超乎想象，他们才会沾沾自喜。譬如，余甸在京师不知名的市场，以 240 文买到一方带青花石眼的砚，由林涪云镌铭（《砚史》，首图本，卷 2，第 7a 页；长林山庄本，卷 1，第 6b 页）。有趣的是，据说相同的砚铭也刻在黄任赠给余甸的一方端砚上（《香草斋诗注》，卷 4，第 12b 页）。

57　明代的品鉴手册寻求建立收藏品之类别及每项评价准则。连同第二章探讨的赏砚文本在内，它们为收藏者提供砚坑和砚台形制的知识。不过，对 18 世纪需要认识市场行情的藏家而言，像《格古要论》（曹昭 1388 年撰，王佐 1459 年增补；卷 7 中辟有一节专论"古砚"）这类品鉴手册实在用途不大。福州士人从未提及这些作品。

58　林正青写道，黄氏在 1724 年前，"尝游吴、粤、燕、梁，访故家所珍藏"。我只找到黄访问过京师、苏州的一些逸闻证据。林正青：《十砚轩记》，载谢章铤：《稗贩杂录》，卷 4，第 8b 页。

59　林佶于 1698 年初次北上京师，黄任则是 1702 年，因此，我推测林氏才是黄的向导。黄氏回忆与林佶的购买经历，见《砚史》，首图本，卷 8，第 1b 页。黄的砚铭犹在，林佶去世已久，这令前者泪眼婆娑。

台。更幸运的是，在1714年，许均的父亲许遇调往苏州城东北的长洲担任知县，在那里任官直至1719年谢世。[60]

在苏州，黄和许不仅与顾二娘相交，也通过观摩大量收藏来锻炼鉴赏眼光和技艺，增长鉴定知识。许均在雍正八年（1730）去世后，黄任在一诗中提到二人在苏州的互相请教，以此缅怀挚友：

> 岩分上下洞西东，丁卯词人鉴最工。
> 苦忆清秋池馆静，银钩铁画对雕虫。[61]

许均因丁卯年（1687）出生，故获"丁卯词人"之名。"馆"是指二人在苏州下榻的福州同乡三山会馆。前两句不是晦涩难懂的地理知识，而是清初赏砚知识的最重要部分：鉴别端溪石来源，从端坑的确切位置到石品纹理的不同品种。由于诸坑的开坑时间当时已大致弄清，一块端石的来源信息就是断代的可靠基础。上岩和下岩的确切地点仍有争议，它们与东、西洞都属老坑内的不同坑口（见图2.12）。

末句揭示出第二个同等重要的鉴砚家的知识，至少对福州藏砚圈是如此，即：刻古篆的碑学知识和技能。"银钩"委婉指代书法，而"铁画"是指用刻刀在石上镌字，常被福州群体称为"铁笔"。"雕虫"或"雕虫书"，借用了西汉学者扬雄（前53—18）的评论。扬氏认为虫书和篆刻，即汉代学童基础教育的"秦书八体"之两种，对成熟学者而言重要性不大。[62]"雕虫"于是引申为微不足道的本领，特别是手工艺领域，不足为士人挂齿。黄任虽引用扬文，但不认同其评价。黄氏反用其意，坚持雕虫书有其意义。黄任在诗注中解释，两人寓居苏州期间，许均确实为黄的砚镌过铭，传闻黄氏亦干过相同的事。他们

173

60　许遇在长洲任内，见黄任等撰：《黄任集（外四种）》，第568—569页。黄氏访苏州的确凿记录有1714、1718、1719年。

61　林涪云辑：《砚史》，首图本，卷8，第1b页。许均因丁卯年（1687）出生，故获"丁卯词人"之名。

62　扬雄：《法言·吾子》，卷2，第21页。

跟林佶学过书法，将林融合书法和刻字的理念牢记于心。懂得镌刻古篆无疑有助于鉴定古砚铭文。

黄氏使用了"鉴"字，去夸赞许均有神奇能力去分辨同一坑内不同位置的端石，带有更具体的"鉴定"含义。黄任常扮演相同角色，为藏家同好做鉴定。属福州圈子第二梯次的李云龙是黄任的朋友，他曾从古董店购买一方巨大的长方形砚，携它到黄氏那里做鉴定。黄氏自己则仰仗翁萝轩（1647—1728），这位鉴定老手和林佶、许遇老友的眼光去辨别端坑位置。在雍正元年（1723）题一古砚的诗注中，黄氏解释说："水岩有东、西、中三洞，中洞久已绝响。萝轩先生以此石尚是中洞旧坑，尤可宝之。"[63]

砚台鉴赏的知识和术语在清初变得高度技术化。买家需要专业知识（或一位专家朋友）做市场导向才能物色到可靠的制成品，要从头定制一方砚台的过程会更加伤脑筋。第一步是获取一块好料。少时曾一起在荔水庄读书的游绍安，在黄任去四会当官不久，于雍正三年（1725）前往广东拜访他。游氏似乎谙熟观察端石的用语和惯例。黄氏向他出示一块端石作为欢迎礼物，游氏在心中掂量道："广额修颏，微坡，蕉青色，傍眼黄云，类水坑新产。"黄任从游氏脸上察觉到一丝失望，向他引荐自己的前任，后者存有一批旧端石。游氏在那里找到了心仪之选："长可半尺，宽减之，厚寸许，锦囊重裹，盖上琢而形具者。视其色，仿佛猪肝，置水盆中照日，隐隐熨斗焦痕。岩耶？坑耶？历也？余弗能深辨。"[64]

虽然游氏为鉴别感到为难，但他形容端石色泽的标准比喻（蕉青；猪肝），因循着何薳等宋代藏家确立下的砚谱范式（长、宽、样、色、石品），

174

---

63 林涪云辑：《砚史》，长林山庄本，卷2，第4a页。记林涪云向黄任讨教新砚真伪的铭注，见《砚史》，长林山庄本，卷2，第7a页。翁萝轩在1706年为许遇的一方砚撰铭，见《砚史》，长林山庄本，卷7，第5b页。约1692年，他赠送一方老坑端砚给林佶（《砚史》，首图本，卷1，第7a页）。

64 游绍安：《二砚记》，载《涵有堂文集》，第556页。我不清楚游氏的"历"指什么，而它也不是特定端坑的简称。有可能是指宋代开坑并在庆历年间（1041—1048）枯竭的端坑。又或是指石质较次的后历（沥）坑。余世德或出于逢迎黄任，慷慨地将这枚端石送给游氏。游氏打算制成砚后自己保存，取名为"心水"（游绍安自号）。这方砚后来归其次女所有，当她及丈夫都去世后，传给儿子（游绍安：《二砚记》，载《涵有堂文集》，第556页；另见第391—392页）。

表明他对鉴赏文献的熟悉性。将砚石置于一盆水中，在日光下察看，这个方法至今仍在使用，表明他的知识不完全源自书本。不过，一旦涉及实际设计和雕琢就会超出游氏的知识范畴。在这方面，他信任自己的好友杨洞一，也是受训于林佶的专业镌手，曾陪伴游氏出游。杨氏对两块砚石端详良久后，从技术性角度得出自己结论："此二石均宜有池有堂。"[65] 杨留给游氏来定夺它们的设计母题。

　　藏家和制砚者双方对工艺知识的高度重视是清初市场的一大特色。从米芾等宋代藏砚家对砚坑位置和诸坑石性之注意，虽可见他们重视专业知识；但是，当我们将宋人文献和游绍安在内的清人话语进行对比，二者的技术特异性的差异很明显，而清人的描述用语之精炼性也是如此。市场中通行的专业知识、工匠作坊和藏家的文献储备水平在清前期不仅更高，它们亦在不同社会阶层和地理距离内扩散。[66] 游绍安和杨洞一的亲密关系，表明收藏家不得不熟悉相关术语和雕刻技法，成为知识广博的"消费者"，而士人也能从手工艺人身上学到许多知识。

　　若宋代砚台是天才和手工艺型市场共同作用下的产物，但由于砚主、琢砚家、书铭者的名人效应在 18 世纪同时有所提高，较之于宋代，清初的手工艺型市场所占比重并没有显著上升。相反，关键差异在于，技能和专业知识对于"天才"收藏家或制作者名望的重要性有所提高。

65　杨的评论暗示清初出现一种新习尚：砚台或无砚池或砚堂。后者可能只是一种装饰品，就像当今新制的不少端砚。余甸在买到一方砚后说出自己的顾虑："开池犹恐伤天趣。""天趣"指的是砚上的珍贵石品。他也因此会在砚旁以玉蟾蜍贮水，见《砚史》，长林山庄本，卷8，第10a页。

66　另外有个例子，李馥在诗中写道来自广东的"客"在 1710 年给 / 卖他一方端砚。开头他说"云得自老坑"，接着描述采石之险恶。他评论该砚颇有年代，已藏数十载。放在书案上，可观其外观随天气阴晴而改变。他精确举出其石品：鸲鹆眼、火蜡纹、蕉叶白、金线。最后总结："歙石曷足羡？"李馥：《居业堂诗稿》，载《清代诗文集汇编》第 219 册，第 26 页。

现代性和新奇性

如前章显示，技艺和知识在清初市场的流动为雕刻技法和风格之革新提供了原动力。形容词"新奇""新标""新鲜"确又在《砚史》描述砚台和称赞圈中其他成员的砚铭中反复出现。[67] 然而，追求新奇设计和做工的品味绝不是虚有其表，恰恰正相反。闽中圈子倾向于平实设计，采用古朴样式和母题，集精巧构思和雕工于一体，以此突出砚石的天然意趣。[68] 他们所赋的砚铭隐喻性承接该砚设计，文图相辅相成，如同文人山水画的题跋，并构成其革新性的一个重要元素。这些砚石和铭文的构思颇为复杂，观者若不仔细或不知情，或难以察觉到它最具创意的部分。林涪云设计、雕琢和镌字的一方春水鱼砚即具体诠释了这种简约含蓄的美感（图 5.8）。

余甸（或林涪云）在一首砚铭中敏锐地捕捉到清初时期在藏砚史所代表的特殊节点：

> 唐人重端砚，仅识其颜面。宋人能辨材，近理乃登选。
> 工巧至今时，入髓得尽善。佳境以斯寻，旧物焉足恋？
> 精纯温雅难为言，可惜前贤未之见。[69]

67　关于"新标"，见黄任夸赞林涪云的诗句（《砚史》，首图本，卷 8，第 2a 页）。林氏能为新、旧样式的砚镌铭，以此为豪："玉堂新样我能攻"（《砚史》，首图本，卷 8，第 18b 页）。"玉堂"是何蓬提及的一种宋砚样式（见本章注 28）。关于"新奇"，见李馥对福州士人的和诗（《砚史》，首图本，卷 8，第 25a 页）。关于"新鲜"，见江永年的题赞（《砚史》，首图本，卷 9，第 2b 页）。余甸则钟情于一方砚："此款此制得未有。"（《砚史》，首图本，卷 2，第 7a 页）

68　林正青认为黄任更青睐古砚样（《十砚轩记》，载谢章铤：《稗贩杂录》，卷 4，第 8b 页）。黄氏自称对寿山石的品味在于求旧（《秋江集》，卷 6，第 25a 页）。

69　余甸：《余京兆集》（福州福建省图书馆藏钞本），第 18a 页。这首诗未收录入《砚史》首图本，长林山庄本收在林涪云"砚铭、家藏：轮川自撰"标题下（长林山庄本，卷 6，第 2a 页），待考。

图 5.8

林涪云（轮川）铭，春水鱼砚。（A）正面；（B）背面。虽然漫不经心的观者或会忽略砚背的凸鼓，其柔和的曲线呼应隆起水波中嬉戏的双鱼。涪云在上方以篆文题写北宋哲学家朱熹的一句格言："静极而动如春水鱼。"后随涪云的楷书附注，雕工细腻（两段文字皆见于《砚史》，长林山庄本，卷 6，第 4a 页）。题铭时间为庚午（1750）年三月。它是现存最晚的林涪云作品，他在两年之后去世。它恰巧也是见于《砚史》著录，并与文献勘合且传世至今的两件砚之一。长 14.8 厘米，宽 10厘米，高 1.7 厘米。兰千山馆寄存台北故宫博物院。

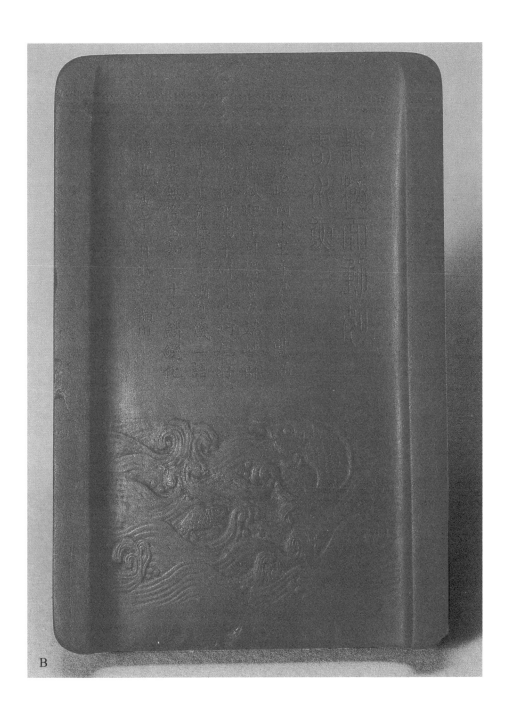

B

作者将自己所处的时代誉为治砚的黄金时代，这种今胜于古的观点颇具现代性，乃积累宋代砚材知识并结合清初追求技术精巧和样式革新的结果。时人热衷收藏的唐宋古砚因做工不够精致，被认为不足恋，虽令人吃惊，却契合福州圈子的收藏重点。但好奇的历史学家会问：宋到清朝之间还隔着元、明两个朝代，作者怎么就没有提到呢？

福州士人确曾研究或收藏过一些宋元明朝古砚。我们从《砚史》为数不多的古砚铭中，可以找到政和七年（1117）宋砚一枚，据传经明代藏家项元汴珍藏。高凤翰藏有一方传宋代作家陆游（1125—1210）的砚，经林正青寓目。一方传元画家赵孟頫的砚，林佶曾交给顾二娘重制；另一方则刻赵孟頫铭文。传元四家倪瓒砚一方，并刻明代收藏家李日华的铭。黄任有传元四家吴镇的砚一方，曾交顾二娘改制；黄氏另有吴镇纪年至元二十一年（1284）的砚一方，乾隆十五年（1750）仍在他手中。[70] 上述名人，包括项元汴、李日华等藏家，在天才型市场颇受青睐，赝品屡见不鲜。不管这些古砚是否可靠，它们远比福州士人收藏的新制品数量稀少（见附录3，"《砚史》长林山庄本藏砚数目"一栏）。明代砚之缺席更明显，整部《砚史》只录有一件，源自一位不知名福州人的藏品。

明代砚台的特点是体量巨大、雕工娴熟但不繁复（图5.9）。在天津博物馆负责古砚管理和研究四十余年的蔡鸿茹先生指出明代砚风格独特，古董商更称之为"大明作"。[71] 这些砚在明代时人眼中恐怕也难以获取更多关注。明代不乏藏砚家，例如李日华，为其书斋取名"六砚斋"。诸如高濂、文徵明、陈继儒等鉴赏名家则用抽象、学究式的文字讨论端州诸坑的优点、端歙之比较、石品纹理、洗砚的恰当方式，等等。[72] 令我诧异的是，明代藏家们关注点仅限于汉、唐、宋古砚，同时代的明砚似乎不在收藏之列，明人砚说中也不存在类似清初藏家和琢砚艺人之间的紧密互动。

---

70 林涪云辑：《砚史》，长林山庄本，卷7，第1a—4a页。陆游的砚收入高凤翰：《砚史》（秀水王相收藏勒石拓本，1852年，哈佛燕京图书馆藏），第42页。

71 作者与蔡鸿茹的私下交流（时间：2012年11月1日）。

72 《端砚大观》（第138—145页）辑录了高濂、文徵明、陈继儒等重要作者的赏砚评论。

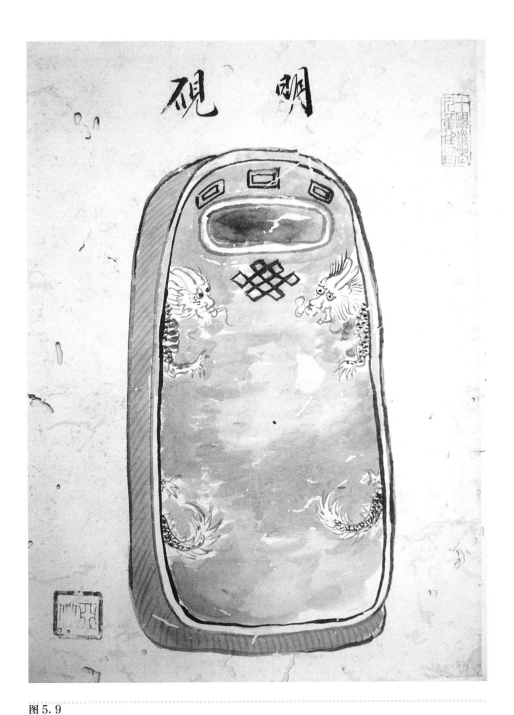

图 5.9

明砚图。《黄莘田先生古砚图》是经折装未刊本，作者伪托黄任，书风亦模仿黄氏手笔。按照年代绘有唐、宋、元与明朝砚，也许是晚清至民国时期初涉石砚鉴藏者的一本入门手册。《黄莘田先生古砚图》，哈佛燕京图书馆藏。

对此空白的一个解释是，明代砚的市场似划分为两个层次：供应日常使用的新制品和值得珍藏（和磨墨）的古旧者，两个市场之间鲜有交集。权倾一时的内阁首辅严嵩（1480—1565）倒台后的抄家清单，可视为这种市场二分化的线索。收归国库充公的奢侈品中，列有"古砚"十六方：汉砚二方、唐砚二方、宋砚三方、高丽砚一方及其他。变卖折价的日用品清单中，文房套组除笔、墨等，列绿、紫色砚四十八枚。[73]李日华在《味水轩日记》列出二十三项收藏类别，价值从高至低排序，先是晋唐法书，五代、唐、宋绘画次之。前面九项都是书画和碑拓。排第十三的"唐砚"是唯一值得收藏的砚类。[74]由此可见，福州藏家的模式是对明代盛行并延续至清朝的尚古品味和偏重书画的一种拒斥。

零散证据表明即使在清初，帝国中心区域的主流藏家的品味仍偏好中古名人用过的砚。苏州藏书家王孝咏（约1727）列举三件"海内所传名砚"。第一，是南朝道教丹术兼书法家陶弘景（456—536）的赉砚。该砚为苏州藏书家和书法家何焯（1661—1722）的家传物，他更为京师的书斋和善本收藏取名"赉砚斋"。第二，是米芾的砚山，诗人兼砚痴朱彝尊曾将它携至吴门，向朋友展示。第三，是宋代忠将文天祥（1236—1283）用过的玉带生砚，为宋荦（1634—1713）家藏。宋氏是大学士之子，身为康熙皇帝厚待的官员，乃当时全国最重要的藏家之一。福州藏砚圈对何焯、宋荦并不陌生，但论购买

178

73　《天水冰山录》，载王云五编：《丛书集成初编》（上海：商务印书馆，1937），第186—187、299页。另收在库房并单独列出两方端砚。它们共出现三次（第191、193、195页），可能是手民误植。对这两种清单品类的英译本，见 Craig Clunas, *Superfluous Things: Material Culture and Social Status in Early Modern China*, pp. 46-48, cf. 81.

74　李日华：《味水轩日记》，卷8，第4b—5a页。整份清单的英译见 Craig Clunas, *Superfluous Things: Material Culture and Social Status in Early Modern China*, pp. 104-105. 我同意柯律格，认为这种次第先后只是约定俗成，而非实际习惯（p. 105）。商贩常向李氏出示砚台（卷1，第22a、55b页；卷2，第7a、13b、25b页；卷3，第24a页；卷4，第13b、79b、57b、86a—b页；卷6，第7a、17a、64b页），李氏却很少买下（卷2，第6a页）。他用旧砚磨墨（卷1，第10a页；卷2，第42b页），认为新制砚台过"热"（卷4，第34b页）。引人关注的是，他观一方洮河石砚时，参阅了宋人赵希鹄《博古明辨》和明人曹昭《格古要论》，而非出于自己判断（《味水轩日记》，卷3，第17b—18a页）。

力，地方士人们是难以望其项背的。[75] 福州藏家提出的"旧物焉足恋？"的评价准则与江南等鉴赏家品味相左，既激进又大胆：当代砚台的做工比唐、宋、元、明代砚更高超，故比古砚更有收藏价值。虽然在获取传统资源上处于劣势，但是福州士人这一类地方藏家在 17 世纪末至 18 世纪初开始进入市场，并很快崭露头角。

　　由此视角来看，福州藏砚家和琢砚艺人共同引发的最大变革，是颠覆了新砚处于低端、古砚处于高端的二分化市场。他们身体力行，累积砚坑知识，与琢砚艺人交往，自己或圈中友人为砚台镌刻铭文，将新砚提升为值得注入心血和金钱的一个收藏种类。为此目的，工艺技巧和专业知识成为其主要的衡量标准，他们将手工艺视作士人艺业之一，更亲自执"铁笔"刻石。与之同时代的金农（1687—1763）和高凤翰（1683—1749），这两位画家兼鉴砚家对工艺抱以同等的敬意（见结语详述），表明这种权衡重心在 18 世纪早期并非是个别现象。低端的量贩市场仍日复一日地供应砚台给全国数百万名学童研墨使用，但高端珍品市场已发生不可逆转的变化。

179

赠砚

　　美国民俗学家苏珊·斯图尔特（Susan Stewart）写到，一批藏品之所以成套，是"以组织原则和分类方式而存在"。不管取决于什么原则，一些收藏对藏品有严格限定，每个品类只收最精良的代表作，而其他的收藏则边界相对开放，雅俗共赏，兼容并蓄。无论是哪一种，藏家将物品构成一组藏品需将它们从原来产生或流通的环境抽离，在一虚构的时空中，将物品重新排列，界定彼

75 《砚史》，长林山庄本，卷 10，第 7b 页。宋荦出身于商丘宋家，即属王延年列举的有重要砚藏的故家之一（本章注 43）。宋荦与林佶的老师王士禛交善。何焯则是余甸的友人。余甸为顾二娘 1709 年制的"太璞不雕"砚书铭后，延请何氏为铭文写样，并推荐名工来刻字（第三章注 39）。关于玉带生砚众多赝品的收藏史，见吴笠谷：《赝砚考》（北京：文物出版社，2010），第 71—94 页。

此关系。[76] 要建立如黄任"十砚斋"名砚收藏，也需要类似的两个步骤：抽离原境、重新归类。但是在早期近代中国，要把物品完全抽离原境较难做到，尤其是如砚台这类精英男性化物品收藏，两种情境与之有直接关联：纵向的父子传承，横向的交友圈和恩庇网络。[77]

福州藏砚圈不断用"家藏"一词来界定他们的心爱之物，顾名思义，是指家族或家中收藏之物。它可作为名词（我们的收藏）或动词（我们收藏、藏于家中）使用。福州圈子核心成员周绍龙去世后，他的儿子说："余家藏砚尚有十余方"，用词明确是指家传之物。[78] 汉字涵盖的语义范围广，易令私藏和家产之间的边界变得模糊，至于个人收藏又是何时、如何成为集体遗产，鲜有人提出疑问。事实上，闽中圈子核心成员基于相似的成长经历、共同的恩庇网络、信物和知识交流，对经其手的砚形成强烈的集体共享观。他们结伴购买、镌刻、观摩或互赠易主的每方砚皆见证了他们的"石交"：每个人参与的旅程和情感注入砚铭中，编织出一张密网，并改变了砚台外观（图5.10）。

砚台和铭文所展示的这种集体所有感和历史感，是理解这群福州士人的赠砚活动的关键。在核心群体内部，以砚相赠的重要性不亚于他们私人收藏之累积、散失。这些砚记录了福州士人的生活转变、巩固友谊、调剂恩庇网络。[79]

180　道德五伦中，赠砚对君臣、父子、兄弟、朋友这四种关系的意义十分明显；唯

76　Susan Stewart, *On Longing: Narratives of the Miniature, the Gigantic, the Souvenir, the Collection* (Durham: Duke University Press, 1993), pp. 151-166. 引文见同书，p. 155。

77　藏砚家被赋予男性气质，是由于砚台与以男性为中心的文化以及儒学文化的科举体制相连结。但是本质上，收藏艺术并非男性专属。有关女性与绣具、服饰和首饰之关系的未来研究，或能揭示出类似的收藏欲。

78　林涪云辑：《砚史》，首图本，卷8，第29a页。长林山庄本未收录。他的儿子是周正思。

79　黄任是其中最慷慨的人。在四会，他曾寄赠一枚端砚给余甸（《香草斋诗注》，卷4，第12a页），赠一方犁样的砚给谢古梅（《砚史》，首图本，卷8，第11a页），赠一方括囊砚给林泾云（《砚史》，首图本，卷8，第19b页），并将用吴制府开坑旧石制成的砚，赠给他的挚友许均（《砚史》，长林山庄本，卷2，第9a页）。从广东回到福州后，黄氏于1739年，以下岩西洞石制的端溪赠给李霖邨（《砚史》，长林山庄本，卷2，第7a页），1764年赠予沈廷芳一方来路不明的砚（《砚史》，长林山庄本，卷7，第14b页），另一方给陈朝础（《砚史》，长林山庄本，卷7，第15a页）。余甸赠一方砚给友人陈奕禧（《砚史》，长林山庄本，卷1，第3a页）。

有夫妻这层关系是建立于其他物质交换上。历史学家娜塔莉·戴维斯（Natalie Davis）研究馈赠在 16 世纪法国经济的重要性时，矫正了前人误解——认为赠礼是一种落后的交易行为，会随着资本市场的兴起而消失。戴氏发现，一种她称为"赠礼模式"（gift mode; gift register）的机制会一直伴随着市场模式而运作，并且自行产生价值和意义。[80]

就砚藏来说，"赠礼模式"对砚台的设计母题尤其具有决定性作用。赠砚依违于士人的私人和公共生活之间，最早始于儿子开始读书习字，父亲赠予他一方砚。游绍安在广东搜罗了两块上佳的端溪石，打算用新采端石制砚送给儿子，并决定采取唐砚古样之一的箕形样。引自《礼记·学记》句："良弓之子必学为箕"，箕砚含有"子承父业"之意。[81] 游氏撰写一铭，将它刻在砚背。虽然他的儿子最后考试不尽人意，但依旧珍爱此砚超过二十年。[82] 因此，市面上大量流行的箕形砚与其说是出于复古品味，更像是父母期许的见证。

孝子缅怀先父时，选择的砚样或许也体现了他的个人回忆。亲自服侍先父许遇十六年的许均从其父身上学到最重要的家训乃"慎言"二字。雍正二年（1724），许均途经苏州，而他父亲就是五年前在此地当官期间去世的，他感受到一股无名的失落感。许均定制了一方括囊砚，直到后来他才发觉个中关联：括囊隐射了先父遗训。于是他撰写一铭，自警于遗训。[83] 括囊砚的流行，与其说是复古风尚，更可能是反映了清初官场中出言不慎的政治风险。

181

80　Natalie Zemon Davis, *The Gift in Sixteenth-Century France* (Madison: University of Wisconsin Press, 2000), p. 9. 玛莎·豪威尔（Martha C. Howell）研究 14—15 世纪欧洲资本主义产生（或成熟）前的交易行为，得出相近的结论，见 Martha C. Howell, *Commerce before Capitalism in Europe, 1300-1600* (Cambridge: Cambridge University Press, 2010), p. 146. 与之相似，我没有发现所谓市场经济与赠礼模式之间存在矛盾。在清初，两者更是相互交织，难以分开讨论。虽然《砚史》偶见"赆"字（长林山庄本，卷 4，第 7a 页），福州士人最常用的是"遗"字。

81　《礼记·学记》，卷 18，第 10 页。用竹条编箕是为将来制作更复杂的弓打基础。黄任另有别意，用"箕"口无遮拦的形制比喻毁掉他自己和余甸仕途的流言蜚语（《香草斋诗注》，卷 4，第 12b 页）。

82　游绍安：《二砚记》，第 556 页。他撰写的砚铭，另见《砚史》，长林山庄本，卷 3，第 8a 页。以砚台赠送儿子的福州藏家，也包括黄任（长林山庄本，卷 2，第 5a 页）、周绍龙（长林山庄本，卷 3，第 6b 页）和林正青（长林山庄本，卷 5，第 3a 页）。

83　《砚史》，长林山庄本，卷 3，第 4a 页。亦不排除制作者就是顾二娘，因为她曾为黄中坚制过一方括囊砚，但无实质证据。

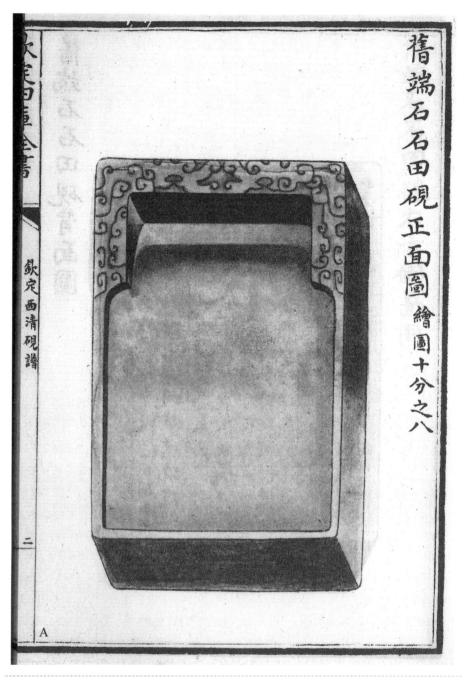

图 5.10

乾隆御藏的旧端石石田砚绘图。（A）正面；（B）背面。该砚背面刻有余甸（右侧）、林佶（中间长方形内）砚铭，以及余氏对黄任的注："右请莘田先生鉴政。"（左侧）该砚的真伪无法确定，却充分证明了余、林和黄氏三人之间的"石交"，并非空穴来风。黄任的麟峰黄氏1780年编撰族谱，此砚的描述收录在谱首"龙章"一章内。于敏中等纂：《西清砚谱》，卷17，第2a—b页。

舊端石石田硯背面圖

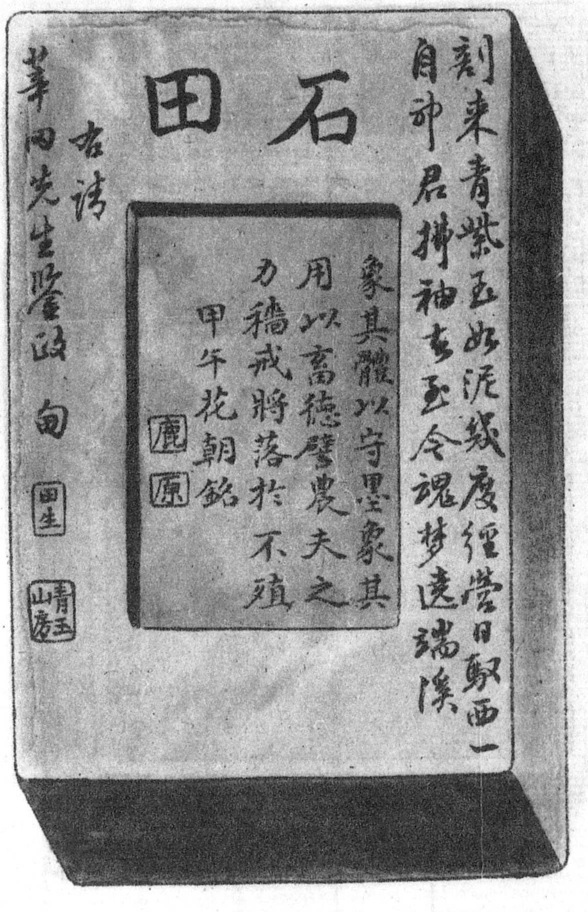

剖来青紫玉以泥幾度經營日馭西一
自神君拂袖去玉令魂梦遠端溪

石
田

象其體以守墨象其
用以畜德譬農夫之
力稼戒將落於不殖
甲午花朝銘

鹿
原

古詩
華田先生鑒政
白

田生
晴王
房

B

康熙五十七年（1718）游绍安会试失败后，在林佶送给他的一首砚铭中，括囊砚则象征着"罗万物"的雄心大志。在参加同届会试的同窗许均旗开得胜的映衬下，这次失败尤其令人失望。为安慰沮丧的游氏，林佶用他特有的讽刺性幽默写道：

> 荆山璞未尝刖，长安米终须乞。先具此囊罗万物。[84]

"乞长安米"委婉指代谋求官职俸禄。游氏五年后（1723）终登第成为进士，视此铭为祥兆；当调刑部履职后，他向每个听众详述此事，津津乐道多年（许均父亲的遗训显然不适用于他）。

一些赠礼就没那么瑞意祥祥了。"为礼所逼"是男性精英在官场和社会生活中在所难免之事，黄任对此显然深有体会。黄氏在苏州参加舅舅许遇的葬礼，于1719年末返回福州，当时他已积攒了一批重要藏砚（确切数量不可考）。黄氏虽仍有四十九年的寿命得以继续扩大收藏，但他和友人都认为这已是其收藏生涯的巅峰了。黄氏从私藏中挑选出十件至宝（"质之美兼制之善者"），筑一书斋来收贮十砚，取名"十砚斋"（也记作"十砚轩"）。他由此在福建内外奠定了自己藏砚的地位。[85] 虽然熟人和不相识的外人竞相去窥探黄氏藏砚，但很少有人亲眼见到十砚。更令人好奇的是，除了它们都是端砚外，黄氏及其友人都没有透露过十砚的具体名字或特征。其中只有三方可以确认，第一方是以"十砚斋"命名，《砚史》收录了它的砚铭，却没描述相关设计。第二方是元画家吴镇的檞林精舍砚，经顾二娘重制；这是谢古梅不经意写下的附注所透露的。第三方的名字是

182

84　《砚史》，长林山庄本，卷4，第6b—7a页；另见卷3，第7b页。不清楚林氏赠给游氏的括囊砚是指实物还只是其砚铭。这也是福州士子焦虑感之表现，游氏和谢古梅都坚信举试之前做的梦及其他征兆会应验。

85　黄氏的挑选标准"非质之美兼制之善者，不得与焉"，乃康熙庚子年（1720）作，见于"十砚轩砚"砚铭，收入《砚史》，长林山庄本，卷2，第8a—b页。谢古梅对吴镇砚的形容，"此十研至宝也"，见《砚史》，长林山庄本，卷7，第3a页。林正青在《十砚轩记》指出黄氏在1725年携其十砚前往广东履职。

"十二星"，散佚之后才为人所知。[86] 这就是名望的悖论。黄任打算远离曝光，他的友人都尊重其隐私。但十砚越是神秘，他的名望就变得越大。[87]

　　十二星砚后来送给赵国麟（1673—1751，1706 年中进士）这位进入福州藏砚圈中最有权势的官员。被尊称泰安公的赵氏祖籍山东泰安，精力旺盛且精明的生存本能令他得以躲避险恶的宫廷政治风浪。从各方面来看，赵氏算是一位干练的官员，升迁势头迅猛。他先任福建布政使（1727—1729），后迁福建巡抚（1730—1734）。他以赏砚著称，与福州藏砚圈关系紧密，对后者曾有多次提携。赵氏赏识谢古梅，雇他在修志局担任编修一职，经他推荐，谢氏后来调迁京师。余甸被雍正帝的观风整俗使纠缠，因写作煽动罪名而下狱后，是赵氏将他保释出来的。余氏至少送过两方砚给赵氏，所镌的砚铭文字近乎阿谀奉承。数年后，赵氏亲自将余甸的文章选编成集。位高权重的赵巡抚特别欣赏林涪云，他在乾隆四年（1739）升至礼部尚书、拜文渊阁大学士，曾携涪云一同北上京师。直至赵于乾隆八年（1743）引退之际，林氏仍留在北京为他的多方藏砚镌铭，其中包括一方自己为纪念赵氏归里精制的葫芦形砚。赵氏为自己没能在退休之前为涪云推荐更理想的职位而深感懊悔。[88]

86　吴笠谷重组了其余四方可能是黄氏"十砚"的作品（《名砚辨》，第 232—234 页）。他也辨识出黄氏赠给纪昀的一方砚，后者于 1762—1765 年间担任福建学政（《名砚辨》，第 236—237 页）。纪氏也获得了一方周绍龙的藏砚之冠，收入其《阅微草堂砚谱》，第 16a—b 页。黄任后人黄修朗校长在其《黄任传》中也给出他对十砚的推测，见《麟峰黄氏先贤集》，第 14 页。

87　黄任名望在其生前渐增，在福州内外间歇性传播。1760 年代，四处游历的诗人陶元藻意外地出现在黄任面前，说想要观其十砚："一过仙霞，即闻足下有砚癖"（《泊鸥山房集》，卷 11，第 11a 页）。常居北京的蒙古士人法式善也提到黄任和生春红砚（《黄任集》，第 529 页）。但是，另一常驻北京的官员颜肇维，读过《砚史》后才知道黄任是谁（《砚史》，长林山庄本，卷 9，第 3a 页）。广东的手工艺人在"四会款"砚上伪造黄任的砚铭，同样证明了他在当地的名声（游绍安：《二砚记》）。

88　赵氏对谢古梅的提携，并将余甸从狱中释放一事，见林涪云辑：《砚史》，首图本，《小传》，第 2a—b、4a—b 页（长林山庄本未收），余甸赠砚，见《砚史》，首图本，卷 2，第 2b—3a 页（另参见长林山庄本，卷 2，第 1b 页）。赵氏选辑余甸文集的证据，见《余京兆集》首图有"拙菴跛道人选"（皆是其自号）。1739 年，林涪云携《砚史》早期版本北上京师，此书开始在北方传开。他为赵氏镌铭的例子，见《砚史》，首图本，卷 7，第 6b—7a 页。林氏在赵氏引退之际赠葫芦砚，见《砚史》，首图本，卷 7，第 7b 页；长林山庄本，卷 7，第 10a 页。此砚很可能即是现藏天津博物馆的端石葫芦形砚，上有

　　没有理由去怀疑赵氏和受他照顾的士人之间的"石交"不是发自真心。但官衔和权力之间的悬殊差异，意味着他们的赠礼文化与先前提到父子、朋友之间的交流存在差异。不同于用砚或砚铭去交换相同价值的实物，余甸或林佶是以砚和砚铭作为从赵国麟身上获得政治利益的回报。无任何文献记载赵氏曾送过砚台给福州士人。余和林显然认为他们的砚微不足道，难以表达诚挚感激，故出于礼节和互惠的底线尚未逾越。割爱十二星砚一事，却越过了黄任的底线，他私下谴责这种行径是"巧偷豪夺恨何如"。[89]

183　　　赵氏对黄的激怒浑然不觉，如同许多位高权重者一样，他对自己高高在上的权力也浑然不觉。要不然的话，他也不会将这件事始末写进十二星砚铭，而帮他镌铭的人恰巧是林涪云。雍正十一年（1733），巡抚的儿子被引荐给黄任，得以"借观"后者的数方藏砚。其父赵氏对十二星爱不释手，并以银锭为黄氏祝寿。黄氏领会了他的暗示，将十二星砚割爱，它也成为赵氏藏砚之冠。[90] 这段紧张关系非常复杂，后来，黄氏在对方没有暗示的前提下，主动将以赵的斋号命名的一方云月砚寄至北京，庆贺他的升迁。赵国麟为此书一铭，镌于云月砚上，制成拓本用以回赠黄氏；黄氏后来又再作四首诗作为回应。[91] 礼节得以恢复，而这种礼尚往来的赠礼模式重回士人间。

　　　黄任的损失清晰地带出一个痛苦真相 —— 恩庇网络虽是建立官僚仕途的

"拙庵铭，涪云赠研。乾隆癸亥（1743）春归岱日记。青雷隶书，轮川镌字"铭，下押"长林山庄"印（图版见《天津博物馆藏砚》，第 117 页）。赵氏的惋惜之词，见《砚史》，长林山庄本，卷 6，第 1b 页。

89　《砚史》，长林山庄本，卷 8，第 2b 页。如诗中所述，黄氏有第二方砚落入另一位贵人手中。吴笠谷推断该砚是"美无度"，巧取豪夺的官员是周学健（？—1748），后者在 1743—1747 年间任福建巡抚，见《名砚辨》，第 237—239、246—247 页。虽无确凿证据，但吴氏的推测颇有说服力。

90　赵氏的砚铭，收入《砚史》，长林山庄本，卷 7，第 9a—b 页。黄氏在 1720 年为十二星砚撰铭（《砚史》，长林山庄本，卷 2，第 6b 页），但还没来得及镌铭，就已散佚。"巧偷豪夺恨何如"句，见黄氏《砚史》题后诗十八首之十五（《砚史》，长林山庄本，卷 8，第 2b 页）。当赵国麟被召入朝，他携该砚一同上京，或许打算献给乾隆帝，但最终自己保留。吴笠谷认为最初作为引荐的人很可能是林涪云（《名砚辨》，第 245—246 页）。赵国麟的儿子名震，字青轩，与陈兆仑和赏砚圈其他人也有来往。

91　黄氏的星月砚铭，收入《砚史》，长林山庄本，卷 2，第 5b 页。上镌"冻井山房珍藏"印，而冻井山房是他在永福的书斋，贮藏有一批砚。他对赵国麟赠拓的回应，载《香草斋诗注》，卷 5，第 20b—21b 页。

动力，但当身处不对等关系的弱势一方，它也是损耗自身收藏的不确定因素。曝光既然存在招致散失的风险，这也就难怪黄任和他的朋友避免将藏品内容公之于众。在林佶去世后不久，林涪云的传家宝奎砚更被人从房屋中明目张胆地偷走。奎砚由顾二娘雕琢，是林佶生前在内廷为康熙帝抄写御书时使用的。在机缘巧合下，该砚落入林氏一个友人手中，后来归还给涪云，这使他大为欣喜。[92]获得名砚充其量只是件好坏参半之事。名望背后总伴随着散失和易主的危险。由赠礼和市场上盛行的豪夺风气来看，余甸对名望的矛盾心理诚可理解。他从道德观出发，反对女性出名，赞扬隐藏自己文字的隐士。余甸晚年以书铭家而在福州名望渐盛，对此他却没什么顾虑。[93]

那么，一批收藏和一堆砚台之间的区别在哪里呢？一批收藏以不同品次形成系列，换言之，就是从中选出一件或更多的精品。然而，这个判断须得到其他藏家及其友人圈外的鉴赏家承认才行。[94]在圈外的权威人士眼中，藏家名望和藏品质量二者不可或缺。藏品之冠会被外界打探，就越容易在市场转手，也就越表明其品质是上乘。在这层意义上，一项收藏之形成实不乏矛盾逻辑，其

92　奎砚遭盗一事，见《砚史》，长林山庄本，卷4，第4a页；卷8，第7a页；卷10，第4a—b页。失而复得后，林涪云向余甸学生王延年（《砚史》，长林山庄本，卷10，第4b页）和另一友人庄有恭展示该砚，其中庄氏描述其外观："大尺余，长过半，鸲鹆眼巨细参差，恍如日月五星云。"（《砚史》，长林山庄本，卷9，第8b页）此描述与余甸为一方"天然妙质"所赋的砚铭颇吻合，他认为该砚是林家砚藏之冠（《砚史》，首图本，卷2，第12a页）。林涪云提到林家一方凤砚失窃（《砚史》，长林山庄本，卷8，第35b页）。我不清楚是他混淆了，还是他指的是另一宗失窃。

93　余氏不赞同女性出名，显见于他对顾二娘名望的矛盾态度。另外，他为画家文俶的名望盖过她的丈夫赵灵均在篆书上的成就而颇感愧惜，赵灵均只沦落为给文俶的画题跋以防止外人作伪的角色（《余京兆集》，第11a—12a页）。余氏为无名文人齐望子、韩晋之和苏翁所写的传，见《余京兆集》，第12a—13b页。

94　相对于黄任的砚藏，林佶及其儿子的收藏则不成体系。它们缺乏认知度的一个表现就是缺少收藏之冠。奎砚是遭窃后才成为林家砚藏之冠的（《砚史》，首图本，卷8，第29b页；长林山庄本，卷8，第37a页）。后备之选至少有三件：双曜五纬砚、凤池砚、策勋砚（《砚史》，长林山庄本，卷4，第2b—4a页）。它们都列在林佶篇章之首，且林正青传达出双曜五纬砚和奎砚希望能"子孙守之"（《砚史》，长林山庄本，卷4，第3a、4a页）。尚不清楚它们与余甸认为是林家砚藏之冠的"天然妙质"砚是否有关联。若连定名都难以统一，更别说列出清单了，这就是问题所在。

原始形态只能透过回溯来重建——社会知名度决定着藏品散失的进程。一旦收藏受到关注，其中最好的藏品可能早就不见了。除贪婪的市场外，这种内在矛盾亦是引发众多藏家心生怀旧情愫的根源。福州鉴赏家李馥是位于《砚史》第二梯次的成员，他在多方砚上刻有"曾在李鹿山处"藏印，一个过去式的"曾"字，就清晰表露出收藏家这种无可奈何的心情。

无形的传家宝

　　无论是巧取还是暗偷，两种行径皆暴露出对主张平等互惠的赠礼模式，即巩固"石交"的共享、集体共有观念的隐忧。我认为这种弱化的个人占有权，甚至加快了砚台流散易主的进程。藏品不完整或单件藏品易于离散，皆是不稳定性因素。砚台实物和匹配的砚铭相互分离，毕竟是《砚史》成书的前提。为理解这种复数的物与人的关系变化，我认为用"集合"（assemblage）一词会比"收藏"（collection）更合适。此集合体之核心与其说是一批砚台实物，毋宁说是一堆地缘、血缘、物缘交错的社会关系。

　　但是，强调集体和共享所有观也要避免走向极端。不管多么抽象，私人和公共所有之间的界线依旧存在，正如藏品遭夺取引发的痛苦一样真实。事实上，这两面相互依存的固有矛盾，才是砚台集合散失的关键所在：一种是扩大的社交所有制，以自愿赠礼为润滑剂；一种是零和形式的个人占有权，表现为被迫割爱和遭窃。在实际生活中，二者的界线往往难以划分，只能基于相对主观的判断。譬如，黄任割爱十二星砚，在赵国麟看来是赠礼或购买所得，但在黄氏眼中则是巧取豪夺。但概念区分仍有助于解释整个机制的悖论性——建立一个集合的动力，亦是导致它离散的力量。砚的集合不仅不稳定，而且规模也较小，在福州藏砚圈最多不超过一百件。[95]

95　林家砚藏至涪云手中，已达约百件（参见本章注45）。藏砚超过百件者则易为人所诟病。黄任被一位评论家斥责："人生能着几两屐，砚故不必如是之多也？"（《砚史》，长林山庄本，卷2，第8b页）

黄任得以保住他大部分的砚，尽管不时有谣传它们已全部散失；享有高寿的他直到晚年为了维持家计才开始将藏砚变卖。[96]虽然许多福州收藏家透露出儿子们能继承自己收藏的希望，但留下来的藏品却总是残缺不全。尽管如此，在最后分析中，黄任、林家兄弟、余甸、许均、谢古梅、游绍安以及其他福州圈子的核心成员，他们流传的传家宝虽然主要不是有形资产，却仍价值不凡——家族名声，对成功的期盼，以及苏州和京师值得信赖的社会网络。黄任一支的家谱在乾隆四十五年（1780）由他教导的两个侄子编成，卷首"龙章"，详细载录一方石田砚上余甸和林佶的铭文，包括余氏"右请莘田先生鉴政"字，及"莘田十亩之间"长方印，意指原是黄任藏品，后来收入乾隆皇家收藏。内容一字不差地摘录在1778年乾隆《西清砚谱》的条目中（见图5.10）。[97]一件砚台虽然已经落入他人之手，但正因为被入贡朝廷，它就仍是这个家族引以为傲的传家宝。

185

林涪云成功将奎砚及其他有纪念或艺术价值的好砚传给子嗣。然而对林家兄弟和儿子来说，书法知识连同石上刻字、重刻古籍的雕版工艺才是他们最有价值的遗产（图5.11）。父亲去世后，林涪云继续以制砚和镌铭为营生。刊刻黄任的诗集《香草笺》使用的样版，是由涪云的儿子林皖于乾隆三十一年（1766）亲手书写的。余甸评价道："光禄林氏以书法世其业"，实所言非虚。专业手艺是林家最牢靠的世袭财富和营生之道。[98]

186

林正青直接当着黄氏面说了相同的话，见《十砚轩记》，载谢章铤：《稗贩杂录》，卷4，第8b—9a页。即使是永不满足的乾隆皇帝，也似为其藏砚作辩护，说若像文人如许采（宋代收藏家何蓮之友）者能藏砚至百枚，管理百年太平的皇帝藏砚多至二百枚，亦不为过（《御制序》，于敏中等敕编：《西清砚谱》，第2b页）。

96　我得益于吴笠谷对许多黄氏收藏砚台之流传的研究（《名砚辨》，第247—248页）。

97　黄惠纂：《卷首》，《麟峰黄氏家谱》。在此感谢福州市的黄以注先生作为黄任后人，向我展示其收藏的乾隆（1793）黄氏家谱。收藏家朱家濂认为该砚可能就是林佶在《砚史》提及的蓄德砚（朱传荣编：《萧山朱氏藏砚》，第175—176页）。但此砚疑点颇多，是否真为黄氏旧藏，暂且存疑。

98　林涪云辑：《砚史》，长林山庄本，卷5，第2a页。林佶遗作《朴学斋诗稿》全六卷，书版是长子正青于乾隆九年（1744）在维扬所刻，其事载正青写的跋语。父传子的写样刻版本事在福州似为普遍现象。谢汝奇的儿子谢曦也为写样刻版，见倪清华：《古籍写样大家林佶与谢曦》，第80—81页。

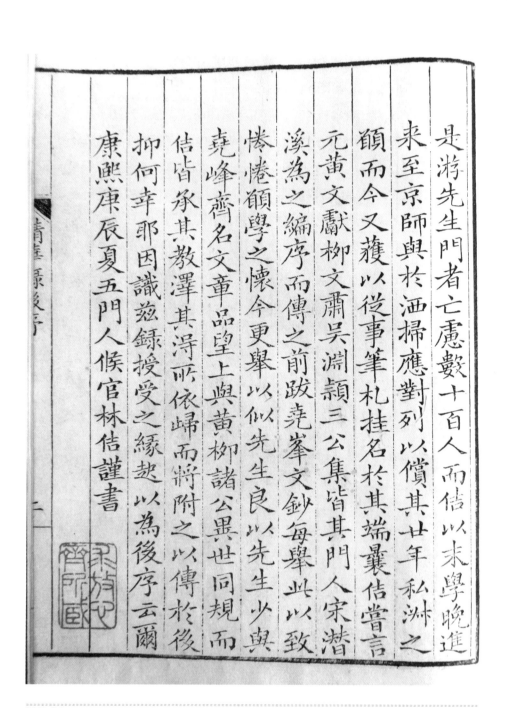

是游先生門者亡慮數千百人而佶以末學晚進
來至京師與於灑掃應對列以償其廿年私淑之
顧而今又穫以從事筆札掛名於其端曩佶嘗言
元黃文獻柳文蕭吳淵穎三公集皆其門人宋潛
溪為之編序而傳之前跋堯峯文鈔每舉此以致
惓惓顧學之懷今更舉以似先生良以先生少與
堯峯齊名文章品望上與黃柳諸公異世同規而
佶皆承其教澤其湋而依歸而將附之以傳於後
抑何幸耶因識茲錄授受之緣趨以為後序云爾
康熙庚辰夏五門人候官林佶謹書

圖 5.11

林佶：《后序》，收入王士禎《渔洋山人精华录》末页，该书为林氏编辑并且逐字抄写。随后，在林氏的监督下刻版付梓，故忠实地保留其书风。这是我检视三种康熙朝版本之一，索书号262474-7。承蒙中国科学院图书馆惠允。

　　鉴于收藏集合的形成和散失速度，镌于砚上的铭文标记不是永久性的，而是难以避免的易主转让。不管法律对财产是如何定义的，一方砚的"所有权"应理解为短暂、局部性而非绝对性，更像是暂时代管的一种接力形式。手工艺人不拥有自己琢制的砚；其铭款不代表制作者，而是砚在市场转手的潜能，唯恐完成制作后器物与他 / 她之间的纽带稍纵即逝。伴随着砚台落入他人之手的担忧，收藏印和砚铭象征的是特定时限的保管权，而非占有权。刚写就的砚铭墨迹犹新，还来不及镌在石上，砚台就已经易手，这是藏家最担忧之事。未刻的砚铭就像单相思对象或无主游魂般，不时在藏家心头萦绕。

　　文字越微不足道，却寄托着越多的信念。实际上，用文字书写来代替拥有实物去申述自己对一件艺品或一座园林的某种"所有权"，是明末清初相当普遍的行为——书写物品是永久"占有"它的良策。是故晚明收藏家李日华会习惯性地抄下他不会或无法购买的绘画和书法的跋文；这是"占有"艺术品的一种形式。心理层面上，林佶孜孜不倦地借抄古籍与此同理，也是一种收藏形式，只要他腕力够强、砚够厚实，就可以无穷尽地坚持下去。当每件物品皆可转手，书写和刻铭是最稳当的行为，也是一个人与一方砚台之间最可靠的关系。

　　林正青在为他一枚砚所赋的铭文中，道出了砚台、文字与男性士人追求不朽这三者间的纠葛。此砚名为"墨海"，追溯至黄帝这位传说最早发明砚台用来磨墨的人文初祖。铭云：

> 自帝鸿来，相沿不改。
>
> 受墨一勺，恰称小海。
>
> 经世文章，传之亿载。
>
> 石墨相黏，曰斯文在。[99]

99　林正青：《墨海砚》，载《砚史》，长林山庄本，卷5，第5a页。黄帝（又号帝鸿氏）作为人文初祖，在宋代被视为砚台的发明者。林的墨海砚被苏易简《文房四谱》所提及。林正青砚铭中的"小海"影射他曾在俗称"小海场"的两淮盐运使任官。末句的"斯文"源自《论语·子罕》，常解释为"原因"或"真理"。我在英文原版沿用了包弼德（Peter Bol）的英译（"this culture of ours"），用以强调它在文人群体男性身份中的核心性。

林氏提出一套强调物性的书写新概念，想象自古以来形制不改的砚台是
文人立言传世的物质基础。他对石墨相黏的新奇想象也提示"文"之所以能载
道，正是因为"文"具有物质性。所谓石墨相黏不仅是文学比喻，清初藏砚家
真的相信墨块在砚堂摩擦，砚表部分石粉会剥落并混入墨中。[100] 砚石磨蚀之
物理现象，预示一方砚难免愈用愈薄，却也承载着林正青对男性公共书写永久
相传的希望。

---

100   砚板的基本形制未有太大改变，但墨锭的发明（东汉至六朝）却带来新的研墨方式。砚表面部分
会融入墨中虽不假，但分量极小，不会影响到墨的黏稠性。清初的人坚持此说，更是基于一种信念。

结语：文匠精神

福州藏砚家写的砚铭大多形式既自由又有现代感，交替使用词、杂体和
格律诗等多种文体。然而，勤奋好学的谢古梅提醒说，铭文的体例有其深厚而
经典的渊源。他解说《礼记·祭统》中"铭"的要义："铭者名也，铭器以自
警也。"承载铭文的原始媒材是三代礼器，如商代青铜盘和周鼎。他接下来陈
说该体例完备于春秋时期，早在公元前 635 年，卫国灭邢国后，曾刻铭以纪其
功。及至窦宪在东汉永元元年（89）为纪念大破匈奴之胜利，由班固撰文，于
燕然山（今蒙古杭爱山）刻石记铭，已蔚然可观。[1]

福州士人对铭砚倾注的热情，是出于私人雅趣和癖好，与穷兵黩武和勒纪
战功的血腥事迹似乎扯不上关系。但是，谢古梅展示这段历史，却道出了《砚
史》长期不为人察觉的一个重要侧面——将砚台变成刻铭的媒材，而非使用
青铜器和石碑，这是一个饶有意义的发明。中文语言是一个辅助因素："石"
字除指石砚、石碑，亦是"金石"之简称，常指钻研铭文的学问。但是，将砚
与青铜、石碑等量齐观，不只是停留在字面功夫，的确是福州藏砚家的学术和
艺术实践的精华。[2]

1　林涪云辑：《砚史》，长林山庄本，卷 4，第 3b 页。"铭者，名也"引自《礼记·祭统》，原文
云："夫鼎有铭。铭者自名也，自名以称扬其先祖之美，而明著之后世者也。"后文述明，铭文的作用
有二，宣扬先祖功勋和供后人自警。理雅各（James Legge）英译《礼记》时作此演绎："（祭祀）鼎
彝刻有铭文。制作铭文的人留下其名，并借此赞颂、阐述其祖先的功德，向后代明示。"谢古梅强调
"铭器以自警"，有意无意中淡化铭文最初在炫耀家族功绩的重要性。

2　白谦慎展示明代文人从事篆刻对 17 世纪碑学书法兴起的重要性（*Fu Shan's World: The Transformation
of Chinese Calligraphy in the Seventeenth Century*, pp. 50-52）。刻砚之于福州士人，有如篆刻之于晚明
刻印家文彭、何震。另外，白谦慎还指出，书法或艺术"风格"源于身体根深蒂固的习惯。

图 E. 3a

蓝瑛（1585—约 1668）、徐泰（活跃于 17 世
纪）合绘,《浴砚图》, 138×45 厘米。天津博
物馆藏。

　　林佶、黄任、谢古梅家藏古篆碑拓。他们与林正青、林涪云一起购买、交换和钻研勒于名碑或摩崖的碑刻拓本，为练书法和治学打下基础。通过这一方式，他们参与到 17 世纪晚明以降，学术和艺术界涌现的尚古风气中，尤其是金石学的发展。及至 18 世纪下半叶，艾尔曼称为"从理学到朴学"的转型已经完成。这段思想史的重大转折超出了本书处理的时间和主题范畴。我在本章只打算推进一个假说：福州藏砚家对这个发展的贡献并非基于文本的经典考据研究，而是他们对待书写和学问的态度，也就是他们尊物、重手艺的一片匠心。无论是作文、书法、写样上版、制砚、题铭、铸字或鉴赏收藏，福州藏砚圈的成员们不尚空谈，把做学问看成是一门手艺，用实际行动模糊"劳心"和"劳力"之间的界线。他们的实践源自晚明兴起的一种认知论：把文章和学问看成是物质性的、须要以身体实践的工艺制作。我们或可将这种认知称作"文匠精神"。

　　福州士人与清初江南考据学者的核心群体有不容忽视的个人联系。为《砚史》题跋的名人就包括训诂学家、音韵学家钱大昕（1728—1804），他是杰出的汉学大家之一。[3] 与他们有更直接来往的林佶，曾受业于苏州的经学家汪琬（1624—1691）门下，汪是朴学的早期倡导者。长期追随汪琬的惠周惕（1691年进士）是惠栋（1697—1758）的祖父，而惠栋后来成为苏州汉学的领军人物。林佶在康熙二十九年末（1690—1691）的一个晚上，行将返回福州前向他老师道别，汪氏给他的赠诗中有一句说："区区朴学待君传。"受宠若惊的林氏，后来为福州家中的书斋取名"朴学斋"，其匾额就由汪琬亲手书写。[4] 汉学和朴学都是考据学的先声，在林佶去世后数十年间变得举足轻重。

　　汪琬对林佶抱以在闽中传播朴学的厚望，最终未能实现。或准确地说，他没有因循传统学术道路去著书立说，却转由工艺实践这条途径来完成。在科技史家薛凤（Dagmar Schäfer）关于晚明宋应星《天工开物》的杰出修正式研究

3　早期因诗得名的钱大昕为《砚史》题赋四首诗（《砚史》，长林山庄本，卷9，第27a页）。他在第一首诗中温和地表达对藏家痴迷于物的不认同。他在第三首诗对福州圈子为砚镌字作评论。

4　1688—1689 年间，林佶曾受业于汪氏门下数月。汪诗一事，见《朴学斋小记》，载《朴学斋记》，第1a—1b页。全诗内容收录在汪琬：《尧峰文钞》，卷4，第3b页。今天挂在林家祖宅的书斋中的"朴学斋"匾额是由晚清官员陈宝琛（1848—1935）所写。林家在 19 世纪被并入毗邻房屋，朴学斋旧址已不存。

中，她指出宋氏的写作并非出于传播手工艺知识的纯然动机，而是挪用不同领域的工匠知识去发展自己的一套具有普遍性真理的儒学理气观，使天、地、人各有所依。也就是说，工匠知识只是"末"，之所以被编收成书，不外是服务一直为"本"的儒者理论。[5] 林佶及其闽中士人圈子对待工艺知识的态度，相对更为平等，实为同时代少有。他们专注于刻石这一领域。不同于将它付诸文字书写或理论化，他们在日常生活中亲自操持工匠行当，以此身体力行。与此同时，他们结合了不同领域的知识和实践，从碑学、书法、绘画、篆刻、制砚，再到刊刻书籍。在其身体力行中，士人与工匠间的界线，以及思考与制作间的界线，在他们身上不再有实质意义。

实践文匠精神

林佶集中体现了这种书写即等同于物质工艺的碑学观。他的儿子涪云在《砚史》雍正十一年（1733）的后序中，将该书及其认知论的渊源追溯到祖父林逊在荔水庄的碑拓收藏，林佶和友人余甸年少时曾在那里接受长辈的教导。这个宝库之流传，奠定了他们的金石学入门基础。但他们的书法碑学观是兼容并蓄的，既重秦汉古碑，却也未摒弃晋唐法帖的传统法门："尤精书法入晋唐之室，于篆隶必辨源流。"[6]

然而，不同于当时大多数士人，林佶既写毛笔字，也用刀刻石。他解释说："非深于字学刀法，讵能垂之金石而传来兹乎？"[7] 内文紧接的是涪云忆述

5　薛凤著，吴秀杰、白岚玲译：《工开万物：17世纪中国的知识和技术》（南京：江苏人民出版社，2015）。

6　林涪云：《后序》，载《砚史》，首图本，卷10，第13a页。关于碑学之兴起对于唐代至17世纪帖学正统的挑战，见 Qianshen Bai, *Fu Shan's World: The Transformation of Chinese Calligraphy in the Seventeenth Century*。

7　林涪云：《后序》，载《砚史》，首图本，卷10，第13a页。我略过林涪云忆述其父擅长古代多种书体的部分。

父亲在书斋中培养琢砚家杨中一、杨洞一之事，这在第四章讨论工匠的训练时已引述。在林佶看来，石砚和木版都是传承文化和学术的基本媒材，因此，琢砚有如手书钞本和刻书版，乃治学不可或缺的一环。林氏强调媒材与其承载的信息是不可分割的。[8]

林佶跻身学术谱系和恩庇网络，就是凭借其刻苦不懈的身体力行。他逐字逐页地亲自为老师汪琬的遗作《尧峰文钞》手书版样，代表了他将信念付诸实践的早期成果。他耗时二十个月写完五十章，约共 362500 字：粗略估计，不算出游或休息所需时间，平均每日约 600 字。为另外两位重要的赞助人完成三个同类项目让林佶筋疲力竭（见图 5.11）。[9]林佶后来在内廷当中书，亦是这种认知观促使的结果，他借此向儿子和邻居们言传身教。士人书法家提供手书版样，再由名工刻版，人称"写样上版"，乃清初私营出版业的一股新风气。书法家和雕版家的合作产生了一批制作精良的书籍，而"林佶四写"是其中常被提及的典范。如此重视复制文字的工艺，反过来，亦折射出时人对收藏、校勘、注疏古今文的关切，此乃推动考据学认知转向的不可缺少的一环。[10]

192

除了与砚石、金石和古文字相关的知识，林佶的文集也展示出他熟悉建筑和造法，从测量土地到房屋方位。他在数量众多的文章中谈论书斋修造，林氏祖坟的理想方位，以及生前未及完成的大小建筑工程，印证了他关注操作细节和熟悉部分专业术语。连同其砚铭在内，这些文章揭示出林佶采取匠人的心态去看待写作、书法、风水方位、设计和建筑。他心系工艺，投入高强度任务来

8　我无法确认出林氏亲自镌铭的砚台，或因他的中书职务繁忙，难以抽身。林佶这种手艺在儿子涪云和孙子林皖身上有所体现。

9　林佶会习惯性地在每章记下完成日期，我能够大致算出汪琬《尧峰文钞》始自 1690 年农历十二月，成于 1792 年农历七月。我是按行数，而非具体字数来计算的。手书文稿完成于江南的嘉兴；林氏曾出游至河南商丘和苏州。另三部钞本是王士禛的《渔洋山人精华录》（1700）、陈廷敬《午亭文编》（1708）和王士禛《古夫于亭杂录》。我所见过这四部的最佳版本均藏于中国科学院图书馆。在我看来，《尧峰文钞》的书法要稍逊于《渔洋山人精华录》，后者代表林佶最佳书风。《午亭文编》和《古夫于亭杂录》字体略显仓促。

10　有关与林佶合作刻版的雕工姓名，此风尚带动的其他个案，以及与考据学的关联，见李致忠：《历代刻书考述》（成都：巴蜀书社，1989），第 342—346 页。

锻炼技艺，熟悉专业术语和物料，并参与实际制作。[11]

　　身为儿子和福州年轻一辈的导师，林佶将这种亲手实践方式以及对工艺和匠人的尊重，灌输到更广泛的福建士人和学生身上。福州的新制端砚和歙砚收藏不仅增强了帝国东南沿海的知识底蕴，藏砚家们更首开风气，除亲自书铭外，也邀请知名本土作家为藏砚赋铭。黄任形容铭和砚的共生关系："片石争求月旦知，不经题品不争奇。"[12] 一方砚若无文字题于背侧，犹如人无衣装，不受尊重。

　　石砚一经刻铭，直接被赋予石碑和书版的功能，成为传播碑学和文学知识的物质媒材，可供广大士子借作拓片。黄任赞叹余甸在福州引领一股风气，众人都想从他那里求得砚铭，而一旦文字镌于砚上，"固应尺寸人争拓，是割摩崖片段来"。余甸曾抱怨自己新买一方砚，刚经林涪云刻铭，便受自己的名气所累。许多人借它来传拓铭文，以致砚身变薄损裂，无法再用。[13] 黄任为其私藏的一方砚，刻上石鼓文两章。由于康熙皇帝的个人兴趣，研究石鼓文在清初逐渐流行开来。此砚有可能是为石鼓文或大篆感兴趣的当地学生所制作的一个简易教学工具。[14]

　　"借拓"砚铭之盛行，让我们得以管窥金石知识在民间中下层、小地方或

11　《朴学斋小记》，第 1a—6a 页。士人掌握的建筑和营造知识比以往预期的更常见，如游绍安的结构如船的别墅（《涵有堂诗文集》，第 558 页）。白铃安指出清代房主需靠专业知识去聘请、监督造房者和石匠，以防被骗。Nancy Berliner, *Yin Yu Tang: The Architecture and Daily Life of a Chinese House* (North Clarendon, VT: Tuttle, 2003), pp. 120-139.

12　黄任：《秋江集》，卷 4，第 5a 页。

13　黄氏的诗，引自《砚史》，长林山庄本，卷 8，第 3b—4a 页。另见黄任：《香草斋诗注》，卷 4，第 11b—12a 页。附有双行长注解释余甸砚铭在福州的风靡程度。余氏的砚因借拓而裂开一事，见《砚史》，首图本，卷 2，第 7a 页。该细节在长林山庄本（卷 1，第 6a—b 页）被删去。关于另一提及"借拓"之记载，见余氏的诗，见《砚史》，长林山庄本，卷 8，第 9a 页。

14　石鼓文是唐代发现的十座石鼓上所刻的秦代大篆铭文。最初有 718 字，但经北宋士人欧阳修拓本所见，只有 465 字可释读。明代天一阁拓本含 462 字石鼓文。黄任于雍正三年（1725）在广东收集到两章石鼓文字，共 74 字（57 字无重复），见《砚史》，长林山庄本，卷 2，第 8a 页。余甸、林佶各为该砚赋一砚铭，见长林山庄本，卷 1，第 12a 页；卷 4，第 4b 页。天津博物馆藏一石鼓砚，带 434 字，是由明代士人顾从义（1523—1588）手摹并刻制的。

文化圈边缘一些难以获得古碑拓本的弱势人群间的流通方式。虽无实质证据，　193
但零星线索表明《砚史》的早期版本（现已不传）或配有砚拓图片。有人建议
一些学生像法帖一样用此砚铭册来学习和临摹书法。[15]

　　在不夸大林佶和其余闽中士人的边缘性之同时，我们应认识到他们展现的
"文匠精神"在一定程度上与18世纪早期当地的文化性和地理性边缘化有关。
虽然大部分福州核心成员出身于书香世家，取得进士功名并频繁往来江南和京
师之间，但是他们清楚意识到自己的地域限制。譬如，林佶曾忿忿抱怨过在福
建难以获得善本古籍。他们如此热情地收藏新制砚台，固然是基于欣赏化璞为
宝的非凡工艺；但他们没有财力与江南望族、皇帝优宠的官员及追逐唐宋古砚
的新晋富商去抗衡，这也是不争的事实。

金农和高凤翰

　　将闽中士人的砚铭和物质工艺，与另一个边缘士人——出身山东的画家
兼琢砚家高凤翰（1683—1749）略做比较，具有多重意义。高凤翰和常居扬
州的画家金农（1687—1763）同属一个时代，二人也分别将自己写的砚铭编
集成册。林氏兄弟说服二人为《砚史》题跋，故将他们列入闽中圈子的边缘群
体。由士人转为职业画家的金农曾跟随何焯学习金石，他在题跋中从容不迫地
说："予卅年最癖于砚，自履所至作韵语。品定者约百余种，为人铭者十之七，
为己铭者十之三，曾雕板以行。"他的《冬心斋砚铭》在1733年末付梓刊刻。[16]

15　李鉴太守曾嘱咐白城（今属吉林）人章鹤侪去手书《砚史》砚铭，练习书法（《砚史》，首图本，
卷8，第35b页）。我无法查找到章、李二人生平。

16　《砚史》，长林山庄本，卷10，第3a—b页。跋文见于《砚史》首图本"磊磊落落皆贤良"标题
下，后在长林山庄本被删去。"磊磊落落"是个双关语，既指砚台累累，又指福州藏家的耿直节操。
这或是对余甸和林佶二人遭遇的政治迫害隐晦表达不满。金农叙述与他相识三年的林正青于乾隆二
年（1737）在扬州携《砚史》拜访他。《冬心斋砚铭》的体例不同于《砚史》。我所寓目的版本（收入
《巾箱小品》，1737年序）含95首砚铭。金农用行楷书为友人写另一册砚铭（1730），现藏广东省博

图 E.1

金农，《金农书砚铭册》之二页。其一，题名"口砚铭为内子作"。前半释文："毋长舌，毋露齿，闺中之砚，乃如此。"22×13.5厘米。广东省博物馆藏。

金农作为篆刻家兼书法家丁敬（1695—1765）的邻居、挚友，他自己也会刻印，有传闻说他偶有琢砚。

如果说金农在《砚史》的题跋显得客气但有距离感的话，高凤翰则因林氏砚铭集可能抢先出版，自己砚藏相形见绌而颇感焦虑。他先称自己亦编有《砚史》一册，乃仿汉代史学家司马迁在《史记》建立的体例，"以公好古如我济者"。据高氏自述，他藏砚近百方，由大小各异的诸石和澄泥制成，并亲自按类别写铭，拓本装订成册。他将其中十二方尤为伟丽殊常的砚另外写图，以收

194

物馆（图 E.1）。见朱万章：《金农书法艺术及〈行楷书砚铭册〉浅谈》，《收藏界》第 135 期（2013 年 3 月），第 99—101 页。

存自赏。高氏醉心于收藏热情之同时，称："几不知有他美好，亦复不更问世间好砚更有何人。今见陶舫此册，爽然失故步矣。"[17]

那十二幅砚图现已不传。高氏去世后留下 165 方砚图，其中有 112 幅砚拓，以经折式装订成四卷。他去世后逾百年间，有工匠先后以勒石和木版形式摹刻这些砚拓。最终集成《砚史》(为免混淆，下文称"高氏《砚史》")出版，成为 18 世纪关于制砚和砚藏的最有名文本，其名气超过同名的福州《砚史》，后者直到 20 世纪才正式刊刻。[18]

金农和高凤翰除了出身地点不同外，二人的社会身份和经历相似。金氏
195
原籍江南腹地杭州，高氏则长居东北角的山东莱州。金没有任何功名，而高氏以最低的诸生（有资格参加乡试）荐得官，在几个地方当过县丞，但与高官厚禄无缘。二人为谋求恩庇和生计，足迹遍布大江南北。直到同时寓居扬州（1737—1741），他们才在这块云集全国富贾和艺术赞助者的城市相互结识。金农成为 18 世纪最重要的画家之一，高氏则善于书画、琢砚，以此留名史乘。

与福州的士大夫群体被视作思想史和社会史的研究对象不同，现代学者倾向于将金农、高凤翰划定为画家和艺术家，纳入艺术史的分析对象。然而，这些现代学科边界所衍生的标签，易于忽略他们的异同之处。金、高和福州士人之间最显著的差异，并非前者绘画、后者钻研书籍，而在于福州士人多带有进士或举人功名。其士人的社会身段也因此更有说服力，即使就仕途而言，功名最终并未为林佶、余甸或黄任带来实质性好处，不外是罢官归里。

17　高氏的题跋纪年乾隆元年（1736）农历十一月九日（《砚史》，长林山庄本，卷10，第3b—4a页）。高氏未提到他与福州藏砚圈的关系。但他曾任官泰州巡盐分司，或在当地认识同侪林正青。他们皆与苏州人李果（1679—1751）交善，李果为福州《砚史》赋诗四首（长林山庄本，卷9，第1a—b页；李为林佶一方砚赋铭，见长林山庄本，卷4，第7b页）。李氏无功名，曾为高凤翰《砚史》写了一篇长序（第18—19页）。关于李果生平，见高凤翰：《砚史笺释》，第23页。

18　高氏后人将砚拓册卖给收藏家王相，王氏请书法家、制砚家王子若（1788—1841）摹刻上石。到他去世时，已完成近半。后改用较粗糙的枣版补绘。高氏《砚史》原以彩墨拓砚（112幅，有些每张拓二至三方砚）再以笔补绘，并钤朱印。王相摹刻本发行量应很少，其中只有一原本保留（第二次世界大战期间散失；残页16张和王子若摹刻石版45块现藏南京博物院）。原彩版在今重刻本变为黑白图。其摹刻过程，见田涛：《前言》，载高凤翰：《砚史笺释》，第7—8页。

　　即使存在这种功名履历的差别，"画家–艺术家"与"士人"的日常活动却惊人地相似：不断出游、建立社交、赋诗、作画、为画题跋、收藏碑拓和砚、研究拓本古篆、用古今书体写字、撰铭、琢砚、常为钱而担忧。我认为这一组活动皆可视为前揭抽象的"文匠"认知观的日常性表现。理学迈向考据学的认识观转变，不单是惠栋、钱大昕等朴学家以及其他江南、山西、北京、广东等地学者的功劳。石砚和古文字在书斋、作坊和偏远地区的小范围流通，是此过程不可或缺却长期被忽视的一环。

　　工艺实践上，高凤翰和福州士人间确实存在重大差异。福州《砚史》和高氏《砚史》虽然都是手写和手刻的砚铭集册，但是二者的体例和动机均存分歧，在匠人手艺、书写与石材之间的关系上展现出两种截然不同的模式。高氏拥有高效的作坊，亲自带领一批人大量生产砚台，其成品却像书画般被奉为大师之作。他训练儿子、孙子和侄子成为书法和刻字的学徒。[19] 他们帮他干许多杂活，而艺术创意则由高氏独揽。高凤翰既掌管家庭式作坊，自己又是独当一面的艺术名家。相对于秉持创作仅用脑而无需动手的主流学者来说，林佶、林涪云和余甸更像是工匠。相对于高凤翰，他们则是"高端"士人鉴赏家，从砚坑购买优质端石或歙石，为赋铭而彻夜冥思苦想，不惜工本去延请名家或亲自镌字。

196

　　高凤翰似乎没有余暇这般慢工出细活。高氏《砚史》中随处可见作者的过人精力。他购买廉价砚材或直接捡拾于街巷，凿刻出奇形怪状；镌铭别出心裁，尺寸异乎寻常（图E.2）；然后将其卖掉或转赠。高凤翰穷困多病，这并不是他故意做作，无病呻吟。微薄的经济来源对其艺术和工艺影响巨大。他并未琢制很多端砚，更喜欢从通州商贩大批购买廉价的澄泥料。[20] 出于节省，他将厚端石中分为二，制作两枚较薄的砚（第106页）。即便右手因痹疾而残废，意志不屈的他仍不停歇，改用左手写字、绘画和雕刻。苦于一印匣空闲无用的他，欣喜于获得砚石一小角，尺寸适合，于是制作成砚，填贮其中（第286页）。

197

19　高凤翰：《砚史笺释》，第5、138、140、250页；他也有一个徒弟为砚镌字（第123页）。

20　高凤翰：《砚史笺释》，第140、233、235页。制作澄泥砚须加胶泥，投入人力去窑烧，以此提高砚材的抗渗透性，相关制作过程，见台北故宫博物院编：《西清砚谱古砚特展》，第27—29页。

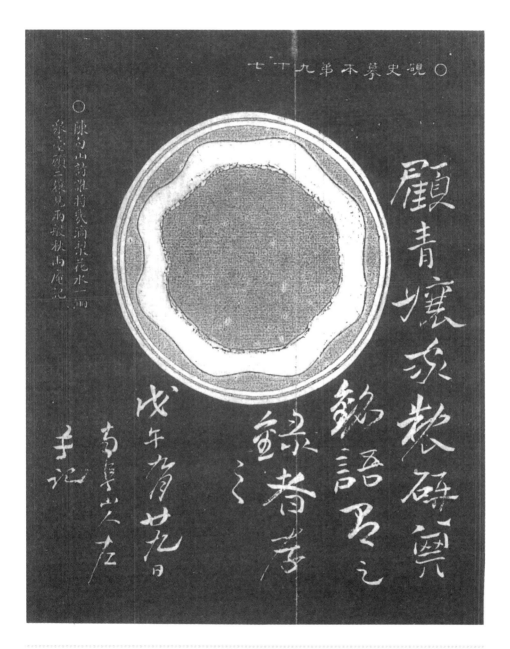

图 E.2

"顾青孃家制砚。"高凤翰在 1738 年题写此跋，并未透露将此砚制作者定为"顾青孃"（"顾二娘"异名）的依据。砚面墨拓，直径 14.2 厘米。取自高凤翰：《砚史》，第 264 页。

高氏充分利用寻常物料，发现不显眼的材质并变废为宝，并对此引以为豪。[21] 时而用非凡雕工将一块砚材边角料变为奇品（第126页），或以独到眼光看出友人从吴郡阊门买到一方不起眼的砚，实属米芾旧物（第38页）。有一次，他在南京街头发现货郎肩背的一堆败絮中夹有带光泽的紫石。他后来发现这方砚非常好用，适合发墨来作大件书画；即便所作书画不下数百幅，仍锋颖不褪（第70页）。对高产量的高凤翰而言，用量词斤斤计较自己和石砚同样如何多产是一份骄傲，无损他的身价。

高氏常记录自己的艺术创作，包括标明作品尺寸、制作所需时间和动作重复性，这都是工匠特有的思维作业模式，南京紫砚仅是众多个案之一。在一个更生动的例子中，他讲述自己在徽州集市买到一方普通的砚，一直随行携带它近十年，发墨以石斗计。他（和砚）努力工作，以致砚心凹陷成臼状（第66页）。高氏后来为一个主顾书写一幅大额书法时，不得不"用数砚取墨将三石许"。由于普通器皿装不下如此多的墨汁，高氏改用自己的药臼来注墨写字，反将臼变成砚，很是得意（第206页）。

可见福州士人和高凤翰之间的差异，体现在性情、资源与抱负上。高氏将自身艺术的不同侧面——诗、书、画与刻砚——视为一个整体，皆见证他旺盛的创造天赋。对林涪云而言，镌刻雅致的砚铭则见证了自身家族的士人门第和地方特色。他们对砚的品味在材质和样式更存在巨大分歧。透过对物质工艺的态度，高氏可谓是"学者型工匠"，而林氏是一位"工匠型学者"，两者之间的微妙差别，容后详述。

需要强调的是，虽然作风不同，高凤翰和福州藏砚家对技艺的基本态度是

---

21   高氏将带瑕疵的砚石比作人，誓不将其埋没（高凤翰：《砚史笺释》，第155页，另参第127、191页）。他利用边角料之例，见《砚史笺释》，第277页，另参第120、126、197、204、283页）。他如一名爱捡便宜的主妇，兴致勃勃地讲述自己随手捡来或廉价到手的砚石来源：藏家、故家、村市、流动商贩和书店。他有"狡猾"的本领从友人那里讨要砚材，正如米芾的把戏一样（高凤翰：《砚史》，第54、68页）。他高兴地讲述砚台随处可寻（第132、274页）；提到一些人会直接从端坑和采石工处买端石（第48、85页）。坚持随处找砚材，或是对时人追逐名贵端石的一种回应。类似关注在林涪云辑《砚史》中也有迹可循（长林山庄本，卷8，第26a—b页）。

一致的。首要的是，作为清初文化和思想环境的一分子，他们都显示出对新制
砚台的不懈兴趣，对同时代的工匠及自己的创造力和技艺怀有高度信心。在一
个商业财富推动的世界，每天的生活充满着新刺激和新发现的可能，"旧物焉　　198
足恋？"（再次引用余甸或林涪云的话，见第五章注 69）。金石家服膺的尊古
主义坚信，透过当代积极而批判的视角才能重新认识过去，正因如此，它的研
究对象虽是古器物，却是所有思想和艺术思潮中最具现代性的。为考据学乾嘉
大盛铺路的资源之一，也许就是林氏父子、高凤翰和其他人在康雍期所躬身力
行的文匠精神。

从士大夫到工匠型学者

在第五章叙述闽中群体的藏砚活动时，我强调他们对砚的癖好、情感投入
等主观因素。我也试图通过勾勒作为收藏品的砚台市场的形成，去观察引导该
市场的价值标准。我避免采用一个普遍解释 —— 在 17—18 世纪竞争激烈的社
会中，收藏可以提升个人"地位" —— 无论此说法多有说服力。我会在最后才
谈论地位问题，而由于社会地位不再是一个既定标签，设想收藏家在既成的、
固定的社会阶序中一级一级向上攀爬的形象容易令人忽视故事的关键：收藏砚
台及其必需的物质知识，是如何冲击既定的社会阶序，成功地调适出一个新精
英男性的社会身段？

明清社会体系最明显的问题就是，统一的"士人"标签被消解。第一波转
变是由思想和文化程度不断提高的商人所掀起。中国在 17 世纪早期融入全球
贸易网络，商人从中累积财富。丝织、棉纺、瓷器生产等手工业随之发展，而
稻米、木棉、蔗糖等经济作物的区域经济在社会基层形成对"以农为本"秩
序的冲击。变得富有的商人转向儒学之道，而卷入商业社会的士人开始从事
出版业或兜售考试指南，他们需要更旗帜鲜明地维护与商业绝缘的道德立场。
17 世纪开始出现的"儒贾"，是依违于儒学和经商之间的新阶层。其他如"通

人"这个新标签就是用来形容徽商出身却又富有学识的学者和收藏家，他们在18世纪成为思想界和艺术品味的权威。出身徽商家庭的藏书家兼藏印家汪启淑（1728—1799）就是一个突出例子。[22]

第二波的事物秩序［order of things。译按：此处作者应借用法国哲学家米歇尔·福柯（Michel Foucault，1926—1984）的名著《事物的秩序》英文版（*The Order of Things*）］之变迁，是手工艺知识的地位提升渗透到清初社会的各层面，与基于儒家伦理、理学的科举出仕互为两极。值得强调的是，士人（或有意成为士人者）以琢砚等工艺制作为生，这个转变是单向性的。不同于商人之崛起，文士身份的重塑并不表示功成名就的手工艺人能够顺利重返士人圈。不管中国文士对物质工艺怀有多大的敬意，他们是不会像包衣唐英那样毫不在乎地用"陶人之心"自比为工匠的。

手工艺知识的地位提升因此在社会上引发了矛盾的影响，虽然一方面模糊了匠人和文人之间的界限，但另一方面士人和不识字的石工间的地位差异依然存在。在第四章，我们看到董沧门、杨洞一、谢汝奇等福州琢砚家如何成为"学者型工匠"，横跨原本泾渭分明的两个世界。他们放弃举试而从事制砚或其他工艺制作，融入雕印钮技法而发展出福州制砚风格，因此在清帝国小范围区域内成名。我称他们为学者型工匠，肯定他们的文化水平往往等同士人，但主要定位仍是匠人，因其名气、专长和生计均是植根于工艺技能。[23] 儒学在晚明以降对工匠技艺的影响日臻深入，获得经典教育对掌握刻印或琢砚艺术尤为重要。

金农和高凤翰看重技能，且以物质工艺为生计，再加上其单薄的科举履

22　梁章钜（《浪迹丛谈》，第21页）用"通人"指代康熙、雍正朝有学识的三名盐商。有关该词（p. 275）与汪启淑，见吴玉莲之研究，Yulian Wu, "Tasteful Consumption: Huizhou Salt merchants and Material Culture in Eighteenth-Century China," (PhD diss., University of California, Davis, 2012)。

23　医师的主体定位及他们在元代的"儒学化"，与学者型工匠惊人地相似，见 Robert Hymes（韩明士），"Not Quite Gentlemen? Doctor in Sung and Yuan," *Chinese Science* 8 (1987): 9-76; Charlotte Furth（费侠莉），"Physician as Philosopher of the Way: Zhu Zhenheng (1282-1358)," *Harvard Journal of Asiatic Studies* 66, no. 2 (Dec. 2006): 423-459。薛凤探讨了这些社会地位介于士人和手工艺人之间的"混合角色"（hybrid figures），但他们仍自称是士人，见 Dagmar Schäfer, *The Crafting of the 10,000 Things: Knowledge and Technology in Seventeenth-Century China*, pp. 12, 91-94。

历，他们与学者型工匠一脉相承。但是，像他们这类艺术家和画家需要在社会展演上付出加倍努力，其作品才有可能被视为"文人画"去欣赏品评。金农就希望能够像士人一样，凭自己所撰的砚铭而成名，而非靠自己制作贩卖的砚。高氏为自制的砚台摹制拓本，也是希望借此呈现自己的创造才赋，而非旨在制作成为训练学徒的手册。

福州藏砚家群体在《砚史》中同样展现出对石材特性的精通，不少人更擅长刻石，但其社会身段是不同的：他们并未放弃对经学的职业追求。此追求的最重要前提就是足以维持士人生活的经济手段。常见形式则包括族田房产、在私塾与书院任教、编纂、幕僚（职位竞争性高，需要动用人脉和文化资本），甚至在紧要关头变卖家产。部分有志之士的宦途最终一帆风顺，其他人则短暂出仕，最后被迫辞官；有些人最终未能成功，仍将希望寄托在下一代身上。精湛的书法和刻石功夫，更不消说有知名砚藏，这都有助士人及其子嗣在高强度竞争的人才市场中脱颖而出。

"士大夫"是以儒家明言"学而优则仕"而成为该群体的统称。[24] 但是，200 清朝的歧视性政策及急剧增长的考生数量，让大部分清初士人的理想化为泡影，更不消说清初的政治迫害让极少数成功者的宦途充满风险。贸易和手工业在社会流通中的产生的剩余财富，令更多士人可以选择不出仕，这进一步地加剧了士人和士大夫之间的分裂。[25]

为反映这些新的政治和经济现实，也为更准确描述福州士人，尤其是林家兄弟及其儿子的思想转型和日常活动，我提出"工匠型学者"这个标签，强调他们以学者士人身段出现，但汲汲所及的不是经典的微言大义，而是运刀、运

24　科举乃进入宦途之门槛，经典研究见 Ping-ti Ho（何炳棣），*The Ladder of Success in Imperial China: Aspects of Social Mobility, 1368-1911* (New York: Columbia University Press, 1962)。

25　艾尔曼将这种社会财富流动视为学术团体崛起的必要条件，那些从事考据学的学者已不在官署任职（见 *From Philosophy to Philology: Intellectual and Social Aspects of Change in Late Imperial China*）。福建士人在清初获得仕宦成就的额外阻碍，是当地的政治敏感性：福建是 1676 年被镇压的藩镇耿精忠（1644—1682）的根据地，与此同时，福州士人陈梦雷（1650—1741）也因忤逆罪两次下狱。陈氏是《古今图书集成》的主编修，雇请一批福州士人，当中包括林佶，而林氏也短期下狱。余甸则受观风整俗使指控，直接导致他宦途断送。

笔法门，尤其是无功名的林涪云，主要以制砚刻字为生。至于如杨洞一、董沧门等学过古文字、能吟诗，但以治砚印营生的艺匠，"学者型工匠"这标签可以说当之无愧。工匠型学者和学者型工匠都可视为"文匠"，两者之间的差异虽主观又细微，但后果却真实存在。士人和手工艺人之间的社会位阶（或地位差异）很大程度上变成一种展演、身段姿态与自我认可，并且取决于社会接受和判断。被外界认为更接近士人而非手工艺者的人，要拥有相应的经济和文化资本去维系该身份。促使这两个群体出现的客观因素却是一样的——技术官僚文化在不同程度和范围内传播，并渗透到碑学和经学领域内。

　　为纠正欧洲科学革命是由天才发明而有意推进现代化的目的论叙事，科学史前卫学者近年转而关注"通俗科学"（vernacular science），将研究焦点放在不起眼的地方知识的生产和传播网络，尤其是手工作坊、药局等，称之为"分布式认知"（distributed cognition）或"分布式知识"（distributed knowledge）。在 16 世纪，一种"手工艺认知论"（artisanal epistemology）在欧洲多地的作坊涌现，此乃 17 世纪科学革命的先导。对手工艺人而言，物品经验是与其身体经验捆绑在一起的。[26] 欧洲的科学革命似乎不再是个人天才科学家的产物，知识是社会所集体创造累积出来的。在这个框架下，所谓"科学发明"并不涉及根本全新的突破，而是已有储备知识的重构。[27]

　　苏州专诸巷的顾二娘，福州的林涪云、杨氏兄弟和谢汝奇，广东的无名琢砚家，刘源及其他 18 世纪早期被造办处招募的匠役所实践的"文匠"认知论，是否有可能为考据学建立起有形和物质性经验之积淀，成为这股学术思潮在乾嘉时期开花结果的先兆，就如同 16 世纪的欧洲手工艺人为科学革命的理论转向埋下基础那样呢？就此问题，石砚无从回答。在此提出这个假说，留待未来的学者去证实：一边用电脑敲打文字，一边亲自体验琢砚，从中挖掘出更多奥秘。

201

26　Pamela H. Smith, *The Body of the Artisan: Art and Experience in the Scientific Revolution* (Chicago: University of Chicago Press, 2004).

27　清代个案有一点重要差别：大多数重要的科学实验是直接由皇帝主持，在造办处展开的。

文匠的性别问题

如果说部分士人和手工艺人共享的工艺技能——即"文匠"技艺——促进士人和手工艺人的社会身段之融合，从而扰乱阶层或地位的运作，技能对根深蒂固的性别等级的影响则更为细微难察。艾约博（Jacob Eyferth）对技艺定位的双重性设想，对弄清个中原因有帮助。艾氏提醒我们，工艺技能既体现在个体匠人身上，其根源、分配和传承又因要在社会上流通或代代相传而具有社会性。[28] 士人身上的技能实际上也是如此。无论是熟背经典、掌握注疏要义、书案上悬腕执笔、观察墨色浓度或背诵诗词之辞赋和韵律，身体都是中国士人训练和专长的前提条件。因此，将士人界定为《孟子》中的"劳心者"，是不切实际的。治学就是一门手艺。

若抛除头衔和自我形象的话，中国士人在实践中就是手工艺人，尽管两者的生活方式、习惯、工作节奏和金钱报酬有显著差异。虽然（或正是由此）二者有这些相似性，但是士人有意淡化自身成果的物质性（钞本、书籍、画轴、册页），也否定自己对权贵赞助者和金钱的依赖性，从而在意识形态将自身与手工艺人（以及商人）划清界线。这种焦虑也许就是中国历史中文士著作低贬工匠的根源。

由此可见，阶级或阶层歧视的心理根源与性别歧视没有什么差别。男性精英认为女子"难养也"，其礼仪地位卑微，并不代表女人对男权社会可有可无。[29] 事实上，她们在男性生活各项基本事务中扮演着不可或缺的角色：子嗣后代的母亲，以膳食和酒饮服侍男性，为他缝制衣物，满足其性需求。说女子难养，也许亦是出于男性精英的某种焦虑。不断地将书籍、藏砚的文化诉求界定为男性气质，本质上是一种意识形态主张。此观点虽无现实根据，却被反复

28　Jacob Eyferth, *Eating Rice from Bamboo Roots: A Social History of a Community of Handicraft Papermakers in Rural Sichuan, 1920-2000*, pp. 17, 41-43; François Sigaut, "Technology."

29　"难养也"出自《论语》："唯女人与小人难养也。"（《论语》17.25）

强调，即使在明清时代，母亲是不少有学之士的启蒙老师，女性艺术家卖画来扶持丈夫，女性写作、编辑与出版蔚然成风——她们所使用的若不是砚台，又是什么呢？当浪漫男子竞相收藏知名女作家和女画家使用过的名砚，女性自身藏砚和用砚很大程度仍被人忽视，这确实令人吃惊。因缺乏同类先例，就连黄任也羞于承认自己的妻子、女儿是爱砚之人。

艾约博提出工艺技能是植根于社会集体的后半论点，突出交际关系网对知识获取之重要性，这对女性而言存在先天不利。一个人能否接触到古拓、善本钞本、名画或砚藏等文化资源同时取决于这人的性别和出身阶层。在公共图书馆和博物馆诞生之前，占有、借阅、观摩任何古籍、书画或古物，其或知晓何物藏在谁家，都是一种特权。男性精英通过控制藏书和物品的使用权，保持对下层男性及所有女性的优越感，仿佛厕身同一个名校校友会（old boy's networks），或是科举时代的"同年"，少时跻身特权圈，终身受用。（译按：有时又称 old boy's club，是指英美地区，尤其是近代的英国精英阶层出身的男校校友，在此譬喻由男性精英组成的小圈子团体。）与他们的工艺实践一样，士人和鉴赏家的知识不可能是唯心的，本质上无可避免地具有物质性和社会性。

相对于士人学术圈，手工艺行业更注重任人唯才，虽然它亦难以完全排除社会盛行的性别偏见的影响。受训于织绣艺术以及腌制、造酱和家中农事等物质工艺的妇女是全国家庭式和商业手工生产的技术劳动力来源。[30] 不同于藏砚，琢砚不被人看作是一项男性专属行业。众所周知，黄岗村群的砚工家庭长期将雕刻交给妻子和女儿来负责，生产出全国上百万莘莘学子的书桌用品。她们自 16 世纪在文献中被记载为"黄岗女手"，据说人数达"五百"名，可见数量众多。[31]

---

30   女性手工艺人在早期帝制时期的私营和官营作坊皆十分活跃（Anthony J. Barbieri-Low, *Artisans in Early Imperial China*, 108-114）。在清帝国以家庭为生产单位的纺织坊中，妇女担当重要角色，而商业和官营丝织厂只聘用男性。女手工艺人作为画家出现在苏州桃花坞、江西景德镇制瓷厂，更别说是江南刺绣作坊的绣工。书商也会雇用女性为出版书籍去刻版。

31   黄任在四会也许曾雇"黄岗女手"为他琢砚。见其诗自注："黄冈制研数十家，多出女手。"（《砚史》，长林山庄本，卷 8，第 4b 页，参第 32a 页。首图本"数十"作"十数"，卷 8，第 4b 页）《砚史》一首诗中描述她们的"沙磨"技艺："紫云原是黄冈东，妇女沙磨百练功"（首图本，卷 8，第 49a 页），陈羽认为这是制砚最后一个步骤。这需用当地的滑石和西江河岸泥沙去打磨砚台，以消除刀痕（陈羽：《端砚民俗考》，第 76 页；另参见屈大均：《广东新语》，第 191 页）。

图 E. 3b
在这幅描绘一位仕女洗砚的罕见画面中，画家将她单独置于庭园中；其桌上放置一件茶壶、一只茶杯、一本书、一件中插花束的花瓶，以及一盘水果等物。它们指代男性鉴赏家特有的闲赏活动。蓝瑛（1585—约 1668）、徐泰（活跃于 17 世纪）合绘，《浴砚图》局部，138×45 厘米。天津博物馆藏。

身为唯一一名在清初高端制砚行业中留名的专业女性，顾二娘是独一无二的现象。她基于自身的非凡技术，从福州赞助人和同业男琢砚家中获得尊敬——证明他们对工艺技能的尊重——勾勒出一个女性可以因她个人能力，而非外表或繁衍后代能力而获得外界肯定的新时代之来临。其他男性士人的表现，包括《江南通志》监修者将顾氏放在顾家家谱的次要角色，则一再地提醒我们，根深蒂固的性别偏见不会仅因为一个女性的成就而发生改变，不管她的技艺是有多么卓越。

附录 1　清初文献记载的顾氏砚总录

一、大致年代确定者

1. 赵松雪砚（《砚史》，首图本），独孤砚（《砚史》，长林山庄本） 205

    日期：庚辰（1700）深秋

    赞助者：林佶

    定制地点：苏州

    砚石：上品歙石

    铭款：（砚背？）余将北行，独孤长老携此石见惠，感其情契，俟他日乞归，与结山林缘，畅叙幽情，以娱暮景，信可乐也［至大二年（1309）三月十八日，孟頫识于清河舟中，行书，长印：子昂］。

        （左侧）文徵明铭：嘉靖己亥（1539）十月五日，忽有人持此石来观，把玩恍然若失者累日，因倾赀购得之，真稀世宝也（楷书，印：文徵明）。

        （右侧）：墨林山人项元汴家藏真赏。

    林佶附注：庚辰秋杪归自京师，过吴下，停舟阊门，得于桃花坞之汤氏，爱其石质温腻，歙之上品，松雪翁跋语，笔法生气奕奕，珍同和璞，微嫌开池小而墨堂狭，因付顾大家廓而大之，顿改旧观（鹿原佶识，楷书）。206

    资料来源：《砚史》，长林山庄本，卷7，第2a页；首图本，卷7，第1b页。

2. 蕉白砚；太璞不雕研（《砚史》，首图本，卷2，第3a页）

日期：己丑（1709）十月

赞助者：余甸

定制地点：苏州

砚石：带蕉白纹的端石

铭款：余甸砚铭（已刻）：蕉白隐现朱螺文，太璞不雕含奇芬，宝此可以
　　　张吾军。

余甸附注：己丑十月，客吴门，顾大娘／家为造此砚，用铭三语，索何屺
　　　瞻先生书之，镌手亦先生所素许者，越三日而竣事。

资料来源：《砚史》，长林山庄本，卷1，第3a页；首图本，卷2，第3a页。

3. 索砚

日期：壬辰（1712）八月

赞助者：黄中坚

地点：苏州

砚石：猜测是端石

砚铭（不知是否已刻）：是名索砚，顾家妇制，质美工良，宝之勿替。不
　　　圆不方，依质成章，似为予戒，言括其囊。

207　　资料来源：黄中坚：《蓄斋二集》，第458页。

4. 奎砚

日期：壬辰（1712）（砚石购于1712年，我猜测随后便使用于制砚）

赞助者：林佶

砚铭（已刻）：曜合纬联天降符，撰赋纪瑞帝日都，凤池捧砚微斯图（紫
　　　薇内史臣佶恭纪，篆书）。

林涪云铭（已刻）：砚为宣德时旧坑，岁壬辰先君子购于慈仁寺集，磨
　　　砻于吴门女史顾氏，挥毫于丝纶阁，十有二年，携归偕隐，未几
　　　捐馆舍，越明年不戒肤篋，遂入台江，江氏来归于我，公羊子曰：

宝玉大弓，国宝也，得之书，丧之书，子孙其世守勿替。雍正壬
子秋霜镌此以志风木之感。

砚石：宣德朝（1426—1435）采的旧端石

资料来源：《砚史》，长林山庄本，卷4，第4a页。

5. 井田砚

日期：癸巳（1713）前。该铭至迟撰于1733年，陈氏携此砚已二十年，
　　　故应至迟在1713年制成。

赞助者：陈德泉

砚铭（不知是否已刻）：产于粤，游于燕，吴顾氏，画井田，伴我芸阁归
　　　林泉，如影随形二十年（德泉。行书）。

资料来源：《砚史》，长林山庄本，卷3，第1b页；首图本，卷5，第4a
　　　页。参看陈德泉诗，载《砚史》，长林山庄本，卷8，第14b页；
　　　首图本，卷8，第14a页。

6. 宋坑砚（《砚史》首图本记为"水坑砚"）

208

日期：丁酉（1717）前（很可能是涪云在北上京师途中，在苏州新制的一
　　　方砚）

赞助者：林涪云

砚石：宋水坑旧端石

砚铭（不知是否已刻）：水崖之精琢乃成，子能宝之实家桢［丁酉
　　　（1717）冬日鹿原］。

其他信息：《砚史》林佶附注：我儿来省视，携顾大家所制砚乞铭。

《砚史》林正青附注：此石乃宋坑，温而栗，经顾氏磨砻［手琢，参《砚
　　　史》，首图本，卷1，第5b页］，墨积如数百年物，尤可玩。

资料来源：《砚史》，长林山庄本，卷4，第6a页；首图本，卷1，第
　　　5b—6a页。

7. 月仪砚 [1]

日期：砚铭撰于壬寅（1722）九月九日，故该砚至迟制于1722年

赞助者：许均

许均撰铭：端溪璞玉夜珠色，探向骊龙颔下得。吴趋嬬女女娲手，炼石如
泥工剪刻。蚌形琢出月初圆，秋水澄江练一幅。案傍亦有玉蟾蜍，
对此垂涎敢吞蚀。镂肝刻肾玉川子，笺奏天工枉费墨。如何研露
写乌丝，翠袖佳人勤拂拭（壬寅九月九日，雪邨居士，行书，印
雪邨）。

资料来源：《砚史》，长林山庄本，卷3，第3a页。

209　8. 杏花春燕砚

日期：不可考，仅知林佶去世后（约1725年后）

赞助者：林涪云

地点：苏州（专诸旧里）

砚石：中洞端石

砚铭（刻在砚侧）：只衔花片与多情

砚背：刻杏花春燕图

其他信息：《砚史》林涪云附注：吴门顾氏三世以断砚名，大家所制尤古
雅浑成，先君子旧有天上支机石，占取人间玉斧仙赠句，今春偶
得中洞石，访顾于专诸旧里，因出片笺，乞余书之，随于砚背制
杏花春燕图酬余，细腻风光，得未曾有，所谓玉斧仙，不其然乎
（轮川戬，楷书，印二：得趣，暖风来燕子）。

资料来源：《砚史》，长林山庄本，卷6，第5b页。参《砚史》，宝山楼
本，卷6，第5a页。

1　顾氏或曾为许均制作另一方砚。林涪云在一首诗中，提到许氏藏有一枚碧玉色歙砚："早岁文坛蓊
标家，藏［首图本是"家"字］藏龙尾大家雕。蔚蓝天际金星点［首图本是"金星点点碧如玉"］，争
胜东流［首图本是"精华"］白蕉叶（雪邨有歙研［首图本是"石"］，如碧玉色）。"（《砚史》，长林
山庄本，卷8，第34a页；参见首图本，卷8，第18a—b页）

二、年代不详者

9. 凤砚

砚石：端石

林兆显书铭：具丹穴姿，回翔超越，制自顾大家，探从羚羊窟。紫云入袖，日含毫翔，羽丹山鉴，身发凤池，吾欲扬先芬，万里桐花有根骨。

资料来源：《砚史》，长林山庄本，卷6，第7b页。

210

10. 水月镜花砚

余甸书铭，但未知是否是他的砚，铭文：水中月，镜中花，品美石，不争差，征雅款，顾大家（余甸铭，楷书）。

资料来源：《砚史》，长林山庄本，卷1，第6b页；首图本，卷2，第7a页。参见余甸：《余京兆集》，第19b页。

11. 青花砚

赞助者：黄任

日期：不可考（"今春"在黄氏叙述中，至迟是1733年）

地点：苏州

砚铭（背面）：一寸干将切紫泥，专诸门巷日初西。如何轧轧鸣机手，割遍端州十里溪。

其他：《砚史》黄任附注：余此石怀袖将十年，今春携入吴，吴门顾二娘见而悦之，为制斯砚，余喜其艺之精而感其意之笃，为诗以赠，并勒于砚阴，俾后之传者，有所考焉。顾家于专诸旧里。莘田。

资料来源：《砚史》，长林山庄本，卷2，第3a页；首图本，卷3，第2b页。

12. 吴镇　橡林精舍砚（《砚史》，首图本，卷7，第2a页，"吴仲奎砚"）

赞助者：黄任

日期：不可考

砚石：端石，长一尺多，厚两寸，带青花和鸲鹆眼石品

211　砚铭：守吾墨而无丧其真，利吾用而无染其尘，从容乎法度，下笔如有神，是可为知者道，而不可以语之俗人［至正庚寅（1350）夏五月廿日，宿雨初霁，清和可人，有风动竹潇洒檀栾之声，欣然?寐（《砚史》，首图本，卷7，第2a页，"亡味"），梅道人雨窗戏墨于橡林精舍，草书］。

其他：谢古梅附注：经吴门顾大家重制，两月始成，形如威凤，此十研至宝也。所谓［翔］千仞而览德辉，其在斯乎（古梅）。

资料来源：《砚史》，长林山庄本，卷7，第3a页（谢古梅的注不见于首图本，宝山楼本也删去其个人文字）。

附录 2 各大博物馆藏带顾二娘款砚

1．凤砚样

藏地与资料出处	砚材	尺寸	作品名	设计	铭款	其他铭文
北京故宫博物院（《文房四宝·纸砚》，第94—95页）	端石	长 21.5 宽 18.1 高 2.6	1a. 凤砚（图 4.9）	砚面：凤首和上身 砚背：下身及尾羽	砚侧：吴门顾二娘造（篆书）	砚背：林佶，铭文及印；"一寸干将"诗及附注，黄任印；十砚轩图书印
纽约大都会艺术博物馆（Thorp and Vinograd, *Chinese Art*, fig. 9.25; Hay, *Sensuous Surfaces*, pp. 54-55）	石灰岩		1b. 凤砚（图 3.7B）		砚背：吴门顾二娘制（篆书）	无
参考：朱翼盦旧藏（朱传荣，《萧山朱氏藏砚选》，第99—100页）	未详	长 15.8 宽 10.2	1c. 凤砚（图 3.7A）	砚面：凤首、双翼及云 砚背：凤尾及云	砚背：吴门顾大家制（行楷）	砚背：款后钤长方印：人间玉斧仙

2．杏花双燕样

藏地与资料出处	砚材	尺寸	作品名	设计	铭款	其他铭文
天津博物馆（《天津博物馆藏砚》，第96页）	端石	长 18 宽 12 高 3	2a. 双燕砚（图 3.7C）	砚面：卷云边缘砚背：双燕	砚背：吴门顾二娘制（楷书）	砚背：只衔花片与多情印：得趣 砚侧："一寸干将"诗
台北故宫博物院（《兰千山馆名砚目录》，第160—162页）	端石	长 6.7 宽 7.2 高 2.1	2b. 双燕砚（图 3.7D，4.2）	砚面：随形 砚背：双燕	砚背：吴门顾二娘制（篆书）	砚背：杏林春燕

3.　蕉叶砚样

单位：cm

藏地与资料出处	砚材	尺寸	作品名	设计	铭款	其他铭文
台北故宫博物院（《兰千山馆名砚目录》，第164—166页）	端石	长18.4 宽12.9 高2.2	3a. 蕉叶砚	砚面：蕉叶 砚背：蕉实	砚面：顾二娘制（篆书）	砚背：玉田（字，可能是黄任的莘田的误植）
台北故宫博物院（《兰千山馆名砚目录》，第112—114页）	端石	长4.5 宽9.6 高2	3b. 蕉月砚（图3.7E，3.7F）	砚面：蕉叶与月形砚池 砚背：达摩像	砚背：吴门顾二娘制（行楷书）	砚背：达摩诗，莘田黄任题；印：黄氏珍藏
台北故宫博物院（《兰千山馆名砚目录》，第106页）	端石	长16.7 宽11.7 高1.9	蕉月砚	砚面：蕉叶与月形砚池	无	砚背：黄任铭文；印：莘田

215　4.　夔龙池砚样

单位：cm

藏地与资料出处	砚材	尺寸	作品名	设计	铭款	其他铭文
北京故宫博物院（《文房四宝·纸砚》，第92页）	端石	长23.5 宽20.2 高3.6	4a. 洞天一品	砚面：砚池边沿饰夔龙纹	砚侧：吴门顾二娘造（篆书）	砚面：（黄）任铭；钤印，康熙己亥年（1719）
北京故宫博物院（《文房四宝·纸砚》，第90—91页）	端石	长17.9 宽13.7 高3	4b. 随形砚	砚面：砚池边沿饰夔龙纹 砚背：余甸题铭	无顾氏款，但通过余甸铭连结	砚背：余甸铭，雍正十年（1732）

5.　云月砚样

单位：cm

藏地与资料出处	砚材	尺寸	作品名	设计	铭款	其他铭文
天津博物馆（《天津博物馆藏砚》，第97页）	端石	长18.8 宽12.3 高2.5	5a. 结邻砚（图3.8E）	砚面：卷云现圆月（砚池） 砚背：铭文	左侧：顾二娘造（隶书）	砚面：结邻 砚背：许良臣铭；印：石泉
广东民间工艺博物馆	端石	长12.8 宽11 高1.9	5b. 顾二娘制款、黄任铭砚	砚面：卷云现圆月 砚背：水中泛舟山水小景；水岸布峭石曲松	砚背：吴门顾二娘制（行楷书）	左侧：方印"十砚老人"方印"黄任珍藏"右侧：得少佳趣；黄绢幼妇
参考：上海博物馆（《惟砚作田》，第92—93页）	端石	长18.2 宽14.7 高3.2	5c. 赤壁图砚	砚面：卷云现圆月 砚背：苏轼游赤壁图	右侧铭款"汝奇作"无顾氏款，但以谢汝奇及黄任连结	左侧：方印"环翠楼"（黄任在姬岩的书房，在他永泰的祖屋附近）

6.　菌砚样

单位：cm　216

藏地与资料出处	砚材	尺寸	作品名	设计	铭款	其他铭文
北京故宫博物院（《文房四宝·纸砚》，第 93 页）	端石	长 15 宽 8 高 1.9	6a. 菌砚 （图 4.15）	砚面：新月形砚池和菌褶 砚背：伞盖和柄	砚面：吴门顾二娘制（篆书）	无
参考：朱翼盦旧藏（《萧山朱氏藏砚选》，第 101—102 页）	端溪仔石	长 10.8 宽 7.4	6b. 菌砚	砚面：新月形砚池和菌褶 砚背：伞盖和菌柄	砚面：吴门顾二娘造（篆书）	无

7.　莲叶样

单位：cm

藏地与资料出处	砚材	尺寸	作品名	设计	铭款	其他铭文
南京博物院(《中国文房四宝》，第 131 页）	端石	长 14 宽 8.1 高 1.9	7a. 顾二娘砚	砚面：荷叶卷边 砚背：莲叶其余部分，中心有叶柄	砚背：二娘（篆书）	无

附录 3　福州赏砚圈成员

1.　核心成员

姓名（按姓氏拼音排列）	生平履历	与其他藏家的家族关系	与其他藏家的非家族关系	与手工艺人的关系	《砚史》长林山庄本藏砚数目
陈德泉（1683—1755）名治滋；福建侯官人	1713年进士；翰林学士；任编修；执事；御史；奉天府知府（《砚史》首图本，卷8，第12b—14b页）	林佶的外甥	林正青的挚友；常居光禄坊；与何焯在武英殿共事三年	顾二娘的赞助人/主顾	1
黄任（1683—1768）字于莘；号莘田；自号十砚翁；福建永福人	1702年举人；1720年筑十砚斋；1724—1727年任广东四会知县；1726年管辖扩展至高要；1731年返回福州；1738—1740年在广东	许均的表兄	林佶的书法学生；常居光禄坊	顾二娘的赞助人/主顾；杨洞一在广东的赞助人；在黄岗村曾雇女琢砚工	38
林佶（1660—约1725）字吉人；号鹿原；福建侯官人	1699年举人；1706年武英殿抄书；1712年授进士；内阁中书；1723年入狱；后释放并辞官	林逊（立轩）之子；林侗之弟；林正青、在衡（湘云）、涪云、泾云的父亲；谢古梅的舅舅	余甸的挚友；常居光禄坊	顾二娘的赞助人/主顾	25
林涪云（约1690—1752）名在峩；号轮川；福建侯官人	1717—1724年在北京；1739—1743年在北京；1745—1752年在北京	林佶的第三子；育有三子：林兆显、林皖、林畅		顾二娘的赞助人/主顾	27
林泾云名玉衡；福建侯官人		林佶的第四子			0

续表

姓名（按姓氏拼音排列）	生平履历	与其他藏家的家族关系	与其他藏家的非家族关系	与手工艺人的关系	《砚史》长林山庄本藏砚数目
林渭云（1736年卒）名在华；自号北陇惰农；福建侯官人	监生	林佶兄长林侗之子；泾云、涪云和正青的堂兄	曾与谢古梅在志局共事		1
林正青（1680—1755之后）字洙云；号苍巘；福建侯官人	1706年福州鳌峰书院讲学；刑部山西司学习行走；1724年至广东探访黄任；两淮盐政盐场大使（从七品）；1732年辞官，返回福州	林佶的长子；育有二子：林牲、林曔；孙子：林琮	陈德泉、谢古梅和游绍安的挚友		27
谢古梅（1691—1741）名道承；字又绍；福建侯官人	1719年与黄任观汉唐碑拓；1721年进士；1728—1737年任《福建通志》总纂；1738年授内阁学士（从二品），兼礼部侍郎（《砚史》，首图本，卷1，第6a页；卷3，第2a页；卷5，第4a页；卷8，第10b、28a页；《三坊七巷志》，第350页）	林佶的外甥（母亲是林佶的姐姐）	林正青的挚友；与游绍安和周绍龙赴考；约1726年曾与许均在京师共事三年；常居光禄坊		1
许均（1687—1730）字叔调；号雪邨；福建侯官人	1718年进士；任职翰林院；礼部郎中（从五品）（《砚史》，首图本，卷4，第1b—3a页；卷4，第2b、3a—b页）	许遇的儿子；黄任的外弟；林佶女婿	约1726年曾与谢古梅在京师共事三年；常居光禄坊	1719年与杨洞一在北京出游（同行另有游绍安与林涪云）	6
游绍安（1682—1756仍在世）字性门；号心水；福建福清人	1723年进士；1725年至端州探访黄任；南安府知府	许均的姐夫（第一任妻是许遇女儿、许均姐姐）	林正青的挚友；与谢古梅、周绍龙一同赴考；常居光禄坊	杨洞一的挚友	2

219

续表

姓名（按姓氏拼音排列）	生平履历	与其他藏家的家族关系	与其他藏家的非家族关系	与手工艺人的关系	《砚史》长林山庄本藏砚数目
余甸（1733年卒）字田生、仲敏；福建福清人	1706年进士；四川江津知县；任职吏部；山东按察使（正三品）；顺天府府丞		林佶朋友；黄任朋友	顾二娘的赞助人 / 主顾；请友人薛若辉为一枚溜川石砚"开池磨面"（《砚史》，首图本，卷2，第13a—b页）	82
周绍龙（1734年仍在世）字允乾；又号瑞峰；福建福清人	1723年进士；1727年四川监察御史；山西巡察（从二品）；顺天府府丞，任内卒		与谢古梅和游绍安一同赴考；常居光禄坊		9

2.　次级成员

220

姓名（按姓氏拼音排列）	生平履历	与其他藏家的关系	与手工艺人的关系
陈兆仑（1700—1771）字星斋；号句山；浙江钱塘人	1730年进士；1731—1734年，福建志局，知县；1735年，中书舍人（正三品）；1736年，举博学鸿词，授翰林检讨（从七品）；1754年，顺天府府尹；1767年，太仆寺卿（从三品）	1731—1734年，与谢古梅在福州共事；黄任、林涪云的友人	1731—1734年，在福州结识董沧门
李馥（1666—1749）字汝嘉；号鹿山；福建福清人	1684年举人；1722年，浙江巡抚；1724年，解除官职；1724—1725年入狱	福州人；是林、黄二家的邻居（黄巷的居业堂）	1724年在董沧门绘《行乐图》上题跋；据陈兆仑，他经常光顾顾二娘
李云龙（1710—1761）字玉和；号霖邨；福建侯官人	1754年，贵州平远知府	黄任友人；长女嫁给了林涪云的三子；1754年左右在北京探望陈兆仑	
翁萝轩（1647—1728）名嵩年，字康贻；自号学易老人；浙江仁和人	1688年进士；官翰林；任广东提学	林佶、许遇、黄任的友人	

续表

姓名（按姓氏拼音排列）	生平履历	与其他藏家的关系	与手工艺人的关系
赵国麟（1673—1751）字仁圃、拙庵、青雪；自号跧道人；山东泰安人	1706 年进士；1727—1729 年任福建布政使；1730—1734 年福建巡抚（从二品）；1734—1738 年安徽巡抚；1738 年刑部尚书；礼部尚书兼领国子监（从一品）；1739 年，文渊阁大学士（一品）；1742 年解除官职；1743 年返回家乡泰安；1750 年赐官衔	谢古梅、林涪云的恩主；编辑余甸的作品集《余京兆集》	
朱景英字幼芝；号研北；湖南武陵人	1753 年入闽，知福建宁德县，与黄任认识，成为诗友	涪云儿子林皖的友人	

221　## 3. 边缘成员

类别	成员
3A.砚铭收录于《砚史》长林山庄本的友人	陈奕禧、阿金、蓝涟、齐召南、颜肇维、刘慈、许良臣、沈廷芳、陈朝础、余文仪及其他
3B. 和应黄任十八首诗并收录《砚史》长林山庄本的友人	周长发、林兴泗、郑方坤、周天度、周正思、郑念荣、何崇、陆天锡、凌镐、章鹤侪（连同核心及次级成员）
3C.其贺诗收录《砚史》长林山庄本的友人	赵荣木、李果、陈世倌、傅王露、钱陈群、徐葆光、于振、李旭、胡宝琭、李相宜、宋楠、庄有恭、方杭、李重华、刘统勋、田志勤、张鹏翀、陆桂森、李时宪、汤大绅、吴应枚、陈浩、查开、孔兴挥、查祥、张炜、姚培根、周经、袁枚、张甄陶、沈大成、叶观国、钱大昕、钱载及其他
3D. 其题赞收录《砚史》长林山庄本的友人	方苞、雷鋐、庄亨阳、周景柱、金农、高凤翰、邵泰、廖鸿章、沈德潜、王孝咏及其他

附录 4　林涪云编辑《砚史》的版本史

1.　撰者与编辑者

《砚史》大体包含林佶、余甸、黄任及其他福州藏砚圈核心成员所撰的砚铭。林佶的第三子涪云将之汇编成一册，在此过程中，向其长兄正青及弟弟泾云征询过不少意见。涪云的三个儿子兆显、皖、畅则帮忙整理和誊写（《凡例》，载《砚史》，长林山庄本，第 2a 页）。涪云去世以后，林皖很可能补充了新序和题诗。奇怪的是，林佶的二子湘云几乎没怎么参与过。

2.　版本流变

《砚史》因其不稳定性，版本流变复杂且疑窦丛生：在编辑过程中，若涪云（及其儿子们）找到新的砚铭，或是获得新赞跋，都会将之收录文中。这些赞文陈陈相因，形式常因循更早者。该书显然在清朝未曾刊刻出版；不同抄本或节本会同时在不同地区流传。[2] 涪云获得时人读者的反馈后会做出反应，书的体例和结构随之发生巨大变化。

林涪云虽然长期收集砚铭，编辑该书要到其父亲林佶去世（约 1725 年）后才真正开始。涪云也开始将先父撰的砚铭补镌在对应的砚上。大约同时，余甸在 1731 年辞官返回福州，黄任从广东返乡。三人时常一起观摩各自收藏的端砚，由此余氏也会撰铭，林氏最后刻砚。涪云在解释编著该册的缘起时说："有是风气相尚，以案头（有）无片石为雅俗，且不得京兆之铭，不为宝贵。"他接着说："余乃集诸家之砚，拓其铭词，集为砚史。"[3]

林涪云通过抄写和 / 或摹拓砚铭，制成拓本，在雍正十一年（1733）秋天

2　余文仪为 1746 年版本（《砚史》长林山庄本）所撰的序暗示该书很快被刊刻，但没有相关证据。

3　林涪云：《后序》，载《砚史》，首图本，卷 10，第 14a—b 页。

集成该书的首版，为它取名"陶舫砚铭"。砚铭集装成八簿册，包含约一百首砚铭，以及黄任和余甸应和（很可能即是他在1734年向陈兆仑出示的诗）的题诗（两组各有十八首）。他将一本集册寄给人在京师的弟弟林泾云。泾云重新定名为"砚史"，写了一篇赞跋，应和黄氏十八首诗。涪云的长兄正青当时也在北京，亲自写了一篇序和一组诗。自此以后，砚铭册就开始在北京传播。同年冬天，当正青离京，赴淮安的盐政任新职时，随行带了一本砚铭册。

雍正十三年（1735），林泾云返回福州时，涪云收录砚铭已倍增至两百首，分订成四册。四年后（乾隆四年，1739）的六月二十二日，涪云北上京师途中，在临清的码头巧遇哥哥，二人已阔别十二年。他们共观一册砚史集，但不清楚是谁带的（《砚史》，首图本，卷8，第17a页）。1740年代初，规模更大的四册本至少以《陶舫砚铭》（长林山庄本，卷9，第21a页）和《陶舫砚史》（长林山庄本，卷10，第1a页）这两个名字在北京流传。随着涪云系统性地邀名人和前长老们题写赞跋，整个圈子不断扩大。涪云记道："至癸丑（1733）始有成书。"（《范例》，载《砚史》，长林山庄本，第2a页）

零散证据表明《砚史》在集册初期带有插图，可能是拓自砚台的墨拓。[4]不过现存诸本都没有附图。

3. 现有版本

版本A

我未能找到雍正十一年（1733）本。现存最早《砚史》稿本藏于北京的首都图书馆；哥伦比亚大学的东亚图书馆（C. V. Starr East Asian Library）藏有同书微卷。书中称之为"《砚史》，首图本"，包含有十卷。明确最晚日期

---

[4] 周学健赋于1736年的诗尤为明显："不用摩挲见后知，但看铭拓便惊奇。"（首图本，卷8，第33b页；另参长林山庄本，卷8，第16a页）周长发提到"铁笔"的紧致密栗，也暗示他能从铭册中欣赏到刀工（首图本，卷8，第44a页；长林山庄本未收录）。另见李旭的"拓积两百余"的表述（首图本，卷9，第5a页；长林山庄本，卷9，第4b页）和方载谷指出林涪云"镌勒出自己手拓而辑装潢成帙，名曰砚史"（首图本，卷10，第1a页；长林山庄本未收录）。这些描述在长林山庄本多未收录，表明晚期流通的版本已不再附有墨拓。

是乾隆十一年（1746）。这套乾隆抄本直至最近才被仔细检视。文中数点手书 225
编辑痕迹，表明这很可能是林涪云及其儿子手上未定稿本之一。钤有"翼盦家
藏"藏书印，显示它曾为民国藏书大家朱翼盦（1882—1937）所藏。根据朱
氏手写的页眉批注（卷7，第3a页），他似另藏有《砚史》原本，但后者的下
落则不得而知。[5]

稿本原无标页码。木书所引的页数是作者后加。

版本 B（宝山楼本）

藏于上海图书馆民国时期的手抄稿本（索书号：线普 579635-36），属
1935 年吴县潘氏宝山楼藏书。该抄本与长林山庄本虽然体例和规格不同，内
容大致相同。

版本 C（长林山庄本）

此为上海图书馆藏的乾隆手抄本（索书号：线普 T798129-32）；哥伦比亚
大学东亚图书馆藏有微卷。书中记为"《砚史》，长林山庄本"。其中两页钤有
"长林山庄"印，表明其为林家所有。长林山庄是林佶打算在福州郊外北山的
林氏祖坟附近修建的别墅，最终未能遂愿。目录下角钤有"先人清芬"一印。

长林山庄本包含人手编辑痕迹，似乎是为日后定本而不断修改的稿本。例
如，卷8第6b页有一处调换顺序符号，以及卷7第4a页的一处有名字删抹
（参看《砚史》，首图本，卷7，第3b页）。虽是手抄本，但中间跨页版心的
"砚史"二字应是版刻。

该本同样包含十卷，要比首图本晚近，前有一篇乾隆四十年（1775）的

5　朱氏在 1934 年 4 月 24 日留有两条眉批及行间批注。在第一条，他指出黄任的守默砚"今归予有"
（首图本，卷3，第4b页）。在第二条中，他指出另一宣德下岩砚"今归寒斋"。他再指出此砚上刻有
四字，因手民误植而未收录于《砚史》："林氏原本必（并）不为此"（首图本，卷7，第3a页）。朱氏
在 1934 年从侯官（福州）的林佶后人购入一批砚台，很可能同时买下《砚史》首图本（及其原本，若
有的话）。此宣德砚，连同其余八方砚台，后由朱翼盦的儿子捐给承德避暑山庄博物馆（朱传荣：《萧
山朱氏藏砚选》，第 5、183—184 页）。守默砚拓本，见第 68—70 页；宣德砚拓本，见第 71—73 页。

序。当时涪云已卒，故很可能是出自其子林皖之手，由他向任按察使的恩主余文仪（1687—约1782）出示该书，请他作序。皖也补入先父生平，提到他是乾隆十七年（1752）在苏州去世的（长林山庄本，卷6，第6b—7a页）。长林山庄本录有首图本所未见的题诗和赞跋（长林山庄本，卷9，第21a—22a页；卷9，第25a—29b页；卷10，第6a—7b页），这同样是经他编辑过的证据。其中祝德麟等人可确定是林皖同时代的友人（长林山庄本，卷9，第27b页）。

该版本传播范围要比首图本更广，现存20世纪所有本子都以其为底本。

原书无标页码，本书所引页数均为作者所加。

版本 D

226

福建省图书馆藏有一民国手抄本（索书号：852.9），是以版本C（长林山庄本）或其延伸版本为底本。

其余未检视版本

上海图书馆藏1942年抄本（索书号：线普长414911），我在2009年因梅雨未能获得批准目验，而它在2012年报称佚失。另收入《说砚》的当代铅字印本（基于长林山庄本），是现今中国学者最常援引的版本。

4. 首图本的结构

林正青雍正十一年（1733）序

林佶、余甸、许均、周绍龙、谢古梅、黄任（均由游绍安撰）各人生平，作于乾隆七年（1742）

目录

卷一：林立轩（逊）、林佶所撰砚铭

卷二：余甸（所撰砚铭）

卷三：黄任（所撰砚铭）

卷四：许均、林涪云（所撰砚铭）

卷五：周绍龙、谢古梅（所撰砚铭）；后附陈德泉、游绍安（所撰砚铭）

卷六：林正青、林涪云（所撰砚铭）

卷七：宋、元、明、本朝各砚铭

卷八：题册后诗（黄任、余甸发起及其他人应和组诗十八首，均七言绝句）

卷九：题册后诗（古今诗体）

卷十：赋词记题跋

书中林氏先父在前（卷一），林氏儿孙最后（卷六），其余人居中（卷二至五）的结构方式，表明砚铭册是以林家为核心。这在随后版本有所改变。

5.　长林山庄本的结构

余文仪（林涪云的儿子林㿝的赞助人）乾隆四十年（1775）撰序

黄之隽（林正青的友人）乾隆十一年撰序

林正青雍正十一年（1733）砚史小引（较首图本短）

林涪云雍正十一年序（编自首图本）

凡例（未见于首图本）　　　　　　　　　　　　　　　　　　　227

目录

卷一：砚铭：同里名家 —— 余甸

卷二：砚铭：同里名家 —— 黄任

卷三：砚铭：同里名家 —— 陈德泉、许均、谢古梅、周绍龙、游绍安

卷四：砚铭：家藏 —— 先公林立轩、林佶

卷五：砚铭：家藏 —— 林渭云、林正青（附孙林琼）

卷六：砚铭：家藏 —— 林涪云（附三子）

卷七：砚铭：汇录古砚及诸名人砚铭 —— 宋、元、明、清

卷八：题后诗（黄任、余甸发起及其他人应和组诗十八首，均七言绝句）

卷九：题后诗（古今诗体）

卷十：题后跋

新次序以余甸开头，林家父子为末（卷四至六），表明该书是以福州圈子为核心。

参考文献

Aiura Shizui 相浦紫瑞. *Tankeiken* 端溪砚. Tokyo: Mokujisha, 1965.

Anderson, Christy, Anne Dunlop, and Pamela H. Smith, eds. *The Matter of Art: Materials, Practices, Cultural Logics, c. 1250-1750*. Manchester: Manchester University Press, 2014.

Appadurai, Arjun, ed. *The Social Life of Things*: *Commodities in Cultural Perspective*. New York: Cambridge University Press, 1988.

Bai, Qianshen. *Fu Shan's World: The Transformation of Chinese Calligraphy in the Seventeenth Century*. Cambridge, MA: Harvard University Asia Center, 2003.

Bai Lifan 白黎璠. "Zhu Yizun jiqi yanming kaolue" 朱彝尊及其砚铭考略. In *Tianjin Bowuguan luncong*, 2011 天津博物馆论丛, 200-205. Tianjin: Tianjin renmin, 2012.

Barbieri-Low, Anthony J. *Artisans in Early Imperial China*. Seattle: University of Washington Press, 2007.

Beijing tushuguan 北京图书馆, ed. *Linfeng Huangshi jiapu* 麟峰黄氏家谱. In *Beijing tushuguancang jiapu congkan: Min Yue (Qiaoxiang) juan* 北京图书馆藏家谱丛刊：闽粤（侨乡）卷, vol. 4. Beijing: Beijing tushuguan, 2000.

Berliner, Nancy. *The Emperor's Private Garden: Treasures from the Forbidden City*. New Haven: Yale University Press, 2010.

——. *Yin Yu Tang: The Architecture and Daily Life of a Chinese House*. North Clarendon, VT: Tuttle, 2003.

Bickford, Maggie. *Bones of Jade, Soul of Ice: The Flowering Plum in Chinese*

Art. New Haven: Yale University Art Gallery, 1985.

——. "Emperor Huizong and the Aesthetic of Agency." *Archives of Asian Art* 53 (2002-2003): 71-104.

Bol, Peter K. *"This Culture of Ours": Intellectual Transition in Tang and Song China.* Stanford: Stanford University Press, 1992.

Bossler, Beverly. *Courtesans, Concubines, and the Cult of Female Fidelity: Gender and Social Change in China, 1000-1400.* Cambridge, MA: Harvard University Asia Center and Harvard University Press, 2012.

Bray, Francesca. "Toward a Critical History of Non-Western Technology." In *China and Historical Capitalism: Genealogies of Sinological Knowledge,* edited by Timothy Brook and Gregory Blue, 158-209. Cambridge: Cambridge University Press, 1999.

Brokaw, Cynthia J. *Commerce and Culture: The Sibao Book Trade in the Qing and Republican Periods.* Cambridge, MA: Harvard University Asia Center, 2007.

Brook, Timothy. *The Confusions of Pleasure: Commerce and Culture in Ming China.* Berkeley: University of California Press, 1998.

Burkus-Chasson, Anne. *Through a Forest of Chancellors: Fugitive Histories in Liu Yuan's Lingyan ge, an Illustrated Book from Seventeenth-Century Suzhou.* Cambridge, MA: Harvard University Asia Center, 2010.

Cai Hongru 蔡鸿茹. *Zhonghua guyan yibaijiang* 中华古砚一百讲. Tianjin: Baihua wenyi, 2007.

Cao Ganyuan 曹淦源. "'Zangyao' ciyang shejizhe Liu Yuan sanlun" "臧窑" 瓷样设计者——刘源散论. *Jingdezhen taoci* 景德镇陶瓷 2, no. 2 (1992): 31-33.

Cao Rong 曹溶. *Yanlu* 砚录. In *Congshu jicheng chubian* 丛书集成初编, vol. 1498. Beijing: Zhonghua, 1991.

Cao Zhao 曹昭 and Wang Zuo 王佐. *Gegu yaolun* 格古要论. Beijing: Jincheng, 2012.

Chang Jianhua 常建华. "Gu Erniang." In *Biographical Dictionary of Chinese Women: The Qing Period, 1644-1911*, edited by Lily Xiao Hong Lee, A. D. Stefanowska, and Clara Wing-chung Ho, 47-48. Armonk: M. E. Sharpe, 1998.

——. "Kangxi zhizuo, shangci Songhua shiyan kao" 康熙制作、赏赐松花石砚考. *Gugong Bowuyuan yuankan* 故宫博物院院刊 160 (Mar. 2012): 6-20.

Chen, Kaijun. "The Rise of Technocratic Culture in High-Qing China: A Case Study of Bondservant (Booi) Tang Ying (1682-1756)." PhD diss., Columbia University, 2014.

Chen Guodong 陈国栋. "Kangxi xiaochen Yangxindian zongjianzao Zhao Chang shengping xiaokao" 康熙小臣养心殿总监造赵昌生平小考. In *Sheng Qing shehui yu Yangzhou yanjiu* 盛清社会与扬州研究, edited by Feng Mingzhu 冯明珠, 269-310. Taipei: Yuanliu, 2011.

——. "Wuyingdian zongjianzao Heshiheng: Wei Kangxi huangdi zhaogu xiyangren de Neiwufu chengyuan zhier" 武英殿总监造赫世亨：为康熙皇帝照顾西洋人的内务府成员之二. *Gugong wenwu yuekan* 故宫文物月刊 334 (Nov. 2011): 50-57.

Chen Qingyuan 陈庆元. "Mingdai zuojia Xu Bo shengzu nian xiangkao" 明代作家徐𤊽生卒年详考. *Wenxue yichan* 文学遗产, no. 2 (2011): 108-116.

——. "Xu Bo xuba buyi kaozheng" 徐𤊽序跋补遗考证. *Wenxian* 文献, no. 3 (July 2009): 79-84.

Chen Yu 陈羽. *Duanyan minsu kao* 端砚民俗考. Beijing: Wenwu, 2010.

Chen Zhaolun 陈兆仑. *Zizhu shanfang shiwenji* 紫竹山房诗文集. N.p., n.d. [between 1783-1795]. Copy in the C.V. Starr Library, Columbia University.

Cheng Zhangcan 程章灿. *Shike kegong yanjiu* 石刻刻工研究. Shanghai: Shanghai guji, 2008.

Clifford, Helen. *Silver in London: The Parker and Wakelin Partnership, 1760-1776*. New Haven: Yale University Press, 2004.

Clunas, Craig. *Empire of Great Brightness: Visual and Material Cultures of Ming China*. London: Reaktion, 2007.

——. *Superfluous Things: Material Culture and Social Status in Early Modern China*. Cambridge: Polity, 1991.

Crossley, Pamela Kyle. *Translucent Mirror: History and Identity in Qing Imperial Ideology*. Berkeley: University of California Press, 1999.

Davis, Natalie Zemon. *The Gift in Sixteenth-Century France*. Madison: University of Wisconsin Press, 2000.

Deng Zhicheng 邓之诚. *Gudong suoji quanbian* 骨董琐记全编. Beijing: Beijing, 1996.

Dong Jianzhong 董建中. "Qing Qianlongchao wanggong dachen jingong wenti chutan" 清乾隆朝王公大臣进贡问题初探. *Qingshi yanjiu* 清史研究 2 (1996): 40-50, 66.

Du Jiaji 杜家骥. *Baqi yu Qingchao zhengzhi lungao* 八旗与清朝政治论稿. Beijing: Renmin, 2008.

——. "Qingdai baqi nupuzhi kaoxi" 清代八旗奴仆制考析. *Nankai shixue* 南开史学, no. 1 (1991): 134-148.

Duanyan daguan bianxiezu 端砚大观编写组. *Duanyan daguan* 端砚大观. Beijing: Hongqi, 2005.

Ebrey, Patricia Buckley. *Accumulating Culture: The Collections of Emperor Huizong*. Seattle: University of Washington Press, 2008.

Egan, Ronald. "Ou-yang Hsiu and Su Shih on Calligraphy." *Harvard Journal of Asiatic Studies* 49, no. 2 (Dec. 1989): 365-419.

Eliade, Mircea. *The Forge and the Crucible*. Translated by Stephen Corrin. London: Rider & Company, 1962.

Elliott, Mark C. *The Manchu Way: The Eight Banners and Ethnic Identity in Late Imperial China*. Stanford: Stanford University Press, 2001.

Elman, Benjamin A. *From Philosophy to Philology: Intellectual and Social*

Aspects of Change in Late Imperial China. Cambridge, MA: Council on East Asian Studies, Harvard University, 1990.

Eyferth, Jacob. *Eating Rice from Bamboo Roots: A Social History of a Community of Handicraft Papermakers in Rural Sichuan, 1920-2000*. Cambridge, MA: Harvard University Press, 2009.

Feng Mingzhu 冯明珠, ed. *Yongzheng: Qing shizong wenwu dazhan* 雍正：清世宗文物大展. Taipei: National Palace Museum, 2009.

Folsom, Kenneth E. *Friends, Guests, and Colleagues: The Mu-fu System in the Late Ch'ing Period*. Berkeley: University of California Press, 1968.

Furth, Charlotte. "Physician as Philosopher of the Way: Zhu Zhenheng (1282-1358)." *Harvard Journal of Asiatic Studies* 66, no. 2 (Dec. 2006): 423-459.

Fuzhoushi difangzhi bianzuan weiyuanhui 福州市地方志编纂委员会, ed. *Sanfang qixiang zhi* 三坊七巷志. Fuzhou: Haichao shying yishu, 2009.

Gao Fenghan 高凤翰. *Yanshi* 砚史. Ink rubbings in the collection of Wang Xiang of Xiushui 秀水王相收藏勒石拓本. 1852. Harvard-Yenching Library.

———. *Yanshi jianshi* 砚史笺释. Copied and recurved by Wang Xiang 王相重摹. Annotated by Tian Tao 田涛 and Cui Shichi 崔士箎. Beijing: Sanlian, 2011.

Gao Meiqing [Kao Mayching] 高美庆, ed. *Zishi ningying: Lidai Duanyan yishu* 紫石凝英：历代端砚艺术. Hong Kong: Art Gallery, Chinese University of Hong Kong, 1991.

Gao Zhao 高兆. *Duanxi yanshi kao* 端溪砚石考. In *Meishu congshu* 美术丛书, edited by Huang Binhong 黄宾虹 and Deng Shi 邓实, 1:416-418. Nanjing: Jiangsu guji, 1997.

Guangdongsheng zhiliang jishu jianduju 广东省质量技术监督局. *Guangdongsheng difang biaozhun: Duanyan* 广东省地方标准：端砚. DB 44/T 306-2006. N.p., n.d. [2006].

Guangling shushe 广陵书社, ed. *Zhongguo lidai kaogong dian* 中国历代考工典,

4 vols. Nanjing: Jiangsu guji, 2003.

Gugong Bowuyuan 故宫博物院 and Bolin Mapu xuehui kexueshi suo 柏林马普学会科学史所, eds. *Gongting yu difang: Shiqi zhi shiba shiji de jishu jiaoliu* 宫廷与地方：十七至十八世纪的技术交流. Beijing: Zijincheng, 2010.

Gugong Bowuyuan lidai yishuguan 故宫博物院历代艺术馆, ed. *Gugong Bowuyuan lidai yishuguan chenliepin tumu* 故宫博物院历代艺术馆陈列品图目. Beijing: Wenwu, 1991.

Han Yu 韩愈. "Maoying zhuan" 毛颖传. In *Changli xiansheng ji* 昌黎先生集, 36.1b-5a. Suzhou: Jiangsu shuju, 1869-1870.

Harrist, Robert E., Jr. *The Landscape of Words: Stone Inscriptions from Early and Medieval China*. Seattle: University of Washington Press, 2008.

Hay, John. "The Persistent Dragon (Lung)." In *The Power of Culture: Studies in Chinese Cultural History*, edited by Willard J. Peterson, Andrew Plaks, and Ying-shih Yu, 119-149. Hong Kong: Chinese University Press, 1994.

Hay, Jonathan. "The Diachronics of Early Qing Visual and Material Culture." In *The Qing Formation in World-Historical Time*, edited by Lynn Struve, 303-334. Cambridge, MA: Harvard University Press, 2004.

——. *Sensuous Surfaces: The Decorative Object in Early Modern China*. London: Reaktion, 2009.

Hayes, James. "Specialists and Written Materials in the Village World." In *Popular Culture in Late Imperial China*, edited by David Johnson, Andrew J. Nathan, and Evelyn Rawski, 75-111. Berkeley: University of California Press, 1985.

He, Yanchiuan. "The Materiality of Style and Culture of Calligraphy in the Northern Song Dynasty (960-1127)." PhD diss., Boston University, 2013.

He Chuanyao 何传瑶. *Baoyantang yanbian* 宝砚堂砚辨. Zhaoqing: Baoyantang, 1837 [new blocks]. Collection of the C.V. Starr Library, Columbia

University.

He Wei 何薳. *Chunzhu jiwen* 春渚纪闻. In *Xuejin taoyuan* 学津讨源, 15 *ji*. Shanghai: Hanfen Lou, 1922.

He Yuan 何元 et al. *Chongxiu Gaoyao xianzhi* 重修高要县志. N.p., 1826.

Ho, Ping-ti. *The Ladder of Success in Imperial China: Aspects of Social Mobility, 1368-1911*. New York: Columbia University Press, 1962.

Howell, Martha C. *Commerce before Capitalism in Europe, 1300–1600*. Cambridge: Cambridge University Press, 2010.

Hu Zhongtai 胡中泰. *Longwei yan* 龙尾砚. Nanchang: Jiangxi jiaoyu, 2001.

——. *Zhongguo shiyan gaikuang* 中国石砚概况. Wuhan: Hubei meishu, 2005.

Huang, I-fen. "Gender, Technical Innovation, and Gu Family Embroidery in Late-Ming Shanghai." *East Asian Science, Technology and Medicine* 36 (2012): 77-129.

Huang Hui 黄惠, comp. *Linfeng Huangshi jiapu* 麟峰黄氏家谱. N.p., 1793.

Huang Ren 黄任. *Huang Ren ji, wai sizhong* 黄任集·外四种. Annotated by Chen Mingshi 陈名实 and Huang Xi 黄曦. Beijing: Fangzhi, 2011.

——. *Qiujiang ji* 秋江集. In *Siku quanshu cunmu congshu* 四库全书存目丛书, jibu 集部 vol. 262. Taipei: Zhuangyan wenhua shiye youxian gongsi, 1997. Facsimile of a Qianlong edition [1756] in the Jilin University Library.

——. *Qiujiang jizhu* 秋江集注. Annotated by Wang Yuanlin 王元麟. N.p.: Dong-shan jiashu keben 东山家塾刻本, 1843. Copy in the Library of Congress.

——. *Xiangcaozhai shizhu* 香草斋诗注. Annotated by Chen Yingkui 陈应魁. Yo-ngyang: Gongwo cangban 赣窝藏版, 1814. Copy in the Fujian Provincial Library.

Huang Shutiao 黄淑窕. *Mo'anlou shicao* 墨庵楼试草. In *Huang Ren ji* 黄任集, 324-349. Beijing: Fangzhi, 2011.

Huang Shuwan 黄淑畹. *Qichuang yushi* 绮窗余事. In *Huang Ren ji* 黄任集, 351-387. Beijing: Fangzhi, 2011.

——. *Xiangcaojian waiji* 香草笺外集 . Xiamen: Xinmin shushe, 1930.

Huang Xintian xiansheng guyan tu 黄莘田先生古砚图 . N.p., n.d. Collection of the Harvard-Yenching Library.

Huang Yunpeng 黄云鹏 . "Wumen zhuoyan mingjia Gu Erniang" 吴门琢砚名家 顾二娘 . *Suzhou wenshi ziliao xuanji* 苏州文史资料选辑 28 (2003): 101-103.

Huang Zhongjian 黄中坚 . *Xuzhai erji* 蓄斋二集 . N.p., 1765. Reprint, in *Siku weishoushu jikan* 四库未收书辑刊 , edited by Siku weishoushu jikan bianzuan weiyuanhui 四库未收书辑刊编纂委员会 , series 8, 27:317-458. Beijing: Beijing, 2000.

Huang Zhijun 黄之隽 , Zhao Hong'en 赵弘恩 et al. *Qianlong Jiangnan tongzhi* 乾隆江南通志 . 1737. Reprint, Yangzhou: Guangling shushe, 2010.

Hymes, Robert. "Not Quite Gentlemen? Doctors in Sung and Yuan." *Chinese Science* 8 (1987): 9-76.

Ingold, Tim. *Perceptions of the Environment: Essays on Livelihood, Dwelling and Skill*. London: Routledge, 2011.

Ji Nan 计楠 . *Shiyin yantan* 石隐砚谈 . In *Meishu congshu* 美术丛书 , edited by Huang Binhong 黄宾虹 and Deng Shi 邓实 , 2:1767-1770. Nanjing: Jiangsu guji, 1997.

Ji Ruoxin [Chi Jo-hsin] 嵇若昕 . "Cong Huojidang kan Yong-Qian liangchao de neiting yishu guwen" 从活计档看雍乾两朝的内廷器物艺术顾问 . *Dongwu lishi xuebao* 东吴历史学报 16 (Dec. 2006): 53-105.

——. "Ji yijian Kangxi chao boliqi de zuigao chengjiu" 记一件康熙朝玻璃器的 最高成就 . In *Sheng Qing shehui yu Yangzhou yanjiu* 盛清社会与扬州研究 , edited by Feng Mingzhu 冯明珠 , 421-438. Taipei: Yuanliu, 2011.

——, ed. *Jiangxin yu xiangong: Ming-Qing diaoke zhan (xiangya xijiao pian)* 匠心与仙工：明清雕刻展（象牙犀角篇）. Taipei: National Palace Museum, 2009.

——, ed. *Jiangxin yu xiangong: Ming-Qing diaoke zhan (zhumu guohe pian)* 匠

心与仙工：明清雕刻展（竹木果核篇）. Taipei: National Palace Museum, 2009.

——. "Qianlong chao Neiwufu Zaobanchu nanjiang xinzi jiqi xiangguan wenti yanjiu" 乾隆朝内务府造办处南匠薪资及其相关问题研究. In *Qingshi lunji, shang* 清史论集（上）, edited by Chen Jiexian 陈捷先, Cheng Chongde 成崇德, and Li Jixiang 季纪祥, 519-575. Beijing: Renmin, 2006.

——. "Qianlong shiqi de Ruyiguan" 乾隆时期的如意馆. *Gugong xueshu jikan* 故宫学术季刊 23, no. 3 (Spring 2006): 127-150.

——. "Qing qianqi Zaobanchu de Jiangnan gongjiang" 清前期造办处的江南工匠. Paper presented at the international conference on Efflorescence: Life and Culture in Ming-Qing Jiangnan 过眼繁华：明清江南的生活与文化, Academia Sinica, Taipei, Taiwan, Dec. 18-20, 2003.

——. *Shuangxi wenwu suibi* 双溪文物随笔. Taipei: National Palace Museum, 2011.

——. "Songdai shu'an shang de wenfang yongju" 宋代书案上的文房用具. *Gugong xueshu jikan* 故宫学术季刊 29, no. 1 (Autumn 2011): 49-80.

——. "Tang Song shiqi jixingyan, fengziyan, chaoshouyan jiqi xiangguan wenti zhi yanjiu" 唐宋时期箕形砚、风字砚、抄手砚及其相关问题之研究. *Gugong xueshu jikan* 故宫学术季刊 18, no. 4 (2001): 17-61.

——. "Yongzheng huangdi yuci Songhua shiyan" 雍正皇帝御赐松花石砚. *Gugong wenwu yuekan* 故宫文物月刊, no. 318 (Sept. 2009): 42-51.

Ji Yun 纪昀. *Yuewei caotang yanpu* 阅微草堂砚谱. Yangzhou: Guangling shushe, 1999. Facsimile of Minguo (1912-1949) edition.

Jiangxisheng Bowuguan 江西省博物馆, comp. *Jiangxisheng Bowuguan wenwu jinghua* 江西省博物馆文物精华. Beijing: Wenwu, 2006.

Jin Nong 金农. *Dongxinzhai yanming* 冬心斋砚铭. In *Jinxiang xiaopin* 巾箱小品, Jin Nong et al. Huayun xuan 华韵轩. n.d. [prefaced 1750]. Chinese Academy of Sciences Library.

Jing Rizhen 景日畛. *Yankeng shu* 砚坑述. N.p., n.d.

Kangxi 康熙. *Shengzu Renhuangdi yuzhi wenji* 圣祖仁皇帝御制文集. SKQS.

Kitabatake Sōji 北畠双耳 and Kitabatake Gotei 北畠五鼎. *Chūgoku kenzai shūsei* 中国砚材集成. Tokyo: Akiyama shoten, 1981.

Kleutghen, Kristina. *Imperial Illusions: Crossing Pictorial Boundaries in the Qing Palaces*. Seattle: University of Washington Press, 2015.

Ko, Dorothy. "Between the Boudoir and the Global Market: Shen Shou, Embroidery and Modernity at the Turn of the Twentieth Century." In *Looking Modern: East Asian Visual Culture from the Treaty Ports to World War II*, edited by Jennifer Purtle and Hans Thomsen, 38-61. Chicago: Center for the Arts of East Asia, University of Chicago and Art Media Resources, 2009.

——. "The Body as Attire: The Shifting Meanings of Footbinding in Seventeenth-Century China." *Journal of Women's History* 8, no. 4 (Winter 1997): 8-27.

——. *Cinderella's Sisters: A Revisionist History of Footbinding*. Berkeley: University of California Press, 2005.

——. "Pursuing Talent and Virtue: Education and Women's Culture in Seventeenth- and Eighteenth-Century China." *Late Imperial China* 13, no. 1 (June 1992): 9-39.

——. "R. H. Van Gulik, Mi Fu, and Connoisseurship of Chinese Art." *Hanxue yanjiu* 汉学研究 30, no. 2 (June 2012): 265-296.

——. *Teachers of the Inner Chambers: Women and Culture in Seventeenth-Century China*. Stanford: Stanford University Press, 1994.

Lai Hui-min 赖惠敏. "Guaren haohuo: Qianlong di yu Suzhou fanhua" 寡人好货：乾隆帝与苏州繁华. *Zhongyang yanjiuyuan Jindaishi yanjiusuo jikan* "中央研究院" 近代史研究所集刊, 50 (Dec. 2005): 185-233.

——. *Qianlong huangdi de hebao* 乾隆皇帝的荷包. Taipei: Institute of Modern

History, Academia Sinica, 2014.

——. "Qianlongchao Neiwufu de dangpu yu fashang shengxi" 乾隆朝内务府的当铺与发商生息. *Zhongyang yanjiuyuan Jindaishi yanjiusuo jikan* "中央研究院"近代史研究所集刊 28 (Dec. 1997): 133-175.

——. "Qianlongchao Neiwufu de pihuo maimai yu jingcheng shishang" 乾隆朝内务府的皮货买卖与京城时尚. *Gugong xueshu jikan* 故宫学术季刊 21, no. 1 (Autumn 2003): 101-134.

——. "Qing Qianlongchao de shuiguan yu huangshi caizheng" 清乾隆朝的税关与皇室财政. *Zhongyang yanjiuyuan Jindaishi yanjiusuo jikan* "中央研究院"近代史研究所集刊 46 (Dec. 2004): 53-103.

Latour, Bruno. *Laboratory Life: The Construction of Scientific Facts*. Princeton: Princeton University Press, 1986.

Ledderose, Lothar. *Mi Fu and the Classical Tradition of Chinese Calligraphy*. Princeton: Princeton University Press, 1979.

Lefebvre, Eric. "The Conservation and Mounting of Chinese Paintings Viewed by the Connoisseur in the Age of Evidential Scholarship: The Case of Ruan Yuan (1764-1849)." Paper presented at the conference on the Making of Chinese Paintings: 700 to the Present, Victoria and Albert Museum, London, Dec. 5-6, 2013.

Leitch, Alison. "Materiality of Marble: Explorations in the Artistic Life of Stone." *Thesis Eleven* 103, no. 1 (2010): 65-77.

Li, Guotong. "Imagining History and the State: Fujian *Guixiu* (Genteel Ladies) at Home and on the Road." In *Inner Quarters and Beyond: Women Writers from Ming through Qing*, edited by Grace S. Fong and Ellen Widmer, 313-338. Leiden: Brill, 2010.

Li, Wai-yee. "The Collector, the Connoisseur, and Late-Ming Sensitivity." *T'oung Pao*, second series, 81, nos. 4/5 (1995): 269-302.

Li Fu 李馥. *Juyetang shigao xu* 居业堂诗稿续. Facsimile reprint of unpublished manuscript in *Qingdai shiwenji huibian* 清代诗文集汇编, vol. 219. Shanghai: Shanghai guji, n.d.

Li Huiyi [Li Wai-yee] 李惠仪. "Shibian yu wanwu: luelun Qingchu wenren de shenmei fengshang" 世变与玩物：略论清初文人的审美风尚. *Zhongguo wenzhe yanjiu jikan* 中国文哲研究集刊 33 (Sept. 2008): 35-76.

Li Mingwan 李铭皖, Feng Guifen 冯桂芬 et al. *Suzhou fuzhi* 苏州府志. 1883. Reprint, Taipei: Chengwen chubanshe, 1970.

Li Rihua 李日华. *Weishuixuan riji* 味水轩日记. Liushi Jiayetang, n.d.

Li Zhaoluo 李兆洛. *Duanxi yankeng ji* 端溪砚坑记. In *Meishu congshu* 美术丛书, edited by Huang Binhong 黄宾虹 and Deng Shi 邓实, 1:82–85. Nanjing: Jiangsu guji, 1997.

Li Zhizhong 李致忠. *Lidai keshu kao shu* 历代刻书考述. Chengdu: Bashu shushe, 1989.

Liang Zhangju 梁章钜. *Langji congtan* 浪迹丛谈. Beijing: Zhonghua, 1981.

——, ed. *Minchuan guixiu shihua* 闽川闺秀诗话. N.p., 1849.

Lin, Yeqiang [Peter Y. K. Lam] 林业强. "Cangu yunxin: Liu Yuan sheji ciyang kao" 参古运新：刘源设计瓷样考. In *Gugong Bowuyuan bashi huadan gutaoci guoji xueshu yantaohui lunwenji* 故宫博物院八十华诞古陶瓷国际学术研讨会论文集, 11-24. Beijing: Zijincheng, 2007.

Lin Fuyun 林涪云, comp. *Yanshi* 砚史. Manuscript in the Capital Library, Beijing [*Yanshi* A].

——. *Yanshi* 砚史. Formerly in the collection of Panshi Baoshan Lou, 1935 [*Yanshi* B].

——. *Yanshi* 砚史. Manuscript in the Shanghai Library [*Yanshi* C].

Lin Ji 林佶. *Puxuezhai shigao* 朴学斋诗稿. *Siku quanshu cunmu congshu* 四库全书存目丛书, *jibu* 集部, vol. 262. Tainan: Zhuangyan wenhua shiye youxian gongsi, 1997.

——. *Puxuezhai xiaoji* 朴学斋小记. N.p., n.d. Manuscript in the Fujian Provincial Library.

——. *Puxuezhai wenji* 朴学斋文集. Fujian: Lishuizhuang, 1825 reprint of 1744 edition.

Lin Liyue 林丽月. "Daya jianghuan: Cong 'Su-yang' fushi kan wan-Ming de xiaofei wenhua" 大雅将还：从"苏样"服饰看晚明的消费文化. In *Ming-Qing yilai Jiangnan shehui yu wenhua lunji* 明清以来江南社会与文化论集, edited by Xiong Yuezhi 熊月之 and Xiong Bingzhen 熊秉真, 213-224. Shanghai: Shanghai shehui kexue, 2004.

Lin Qianliang 林乾良. *Fujian yinren zhuan* 福建印人传. Fuzhou: Fujian meishu, 2006.

Lin Wanli 林万里. *Shengchunhong shi jinshi shuji* 生春红室金石述记. Taipei: Xuehai, 1977.

Lin Zhengqing 林正青. "Shiyanxuan ji" 十砚轩记. In Xie Zhangting 谢章铤, *Baifan zalu* 稗贩杂录, in *Duqishanzhuang ji* 赌棋山庄集.

Linfeng Huangshi shuhua ji 麟峰黄氏书画集. *Linfeng Huangshi yiwen* 麟峰黄氏艺文, vol. 2. Fujian: Linfeng shuyuan, n.d. [preface 2010].

Linfeng Huangshi xianxian ji 麟峰黄氏先贤集. *Linfeng Huangshi yiwen* 麟峰黄氏艺文, vol. 1. Fujian: Linfeng shuyuan, n.d. [preface 2010].

Liu, Lydia H. *The Clash of Empires: The Invention of China in Modern World Making*. Cambridge, MA: Harvard University Press, 2004.

Liu, Lydia H., Rebecca Karl, and Dorothy Ko, eds. *The Birth of Chinese Feminism: Essential Texts in Transnational Theory*. New York: Columbia University Press, 2013.

Liu Donghai 刘东海 and Wang Zhiming 王志明. "Yongzheng ruhe qianghua Zhongyang jiquan: yi Yongzheng chao Fujian de liangcang zhili yu lizhi wei li" 雍正如何强化中央集权：以雍正朝福建粮仓治理与吏治为例. *Tansuo yu zhengming* 探索与争鸣, no. 9 (2008): 77-80.

Liu Tingji 刘廷玑. *Zaiyuan zazhi* 在园杂志. Shanghai: Shenbaoguan, n.d.

Liu Wen 刘文 , ed. *Zhongguo gongyi meishu dashi: Li Keng* 中国工艺美术大师：黎铿 . Nanjing: Jiangsu meishu, 2011.

Liu Yanling 刘演良 . *Duanxi mingyan* 端溪名砚 . Guangzhou: Guangdong renmin, 1979.

———. *Duanyan de jianbie he xinshang* 端砚的鉴别和欣赏 . Wuhan: Hubei meishu, 2002.

———. *Duanyan quanshu* 端砚全书 . Hong Kong: Eight Dragons Publishing, 1994.

Lu Fusheng 卢辅圣 , ed. *Zhongguo shuhua quanshu* 中国书画全书 . Shanghai: Shanghai shuhua, 2009.

Luo Yang 罗扬 . "Xiqing yanpu yu Songhua shiyan" 西清砚谱与松花石砚 . *Shoucangjia* 收藏家 12 (2006): 19-22.

Lynn, Richard John. *The Classic of Changes: A New Translation of the* I Ching *as Interpreted by Wang Bi*. New York: Columbia University Press, 1994.

Ma, Ya-chen. "Picturing Suzhou: Visual Politics in the Making of Cityscapes in Eighteenth-Century China." PhD diss., Stanford University, 2007.

Ma Tai-loi 马泰来 . "Hongyu lou tiba shize" 红雨楼题跋十则 . *Wenxian* 文献 , no. 3 (July 2005): 29-38.

McNair, Amy. *The Upright Brush: Yan Zhenqing's Calligraphy and Song Literati Politics*. Honolulu: University of Hawai'i Press, 1998.

Mi Fu 米芾 . *Yanshi* 砚史 . In *Congshu jicheng chubian* 丛书集成初编 , vol. 1497. Beijing: Zhonghua shuju, 1985.

Miles, Steven B. *The Sea of Learning: Mobility and Identity in Nineteenth-Century Guangzhou*. Cambridge, MA: Harvard University Asia Center and Harvard University Press, 2006.

Miller, Peter N., and François Louis, eds. *Antiquarianism and Intellectual Life in Europe and China, 1500-1800*. Ann Arbor: University of Michigan Press, 2012.

Mukerji, Chandra. *Impossible Engineering: Technology and Territoriality on the*

Canal du Midi. Princeton: Princeton University Press, 2009.

Nalan Chang'an 纳兰常安. *Huanyou biji* 宦游笔记. Taipei: Guangwen shuju reprint, n.d.

Naquin, Susan. *Peking: Temples and City Life, 1400-1900*. Berkeley: University of California Press, 2001.

Ni Qinghua 倪清华. "Guji xieyang dajia Lin Ji yu Xie Xi" 占籍写样大家林佶与谢曦. *Dongfang shoucang* 东方收藏, no. 9 (2012): 80-81.

Peng Zeyi 彭泽益. *Zhongguo jindai shougongyeshi ziliao (1840-1949)* 中国近代手工业史资料. Beijing: Sanlian, 1957.

Qi Meiqin 祁美琴. *Qingdai Neiwufu* 清代内务府. Shenyang: Liaoning minzu, 2009.

Qian Chaoding 钱朝鼎. *Shuikeng shiji* 水坑石记. In *Meishu congshu* 美术丛书, edited by Huang Binhong 黄宾虹 and Deng Shi 邓实, 3:2472. Nanjing: Jiangsu guji, 1997.

Qiu Pengsheng [Chiu Peng-sheng] 邱澎生. "Shiba shiji Suzhou mianbuye de gongzi jiufen yu gongzuo guixun" 十八世纪苏州棉布业的工资纠纷与工作规训. In *Jiangnan shehui lishi pinglun* 江南社会历史评论, edited by Tang Lixing 唐力行, 3:239-270. Beijing: Shangwu, 2011.

Qu Dajun 屈大均. *Guangdong xinyu* 广东新语. Hong Kong: Zhonghua, 1974.

Rawski, Evelyn S. *The Last Emperors: A Social History of Qing Institutions*. Berkeley: University of California Press, 2001.

Reitlinger, Gerald. *The Economics of Taste: The Rise and Fall of the Objetd'Art Market Since 1750*. New York: Holt, Rinehart and Winston, 1963.

——. *The Economics of Taste: The Rise and Fall of the Picture Market, 1760-1960*. New York: Holt, Rinehart and Winston, 1963.

Roberts, Lissa, Simon Schaffer, and Peter Dear, eds. *The Mindful Hand: Inquiry and Invention from the Late Renaissance to Early Industrialisation*. Amsterdam: Koninklijke Nederlandse Akademie van Weterschappen, 2007.

Ruan Kuisheng 阮葵生 . *Chayu kehua* 茶余客话 . Taipei: Shijie shuju, 1963.

Ruitenbeek, Klaus. *Discarding the Brush: Gao Qipei（1660-1734）and the Art of Chinese Finger Painting*. Chicago: Art Media Resources, 1992.

Sage, Steven F. *Ancient Sichuan and the Unification of China*. Albany: State University of New York Press, 1992.

Schäfer, Dagmar. *The Crafting of the 10,000 Things: Knowledge and Technology in Seventeenth-Century China*. Chicago: University of Chicago Press, 2011.

——, ed. *Cultures of Knowledge: Technology in Chinese History*. Leiden: Brill, 2012.

Sennett, Richard. *The Craftsman*. New Haven: Yale University Press, 2009.

Shanghai Bowuguan 上海博物馆 , ed. *Haishang jinxiu: Guxiu zhenpin teji* 海上锦绣：顾绣珍品特集 . Shanghai: Shanghai guji, 2007.

——. *Guxiu guoji xueshu yantaohui lunwenji* 顾绣国际学术研讨会论文集 . Shanghai: Shanghai shuhua, 2010.

——. *Weiyan zuotian: Shanghai Bowuguan cangyan jingcui* 唯砚作田：上海博物馆藏砚精粹 . Shanghai: Shanghai shuhua, 2015.

Shen Hongmei 沈红梅 . *Xiang Yuanbian shuhua dianji shoucang yanjiu* 项元汴书画典籍收藏研究 . Beijing: Guojia tushuguan, 2012.

Shoudu Bowuguan 首都博物馆 , ed. *Shoudu Bowuguan cang mingyan* 首都博物馆藏名砚 . Beijing: Gongyi meishu, 1997.

Shuangqing cangyan 双清藏砚 (The Fine Chinese Inkstones: Collection of Steven Hung and Lindy Chern). Taipei: Guoli Lishi Bowuguan, 2001.

Sigaut, François. "Technology." In *Companion Encyclopedia of Anthropology*, edited by Tim Ingold, 420-459. Oxford: Taylor & Francis, 1994.

Skinner, G. William. "The Structure of Chinese History." *Journal of Asian Studies* 44, no. 2 (Feb. 1985): 271-292.

SKQS. *Siku quanshu* 四库全书 .

Smith, Pamela H. *The Body of the Artisan: Art and Experience in the Scientific*

Revolution. Chicago: University of Chicago Press, 2004.

Song Boyin 宋伯胤. "Cong Liu Yuan dao Tang Ying: Qingdai Kang, Yong, Qian guanyao ciqi zongshu" 从刘源到唐英——清代康、雍、乾官窑瓷器综述. In *Qingci cuizhen* 清瓷萃珍, edited by Peter Y. K. Lam 林业强, 9-42. Nanjing and Hong Kong: Nanjing Museum and the Art Gallery, Chinese University of Hong Kong, 1995.

Stewart, Susan. *On Longing: Narratives of the Miniature, the Gigantic, the Souvenir, the Collection*. Durham: Duke University Press, 1993.

Sturman, Peter Charles. *Mi Fu: Style and the Art of Calligraphy in Northern Song China*. New Haven: Yale University Press, 1999.

Su Yijian 苏易简. *Wenfang sipu* 文房四谱. SKQS.

Taibei Gugong Bowuyuan bianji weiyuanhui 台北故宫博物院编辑委员会, ed. *Xiqing yanpu guyan tezhan* 西清砚谱古砚特展. Taipei: National Palace Museum, 1997.

——. *Pinlie Duan She: Songhua shiyan tezhan* 品埒端歙：松花石砚特展. Taipei: National Palace Museum, 1993.

——. *Lanqian shanguan mingyan mulu* 兰千山馆名砚目录. Taipei: National Palace Museum, 1987.

Tan Wosen 谭沃森. *Qutan Duanyan* 趣谈端砚. Tianjin: Baihua wenyi, 2007.

Tang Ji 唐积. *Shezhou yanpu* 歙州砚谱. In *Congshu jicheng chubian* 丛书集成初编, vol. 1497. Beijing: Zhonghua shuju, 1985 [colophon 1066].

Tang Ying 唐英. *Tang Ying quanji* 唐英全集. Beijing: Xueyuan, 2008.

Tao Futing 陶凫亭 (Yuanzao 元藻). *Bo'ou shanfang ji* 泊鸥山房集. N.p.: Henghe Caotang cangban 衡河草堂藏版, n.d. [ca. 1753].

Thorp, Robert L., and Richard Ellis Vinograd. *Chinese Art and Culture*. Upper Saddle River, NJ: Pearson Prentice Hill, 2006.

Tianjin Bowuguan 天津博物馆, ed. *Tianjin Bowuguan cangyan* 天津博物馆藏砚. Beijing: Wenwu, 2012.

Tianjinshi Yishu Bowuguan 天津市艺术博物馆 , ed. *Tianjinshi Yishu Bowuguan cangyan* 天津市艺术博物馆藏砚 . Beijing: Wenwu, 1979.

Tianshui bingshanlu 天水冰山录 . In *Congshu jicheng chubian* 丛书集成初编 , edited by Wang Yunwu 王云五 , vols. 1502-1504. Shanghai: Shangwu, 1937.

Torbert, Preston M. *The Ch'ing Imperial Household Department: A Study of Its Organization and Principle Functions, 1662-1796.* Cambridge, MA: Council of East Asian Studies, Harvard University, 1977.

Turnbull, David. "Travelling Knowledge: Narratives, Assemblage, and Encounters." In *Instruments, Travel and Science: Itineraries of Precision from the Seventeenth to the Twentieth Century*, edited by Marie-Noëlle Bourguet, Christian Licoppe, and H. Otto Sibum, 273-294. London: Routledge, 2002.

Van Gulik, R. H. *Mi Fu on Inkstones*. Translated with an introduction and notes by R. H. van Gulik. Beijing: Henri Vetch, 1938.

——. *Scrapbook for Chinese Collectors, Shu-Hua-Shuo-Ling*. Translated with an introduction and notes by R. H. Van Gulik. Beirut: Imprimerie Catholique, 1958.

Wang Nianxiang 王念祥 and Zhang Shanwen 张善文 . *Zhongguo guyan pu* 中国古砚谱 . Beijing: Beijing Gongyi meishu, 2005.

Wang Shixiang 王世襄 . *Jinhui dui* 锦灰堆 , vols. 1-3. Beijing: Sanlian, 1999.

——. "Qingdai Wang Muzhai shidiao" 清代汪木斋石雕 . *Meishujia* 美术家 22 (1981): 56-59.

Wang Shizhen 王士禛 . *Xiangzu biji* 香祖笔记 . Shanghai: Shanghai guji, 1982.

Wang Wan 汪琬 . *Yaofeng wenchao* 尧峰文钞 . Edited and copied by Lin Ji 林佶 ; blocks carved by Cheng Jisheng 程际生 . N.p., 1693. Reprint, *Sibu congkan chubian suoben* 四部丛刊初编缩本 , vols. 355-356. Taipei: Shangwu, 1965.

Wang Yang 王洋 . "Yinshi Hejun muzhi" 隐士何君墓志 . *Dongmou ji* 东牟集 , 14. 9a-13b. SKQS.

Wu, Hung, ed. *Reinventing the Past: Archaism and Antiquarianism in Chinese Art and Visual Culture*. Chicago: Center for the Art of East Asia, University of Chicago and Art Media Resources, 2010.

Wu, Silas H. L. *Communication and Imperial Control in China: Evolution of the Palace Memorial System, 1693-1735*. Cambridge: Harvard University Press, 1970.

Wu, Yulian. "Tasteful Consumption: Huizhou Salt Merchants and Material Culture in Eighteenth-Century China." PhD diss., University of California, Davis, 2012.

Wu Chengming 吴承明. *Zhongguo ziben zhuyi yu guonei shichang* 中国资本主义与国内市场. Beijing: Zhongguo shehui kexue, 1985.

Wu Lanxiu 吴兰修. *Duanxi yanshi* 端溪砚史. In *Congshu jicheng chubian* 丛书集成初编. Beijing: Zhonghua, 1991.

Wu Ligu 吴笠谷. *Mingyan bian* 名砚辨. Beijing: Wenwu, 2012.

——. *Wanxiang yihong: Wu Ligu zhiyan, cangyan, ji shuhua yishu* 万相一泓：吴笠谷制砚、藏砚及书画艺术. Gwacheon-si: Chusa Museum, 2015.

——. *Yingyankao* 赝砚考. Beijing: Wenwu, 2010.

Wu Renshu [Wu Jen-shu] 巫仁恕. *Pinwei shehua: Wan Ming de xiaofei shehui yu shidafu* 品味奢华：晚明的消费社会与士大夫. Taipei: Academia Sinica and Lianjing, 2007.

——. *Youyou fangxiang: Ming-Qing Jiangnan chengshi de xiuxian xiaofei yu kongjian bianqian* 优游坊厢：明清江南城市的休闲消费与空间变迁. Taipei: Institute of Modern History, Academia Sinica, 2013.

Wu Shengnian 吴绳年. *Duanxi yanzhi* 端溪砚志. N.p., n.d. [1757].

Wu Zhaoqing 吴兆清. "Qing Neiwufu Huojidang" 清内务府活计档. *Wenwu* 文物 3 (1991): 89-96, 55.

——. "Qingdai Zaobanchu de jigou he jiangyi" 清代造办处的机构和匠役. *Lishi dang'an* 历史档案 4 (1991): 79-86, 89.

Wu Zhenyu 吴振棫. *Yangjizhai conglu* 养古斋丛录. N.p., n.d. [preface 1896].

Xia Dezheng 夏德政. "Pin lie Duan She Songhua shi" 品埒端歙松花石. *Diqiu* 地球 3 (2002): 19.

Xiao Feng 萧丰. *Qixing, wenshi yu wan-Ming shehui shenghuo* 器型、纹饰与晚明社会生活. Wuhan: Huazhong shifan daxue, 2010.

Xie Daocheng 谢道承 [Gumei 古梅]. *Xiaolangai shiji* 小兰陔诗集. N.p., Qianlong 38 (1773).

Xie Shiji 谢士骥 [Ruqi 汝奇]. *Chuncaotang shichao* 春草堂诗钞. N.p., Qianlong 42 (1777). Copy in the rare book room, Fujian Normal University Library.

Xu, Yinong. *The Chinese City in Space and Time: The Development of Urban Form in Suzhou*. Honolulu: University of Hawai'i Press, 2000.

Xu Kang 徐康. *Qianchen mengyinglu* 前尘梦影录. In *Meishu congshu* 美术丛书, edited by Huang Binhong 黄宾虹 and Deng Shi 邓实, 1:96-123. Nanjing: Jiangsu guji, 1997.

Xue Longchun 薛龙春. *Zheng Fu yanjiu* 郑蠥研究. Beijing: Rongbao zhai, 2007.

Yan Jiaxian 阎家宪. *Jiaxian cangyan* 家宪藏砚, *shang juan*. Beijing: Shijie zhishi, 2009.

——. *Jiaxian cangyan* 家宪藏砚, *xia juan*. Beijing: Shijie zhishi, 2010.

Yang Bin 杨宾. *Dapiao oubi* 大瓢偶笔. In *Zhongguo shuhua quanshu* 中国书画全书, edited by Lu Fusheng 卢辅圣, 12:317-370. Shanghai: Shanghai shuhua, 2009 [prefaced 1708].

Yang Qiqiao 杨启樵. "Huojidang baolu Qinggong mishi" 活计档暴露清宫秘史. *Qingshi yanjiu* 清史研究 3 (1997): 26-35.

Ye Yanlan 叶衍兰 and Ye Gongchuo 叶恭绰. *Qingdai xuezhe xiangzhuan heji* 清代学者象传合集. Shanghai: Shangwu, 1930.

Yi Picong 伊丕聪. *Wang Yuyang xiansheng nianpu* 王渔洋先生年谱. Jinan: Shandong daxue, 1989.

Yi Zongkui 易宗夔. *Xinshishuo* 新世说. Taipei: Mingwen, 1985.

Yin Runsheng 尹润生 . "Qingdai Neiwufu cang Liu Yuan mo" 清代内务府藏刘源墨 . *Zijincheng* 紫禁城 2 (2010): 86-87.

You Shao'an 游绍安 . *Hanyoutang shiwenji* 涵有堂诗文集 . In *Siku quanshu cunmu congshu* 四库全书存目丛书 , edited by Siku quanshu cunmu congshu bianzuan weiyuanhui 四库全书存目丛书编纂委员会 , *jibu* 集部 , 273:324-606. Jinan: Qilu shushe, 1997.

Yu Dian 余甸 . *Yu Jingzhao ji* 余京兆集 . Manuscript in the Fujian Provincial Library.

Yu Huai 余怀 . *Yanlin* 砚林 . In *Zhaodai congshu* 昭代丛书 , edited by Zhang Chao 张潮 , *jia* 42.1a-19a. N.p., n.d. [Qianlong era].

Yu Minzhong 于敏中 et al., eds. *Xiqing yanpu* 西清砚谱 . [Preface 1778], SKQS.

Yu Peijin [Yü Pei-chin] 余佩瑾 . "Tang Ying yu Yong-Qian zhiji guanyao de guanxi: Yi Qinggong falang caici de huizhi yu shaozao weili" 唐英与雍乾之际官窑的关系：以清宫珐琅彩瓷的绘制与烧造为例 . *Gugong xueshu jikan* 故宫学术季刊 24, no. 1 (Autumn 2006): 1-44.

Yu Yingshi 余英时 . "Zhongguo jinshi zongjiao lunli yu shangren jingshen" 中国近世宗教伦理与商人精神 . In *Shi yu Zhongguo wenhua* 士与中国文化 , 441-579. Shanghai: Shanghai Renmin, 1987.

Yuan Mei 袁枚 . *Suiyuan shihua* 随园诗话 . Beijing: Renmin wenxue, 1960.

Yue Shengyang 岳升阳 , Huang Zonghan 黄宗汉 , and Wei Quan 魏泉 . *Xuannan: Qingdai jingshi shiren jujuqu yanjiu* 宣南：清代京师士人聚居区研究 . Beijing: Beijing yanshan, 2012.

YXD. Zhu Jiajin 朱家溍 , comp. *Yangxindian Zaobanchu shiliao jilan, diyiji: Yongzheng chao* 养心殿造办处史料辑览·第一辑·雍正朝 . Beijing: Zijincheng, 2003.

ZBC. Zhongguo diyi lishi dang'anguan 中国第一历史档案馆 and Xianggang Zhongwen daxue wenwuguan 香港中文大学文物馆 , eds. *Qinggong Neiwufu Zaobanchu dang'an zonghui* 清宫内务府造办处档案总汇 . Beijing: Renmin, 2005.

Zeitlin, Judith. "The Petrified Heart: Obsession in Chinese Literature, Art and Medicine." *Late Imperial China* 12, no. 1 (June 1991): 1-26.

Zeng Xingren 曾兴仁. *Leshantang Yankao* 乐山堂砚考. Banxiang shuwu 瓣香书屋, 1837.

Zhang Bangji 张邦基. *Mozhuang manlu* 墨庄漫录. Beijing: Zhonghua, 2002.

Zhang Changhong 张长虹. *Pinjian yu jingying: Mingmo Qingchu Huishang yishu zanzhu yanjiu* 品鉴与经营：明末清初徽商艺术赞助研究. Beijing: Beijing daxue, 2010.

Zhang Liduan [Chang Li-tuan] 张丽端. "Cong Huojidang kan Qing Gaozong zhijie kongguan yuzhi qiyong de liangge jizhi" 从活计档看清高宗直接控管御制器用的两个机制. *Gugong xueshu jikan* 故宫学术季刊 24, no. 1 (Autumn 2006): 45-70.

Zhang Shufen 张淑芬, ed. *Wenfang sibao: Zhiyan* 文房四宝·纸砚. *Gugong bowuyuan cang wenwu zhenpin daxi* 故宫博物院藏文物珍品大系. Shanghai: Shiji and Hong Kong: Shangwu, 2005.

Zhang Zhongxing 张中行. "Gu Erniang" 顾二娘. In *Yuedanji* 月旦集, 277-283. Beijing: Jinji guanli, 1995.

Zheng Minde 郑民德. "Qingdai Zhili hedao zongdu jianzhi kaolun" 清代直隶河道总督建置考论. *Beijing huagong daxue xuebao shehui kexue ban* 北京化工大学学报（社会科学版）, no. 3 (2011): 76-80.

Zhongguo wenfang sibao quanji bianji weiyuanhui 中国文房四宝全集编辑委员会, ed. *Zhongguo wenfang sibao quanji* 中国文房四宝全集, vol. 2, Yan 砚. Beijing: Beijing, 2007.

Zhou Hui 周辉. *Qingbo zaji* 清波杂记. Beijing: Zhonghua, 1985.

Zhou Jiazhou 周嘉胄. *Zhuanghuang zhi* 装潢志. In *Meishu congshu* 美术丛书, edited by Huang Binhong 黄宾虹 and Deng Shi 邓实, 1: 77-82. Nanjing: Jiangsu guji, 1997.

Zhou Nanquan 周南泉 . "Qingchu nüzhuoyan gaoshou: Gu Erniang jiqi zhi Duanshi fangchi yan" 清初女琢砚高手：顾二娘及其制端石方池砚 . *Gugong wenwu yuekan* 故宫文物月刊 , no. 109 (Apr. 1992): 16-21.

Zhou Shaoliang 周绍良 . *Xumo xiaoyan* 蓄墨小言 . Beijing: Beijing yanshan, 2007.

Zhu Chuanrong 朱传荣 . *Xiaoshan Zhushi cangyan xuan* 萧山朱氏藏砚选 . Beijing: Sanlian, 2012.

Zhu Jiajin 朱家溍 . *Gugong tuishilu* 故宫退食录 . Beijing: Beijing, 2000.

Zhu Jingying 朱景英 . *Shejing tang wenji* 畬经堂文集 . In *Siku weishoushu jikan* 四库未收书辑刊 , edited by Siku weishoushu jikan bianzuan weiyuanhui 四库未收书辑刊编纂委员会 . Series 10, vol. 18. Beijing: Beijing, 2000.

Zhu Wanzhang 朱万章 . "Jin Nong shufa yishu ji *Xingkaishu yanmingce* qiantan" 金农书法艺术及《行楷书砚铭册》浅谈 . *Shoucangjie* 收藏界 , no. 135 (2013.3): 99-101.

Zhu Yuzhen 朱玉振 . *Duanxi yankeng zhi* 端溪砚坑志 . N.p., 1799.

他山之石，可以攻"砚"：读高彦颐《砚史》[*]

詹镇鹏　中山大学副教授

这篇文章结合英文原著与中译本，向读者介绍《砚史：清初社会的工匠与士人》（以下简称"高氏《砚史》"）的研究主旨与分章内容。[1]作者高彦颐（Dorothy Ko）教授现任职于哥伦比亚大学巴纳德学院（Barnard College, Columbia University）历史系。若对比其早期著作，会发现本书更像是这一位资深学者的转型之作。她在《闺塾师：明末清初江南的才女文化》与《缠足："金莲崇拜"盛极而衰的演变》中，结合社会史和性别史方法，通过细读文本，从女性的主体性出发，修正"五四"妇女史观对旧中国女性受压迫的脸谱化论述。[2]

近十多年来，作者的研究对象从女性的艺文才情与身体，转向女性匠人及其手艺，并曾在哥大开设"中国视觉和物质文化"（Visual and Material Cultures in China）研究生课程（p. ix。即原著第 ix 页，本书边码第 ix 部分。后同）。她一开始关注文人鉴赏文本，晚明至近代的苏绣、顾绣女红，研究对象与材料各不相同，对书写与性别的学术关怀仍一脉相承。[3]因此，高氏《砚

---

[*]　主体内容曾以书评形式发表在《新史学》（台北）第 29 卷第 3 期（2018 年 9 月），第 249—260 页。在旧文基础上做增删修订。

1　中译本简称"高氏《砚史》"，以便读者与米芾《砚史》、林家《砚史》相互区别。

2　Dorothy Ko, *Teachers of the Inner Chambers: Women and Culture in Seventeenth-Century China* (Stanford: Stanford University Press, 1995); *Cinderella's Sisters: A Revisionist History of Footbinding* (Berkeley: University of California Press, 2005); 中译本参见高彦颐著，李志生译：《闺塾师：明末清初江南的才女文化》（南京：江苏人民出版社，2005）；高彦颐著，苗延威译：《缠足："金莲崇拜"盛极而衰的演变》（新北：左岸文化，2007）。

3　Dorothy Ko, "Between the Boudoir and the Global Market: Shen Shou, Embroidery and Modernity at the Turn of the Twentieth Century," in Jennifer Purtle and Hans Bjarne Thomsen eds., *Looking Modern: East*

史》可以视作是其个人研究从文本转移至物质文化（material culture）的阶段性总结。[4] 诚如"致谢"和"导言"所说，正是本书的主人公，女琢砚家顾二娘独特而非凡的艺业，引发作者的兴趣去研究这门工艺，耗费多年才完成此书（p. ix、p. 5）。

中国文人的书画创作一向是艺术史的关注焦点，但与这类文艺活动息息相关的物质性工具与媒材（笔、墨、纸、砚等），却长期游离在学界视野之外。高氏《砚史》作为首部以文房砚台为研究对象的英文专著，将焦点放在康熙中期至雍正年间（1680 年代至 1735 年），对象单一却主旨宏大。如书中导言所强调，砚台除去研墨的基本功能外，兼具多重角色——父子、男性友人赠礼，用于题咏刻铭、家藏之物。通过鉴藏、题咏与书写，砚台被赋予"斯文"之意义，化作古代读书人的男性精英主体的物质象征。砚台的使用对象决定了它代表士人精英文化的象征，但其制作者，即工匠（craftsmen）或手工艺者（artisans），总是旁落于文字书写。作者基于《孟子》中的"四民"（士、农、工、商）社会格局，指出儒家传统千百年来贬低工匠的根深蒂固之观念，是工匠长期在文献记载中缺席的主因，这很大程度上阻碍了后人对该群体开展研究，并希望借此修正儒家传统"重道轻器"的刻板印象（p. 5）。基于上述动机，本书结合传世藏品和文献史料，探索处于不断革新的清初制砚业，并以顾二娘及其福州赞助人、同业作为核心个案，一窥当时的琢砚工艺与鉴藏市场的状况。

本书除了导言与结语，共分五章。第一章"紫禁城造办处：皇帝、包衣、匠役"（The Palace Workshop: The Emperor and His Servants）运用宫廷造办处活计档案，重构康熙、雍正二朝造办处砚作及其匠人活动。作者特别强调，康熙（1662—1722 年在位）、雍正（1723—1735 年在位）皇帝在内务府架构内设立、改造养心殿造办处，开创异于前代的物质文化，宣示满族统治文化。清

Asian Visual Culture from Treaty Ports to World War II (Chicago: Center for the Arts of East Asia, University of Chicago and Art Media Resources, 2009), pp. 38-61; "Epilogue: Textiles, Technology, and Gender in China," East Asian Science, Technology, and Medicine 36 (2012): 167-176; "R. H. Van Gulik, Mi Fu, and Connoisseurship of Chinese Art,"《汉学研究》第 30 卷第 2 期（2012），第 265—296 页。

4　详见高彦颐：《走出文本、转向品物：谈一个妇女性别史研究的新方向》，《近代中国妇女史研究》第 28 期（2016 年 12 月），"专号导论"。

朝"物质帝国"（material empire）具有唯物主义（materialist）的统治风格，为宫廷和地方之间的工艺和物质性互动奠定基础。松花石砚则是反映清初帝王吸收汉人精英文化和话语的一个典型。康熙帝在 1681 年平定三藩后，治国方略由武力征战转向文治，随后他在祭告祖陵期间于满洲地区"发现"松花石，将其塑造成新式砚材。松花石砚在康熙朝大量用于赏赐内阁翰林官员，在雍、乾二朝持续生产，成为一项具有清朝特色的工艺遗产。

　　作者使用"技术官僚文化"（Technocratic culture）一词，来形容内务府的包衣群体身上有别于常规行政文官的特质。[5] 管辖造办处的内务府作为皇帝的"私人衙门"，行政和财政分支繁多，而深受满人皇帝信赖的包衣，是该庞大的官僚机器的运作主体。作者指出，这些皇家（上三旗）包衣是皇帝的家仆，享有制度性权势，不同程度地去推动清代内廷的各项技术研发和工艺造作。本章引举了活跃于康熙朝的汉军旗人刘源，以他设计图样的龙德墨、龙光砚为范例，强调民间的艺匠对宫廷工艺的积极影响。清初，顺治帝废除匠户制度，从民间招募匠役在雍正朝成为惯例，为皇帝组织多种材质构建"内廷恭造之式"奠定基础。砚作方面，雍正帝承接康熙传统，重视松花石砚；雍正朝一大特点就是皇帝更重视包装，经常将匣盒与砚作统一设计。

　　唐代，广东肇庆的端石作为一种理想砚材已闻名全国。明代以降，肇庆城外的黄岗村民便以端石开采、加工为生计支柱。在第二章"肇庆黄岗：砚工"（Yellow Hill Villages: The Stonecutters），作者结合实地考察和文献解读，分别讨论开采端石的端州（今属肇庆）砚工和两类士人掌握的端石知识和主体塑造。作者归纳两类士人的不同写作动机和方式，解读颇为新颖。第一，以北宋苏易简（958—996 年）的《文房四谱》、米芾（1051—1107 年）的《砚史》为例子，介绍宋代赏砚文本的鼻祖，以及外省或中州士大夫的品砚视角。《文房四谱》的体例从属笔记传统，作者苏易简未曾亲自前往端州实地考察，故收

5　作者使用该词，受陈恺俊研究包衣唐英的博士论文启发。参见 Kaijun Chen, "The Rise of Technocratic Culture in High-Qing China: A Case Study of Bondservant (Booi) Tang Ying (1682-1756)" (PhD diss., Columbia University, 2014).

录的内容杂陈，缺乏系统性。作者认为米芾采取有别于前人的书写策略，强调"眼见为实"，如他自称"余所品谓目击自收经用者，闻虽多，不录以传疑"（p. 64）。[6] 第二，则是肇庆本土专家的书写，以何传瑶（活跃于 1820—1830 年）的《宝砚堂砚辨》为中心。该书用图文并茂的形式，为端州砚坑制定新的品第和分类体系。

第二章"肇庆黄岗：砚工"试图论证，砚工经亲身实践而积累的地方知识，是通过师徒之间世代相传，虽然与两类士人诉诸文字的知识表达方式差异很大，但同等重要。作者指出米芾和何传瑶这两类品鉴端坑、端砚的权威专家，各自掌握着书写的话语权；相较之下，那些冒着巨大风险而下坑采石的砚工虽掌握最核心的地方知识，并为士人提供第一手资料，却因自身无书写能力而被历史遗忘。

第三章"苏州：女工匠"（Suzhou: The Craft (wo) man），旨在重建顾二娘生平及其顾客群体。根据时人记载，顾家铺位于苏州阊门附近的专诸巷，主要由三代人经营：父亲顾德麟，儿子顾启明；这两位男性离世之后，遂由启明的妻子二娘（原姓邹）掌舵，并过继侄子顾公望，授以家传。作者搜集、重构顾二娘的生平耗费许多功夫，但成效有限。因此，福州士人的砚铭集《砚史》及私人文集，成为重组顾氏治砚及其消费网络的核心资料。砚铭是砚主用于题咏砚台的一类诗文体裁，用刀镌刻于砚台的背面、侧壁。铭文（包括实物、文集、拓片形式）常反映该砚的形制、纹饰题材、制作递藏等信息，功能犹如书画作品的题跋。

其他文献则鲜有顾氏的生平记载。敕制《古今图书集成》和官修《江南通志》描述顾家治砚时，偏重顾家父子一脉，身为女性的顾二娘的地位难以彰显。作者指出，不同于苏州时人黄中坚（1648—1717 年后）和朱象贤，福州士人大多是顾二娘的忠实主顾，不仅与二娘有私交关系，并且看重其过人技艺，对她的记载也更翔实可信。作者将林家《砚史》收录的明确出自顾二娘之手的砚，与传世实物比对，发现两个样本群之间难以匹配，表明带顾氏制作名

6　米芾：《砚史》（北京：中华书局，1985），第 7 页。

款的传世品暂时很难客观地定真赝。

　　第四章"从苏州至全国：顾二娘的超品牌"（Beyond Suzhou: Gu Erniang the Super-Brand）承接前章，结合传世实物和图像，分析传顾二娘制的砚样及其工艺特征。作者受到语义学的"超符号"（super-sign）概念的启发，发明出"超品牌"（super-brand）一词，来形容顾二娘在 18 世纪的名牌效应。[7] 作者解释说，超品牌不仅是指一种超级名牌，更是"异质文化间产生的意义链"（hetero-cultural signifying chain），横跨两个或更多媒材和地域的语义场（p. 123）。换句话说，顾二娘在清代市场上产生名牌效应，随后出现了多种跨地域、跨媒材的风格变体。她的作品经后人不断仿制，"原样"已经难以还原。作者在本章明确地指出，与其徒劳地寻找顾氏砚的"真迹"，倒不如转换角度，回答由此产生的新问题：这些砚若是出自同一人之手，如何解释它们在样式与品质上的巨大差异呢？

　　由此出发，第四章重点分析传顾二娘创造的几种砚样：杏花春燕图、凤砚、竹节砚。清人仿制是通过砚样、款识、铭文三种形式，将产品归入顾氏名下，以此提高身价。一些仿作除了加"顾二娘制"款，更会镌刻福州士人收藏的顾氏砚的砚铭。在仿制者未见过顾氏真迹的前提下，样式和铭款就会以讹传讹，不断衍变出新版本。

　　另外，本章通过将顾氏砚与男制砚家谢汝奇的云月砚、王岫君的山水砚做比较，大致归纳苏州、福州、广东制砚的地域风格和工艺手法。作者认为苏州砚流行用减地压印技法制造出如画效果，可能受苏绣、顾绣的针法表现影响；福州砚常见的镂空、高浮雕手法，则深受当地雕寿山石印的传统影响；广东砚

7　高氏引用前人研究，解释"超符号"是指甲方语言经翻译成为乙方语言的表述方式。它不是指个别词语，而是翻译在异质文化所引发的意义链。参见 Lydia H. Liu, Rebecca E. Karl, and Dorothy Ko eds., *The Birth of Chinese Feminism: Essential Texts in Transnational Theory* (New York: Columbia University Press, 2013), pp. 12-13. Lydia H. Liu, *The Clash of Empires: The Invention of China in Modern World Making* (Cambridge, MA: Harvard University Press, 2004), pp. 12-13. David Turnbull, "Travelling Knowledge: Narratives, Assemblage, and Encounters," in Marie-Noëlle Bourguet, Christian Licoppe, and H. Otto Sibum eds., *Instruments, Travel and Science: Itineraries of Precision from the Seventeenth to the Twentieth Century* (London: Routledge, 2002), p. 275。

工则融会贯通，发展出兼具宫廷与江南特色的制砚风格。文人话语对文房用具的研究影响甚深，而作者从实物出发的跨媒材比较，有助于规避文字偏见。

第五章"福州：藏砚家"（Fuzhou: The Collectors）承接第三章，以林家《砚史》为核心资料，详细分析顾氏福州主顾的收藏活动和社交圈。作者将《砚史》的贡献者分为三个梯次，核心成员包括林佶（1660—约1725年）、余甸（1655—1733年）、黄任（1683—1768年）等，次级成员由前者的亲属、友人组成，而边缘成员是曾为《砚史》撰写题跋的各式人等。《砚史》是收录诸家私藏的砚铭集，呈现他们的砚藏规模和"石交"情谊。作者认为米芾、何薳（1077—1145年）在内的宋人，虽已形成零散的私人砚藏，但彼时市场未成体系，砚台尚未转化成一种商品。直到清初，当代砚才真正成为一种独立的收藏门类，这不仅需要孕育成熟的消费市场去配合，更与制砚的工艺革新相互呼应。

作者在结语中提炼全书主旨，指出清初工匠和士人的身份认同已模糊并产生重叠。其中，福州藏砚家代表了清初"工匠型学者"（scholar-artisan）新士人团体：他们关注工艺知识，对匠人持有敬意，除工于书法，亦会亲自动手勒石、篆刻，收藏金石碑拓等古物。作者认为，"工匠型学者"与画家金农（1687—1763年）、高凤翰（1683—1749年）代表的"学者型工匠"（artisan-scholar）之间，两者差异在于福州士人并未放弃科举仕途与儒学，而金、高二人不仅无科举履历，更缺乏经营士人身份所需的社会身段、姿态（social posturing）与经济条件（pp. 199-200）。最后，作者以"文匠"（craft of wen）精神来形容福州士人身上展现的新学之风，更大胆猜想他们可能代表了乾嘉时期考据学思潮的一股先声潜流，或许对后者有一定推动作用。

高氏《砚史》的方法具有跨领域、多学科的特点，结合器物的制作技法与视觉分析，以及田野调查访谈和文献解读。作者多次前往北京、台北、天津、广东等地的公私收藏机构，亲自目验或上手逾百方砚台，对作品的真伪鉴定，及其形制、纹理的翔实描述，基本令人信服。

另外，本书亦不难见作者从工匠的主体出发，兼顾多方视角的用意。根据作者亲述，她曾在广东肇庆、福州、北京等地展开田野调查，更与当代制砚手工艺者、收藏家进行深入访谈。据实地调查发现，迟至晚明，肇庆黄岗的许多家庭将雕琢、打磨石砚的精细活交给妻女，而开采和切割原石、制盒、销售或批发业务则留给男性，形成独特的垂直整合家庭式产业（p. 49）。但是，全书着重于描述男性石工的开采、前期加工环节，以及其锻造工具、探矿、采石与维料制璞的知识[8]，鲜有提及女砚工（详见第二章）。我们或不禁会问，肇庆女砚工的产品在清代制砚市场处于什么地位？她们的技艺与经营手法与苏州顾二娘是否有可比性，又可否与后者互补呢？这些问题都有待作者或其他学者在未来做出回应。

文献史料方面，全书运用的材料分三类：第一，《内务府造办处各作成做活计清档》，采用中国第一历史档案馆全本、朱家溍选辑本相互对照。[9]第二，福州藏砚家核心成员的《砚史》，借此重构顾二娘作品与闽中士人圈的交际网。[10]第三，两宋和清代的鉴赏品砚文本，例如苏易简的《文房四谱》、米芾的《砚史》、何传瑶的《宝砚堂砚辨》。作者不轻信文献的谨慎态度，连同版本整理和细读文本的扎实功底，在此有着充分体现。作者针对稀见的林家《砚史》，在附录中整理出版本关系，在引注明示多种钞本在引言、后跋、诗文等处的增删和异同，根据多人题跋建构出整个闽中士人圈与全国各式人等的交际网（见附录3、4），便于读者理解和进一步利用，用力颇深。

值得一提的是，高氏《砚史》英文版遗留的一些文字讹误，在中译本已得到校正。但毋庸讳言，作者为古人旧物著书立说，得失均在所难免。作者在实物和文献两方面，均面对资料不足的挑战，其中缺乏确凿的顾氏砚真迹去重组其风格，最为遗憾。书中一些观点，包括顾氏父子和顾二娘的生平、作坊运作等细节，由于史料零散阙如，也难做进一步补充验证。然而，这种"巧妇难为

8　采石工从端坑矿洞中采凿出的原石，称之为"石料"，需要经过维料师傅的加工，结合熟练经验，透过观察石料表面的纹理走向，确定其质量及石品花纹，再用锤和凿子将可利用的"璞"从不可利用的废石中剥离出来。剩下的璞料才是用于琢砚的原料。

9　中国第一历史档案馆、香港中文大学文物馆合编：《清宫内务府造办处档案总汇》（北京：人民出版社，2005）；朱家溍：《养心殿造办处史料辑览》第1辑《雍正朝》（北京：紫禁城出版社，2003）。

10　福州藏砚家圈子核心成员的砚铭集《砚史》，由林涪云为首的林氏族人编辑，传世有多种稿本，至民国才刊刻出版。作者全书主要引用两种：首都图书馆藏清钞本（本书引作"首图本"）年代最早，上海图书馆藏乾隆钞本（本书引作"长林山庄本"）次之。该文本组织和版本分析，详见本书的附录4。

无米之炊"的研究困境，不恰好印证了工匠在古代中国地位普遍偏低、长期缺乏社会关注和文字书写的现象吗？！在此主题下，李安敦（Anthony Barbieri-Low）针对秦汉中国工匠的专书算是一个特例，后来更凭其别开生面而获得美国亚洲研究学会（AAS）"列文森奖"。[11]多数学者将焦点放在资料更丰富的明清宫廷与地方的男性名工。[12]本书讨论一位女性（顾二娘）如何从男性同行中脱颖而出，成为备受追捧的名工，作者显然希望借由女性制作与男性消费的独特互动，能够提供一种新角度。

　　本书的学术价值应透过物质文化研究做进一步观察。过去三十年，物质文化研究作为交叉学科（人类学、考古学、艺术史等）衍生的分支领域，注重"透物见人"。作者借用 Igor Kopytoff（1930—2013 年）物的商品化理论框架，去重组砚台历经制作、消费、收藏、修复再至散佚的一系列生命历程，展现它由单一功能（文房用具）转变为多重意涵（士人象征）的过程。[13]学界对晚明和盛清的艺术史、文化史研究已汗牛充栋，清前期因明清鼎革，相对乏善可陈，本书也有助于填补该缺环。[14]全书呈现不同地区的多组个案，看似零

11　Anthony Barbieri-Low, *Artisans in Early Imperial China* (Seattle: University of Washington Press, 2007).

12　例见嵇若昕：《清初嘉定竹人吴之璠及其作品研究》，《故宫学术季刊》8 卷 3 期（1991），第 59—104 页；《从嘉定朱氏论明末清初工匠地位之提升》，《故宫学术季刊》9 卷 3 期（1992），第 19—44 页；《十八世纪宫廷牙匠及其作品研究》，《故宫学术季刊》23 卷 1 期（2005 年秋），第 467—530 页；《从〈活计档〉看雍乾两朝的内廷器物艺术顾问》，《东吴历史学报》第 16 期（2006 年 12 月），第 53—105 页；《乾隆朝内务府造办处南匠薪资及其相关问题研究》，载陈捷先、成崇德、李纪祥编：《清史论集》（北京：人民出版社，2006），第 519—575 页。

13　Igor Kopytoff, "The Cultural Biography of Things: Commoditization as Process," in Arjun Appadurai ed., *The Social Life of Things: Commodities in Cultural Perspective* (Cambridge: Cambridge University Press, 1986), pp. 64-91.

14　晚明时期的物质文化研究，例见 Craig Clunas, *Superfluous Things: Material Culture and Social Status in Early Modern China* (Cambridge: Polity Press, 1991); *Picture and Visuality in Early Modern China* (London: Reaktion, 1997); *Empire of Great Brightness: Visual and Material Cultures of Ming China*, 1368-1644 (London: Reaktion, 2007)。乾隆朝为代表的盛清研究趋势及其转变，参见 Evelyn S. Rawski, "Re-imaging the Ch'ien-lung Emperor: A Survey of Recent Scholarship,"《故宫学术季刊》21 卷 1 期（2003 年秋），第 1—30 页。

散，实则由宏观至局部，结合层层递进之叙事，勾勒出一小片与众不同的社会网络。透过作者抽丝剥茧式的叙述，石砚的物质生命与各式小人物产生纠葛，折射出他们的一段生命史。书中就不乏这类"物"与"人"相交织的故事，如福州藏砚家们从童年就培养出深厚的"总角石交"情谊，以及黄任通过题咏亡妻旧藏的"生春红"砚来回顾夫妻间的点滴往事（详见第五章）。另一方面，作者也不忘提醒我们，顾二娘品牌神话在后世的形成，包括由袁枚（1716—1797）讹传出"顾氏小脚"能试砚石之优劣的荒诞逸闻（pp. 144-147），包裹着清人对女性的身体想象和形象塑造。这种刻板印象除了发生在顾二娘身上之外，也是当今后工业化社会消费文化的共通现象。因此，本书所展示的"物"与"人"之间的关系，也有助于我们去管窥物质世界与日常生活之间的古今之变。

作者引用艾尔曼（Benjamin A. Elman）的明清时期"理学向朴学"转型的思想史背景，将 18 世纪考据学思潮视为米芾《砚史》"实事求是"客观性的一种延伸。[15] 在这一点上，米芾《砚史》这部小书在北宋时期的代表性与影响力恐怕被夸大了，而作者也未将米芾《砚史》与同期涌现的其他金石谱录进行比较，分析它们在著录藏品上态度、方法的异同。无论是在北宋还是在清代，关注古器物学、金石学的两次思潮背后，一定程度上都掺杂政治因素。宋徽宗（1100—1126 在位）与在朝士大夫，以及乾嘉时期的阮元（1764—1849）、翁方纲（1733—1818）都利用政治资本扮演过重要推手。[16] 单凭一项个案研究，显然不足以回应如此宏大的思想史命题。不过，有别于学界对乾嘉时期的金石

15　Benjamin A. Elman, *From Philosophy to Philology: Intellectual and Social Aspects of Change in Late Imperial China* (Cambridge, MA: Council on East Asian Studies, Harvard University, 1990).

16　学者指出讨论宋古器物学的兴起及宋仿古铜器，是士大夫与朝廷相互激荡下，为"再现三代"（夏、商、周）所作的复古运动的物质表现及学术成果。参见陈芳妹：《追三代于鼎彝之间——从"考古"到"玩古"的转变》，《故宫学术季刊》第 23 卷第 1 期（2005 年秋），第 267—332 页；《青铜器与宋代文化史》（台北：台湾大学出版中心，2016）。Peter N. Miller and François Louis eds., *Antiquarianism and Intellectual Life in Europe and China, 1500-1800* (Ann Arbor: University of Michigan Press, 2012); Wu Hung ed., *Reinventing the Past: Archaism and Antiquarianism in Chinese Art and Visual Culture* (Chicago: Center for the Art of East Asia, University of Chicago and Art Media Resources, 2010).

学运动偏重社会上层精英为主体的"由上至下"的角度，作者借由物质文化研究，尝试提供另一种"由下至上"的观察角度。这是否能够为重探乾嘉学术思潮的庞杂源流提供新的启示？值得我们拭目以待。

译者后记

2017 年，我在香港中文大学攻读博士期间，第一时间拜读了高彦颐教授的《砚史》。之前读过高老师的早期著作《缠足》和《闺塾师》，与本人研究虽无直接关联，却顺藤摸瓜，了解到她近年转向物质文化研究，开始期待其新成果。关于中国文房用具的中英文出版物十分少见，而且多属于收藏鉴赏类的介绍性读物。难得有一本学术书，尝试从零碎的故纸堆与实物中，用朴实的语言勾勒出一枚砚与其相互纠葛的人物的历史轨迹。制作、购藏、题咏这些"物"背后的"人"，泰半湮没于历史中，却逐渐引起学者与业余读者的兴趣。《砚史》无太多的高深理论，行文紧凑简练，值得引入国内，与学界同好共飨。为此，我将此书连同其他中国艺术史的英文新著，向彼时仍任职于商务印书馆的肖帅帅编辑推荐。2017 年底，毛遂自荐而试译的章节经高老师过目，得到其肯定之后，我有幸参与翻译本书，才有这篇后记的诞生。

学术翻译与研究同理，皆强调"术业有专攻"。本人虽擅于明清艺术史与宫廷器物，仍需通过扩展阅读，进一步掌握相关知识，包括北宋至清代文人赏砚知识之发展，以及端砚的制作过程。翻译工作与博士研究时间上虽有重叠，但前者安排更随心自由。因此，翻译本书是论文研究写作之余，有效的放松调剂方式，全然不觉枯燥。全身心投入翻译初稿，花费大约三个月时间，在 2018 年春季完成。随后大半年就是逐字逐句的反复推敲。数不清多少次为了一个专业术语（包括开采端石与雕砚工序），爬梳大量参考文献；多少次为了衔接前后行文，琢磨半天才找到一个妥帖的句式表达。不知不觉之间，自我意识就会代入作者笔下的砚工行列，以笔代刀，在狭小的空间内（书桌）忘我地雕琢文字。在书中，高老师将清代匠人与士人，以及各自所擅长的技艺作类比，认为二者皆劳心劳力、不分贵贱，个人对此深表认同。

翻译本书初期，幸得高老师协助，提供原书使用的古籍善本（林家《砚史》、余甸《余京兆集》、谢士骥《春草堂诗钞》等），以便参照引文。完成书稿前后，一些细节需要通过邮件与作者反复沟通，均获及时答复，令问题迎刃而解。翻译是追循写作者思路的过程，从中可一窥高老师身为老练学者扎实的文献功底与严谨学风。2018年底提交书稿后，她更在繁重的教研与行政事务之余，细心地审阅、校对我的译文。《砚史》原书针对的是欧美汉学界与对中国文化感兴趣的英文读者，部分字词及行文需要根据中文读者的阅读习惯作相应调整。高老师显然意识到这点，对中文译稿的标题与内容进行一定的补充与修订，与英文版有所区别。

将译稿交给出版社之后，我与高老师持续关注着出版事宜，不时与编辑联系，询问进度。在这段时期，本人从港中大获得博士学位，在新职位继续从事中国艺术史及物质文化的教研工作，书稿就此搁置在文件夹。2019年12月，我前往北京之前，得知高老师正在北京大学高等人文研究院访学，遂主动约见。通过本书而结识的作者、译者，终于得以相聚！还记得当天北京的气温低至冰点，我们两人在未名湖畔的静园内彼此用粤语交谈，在一个小时内匆匆分享各自研究近况。合影留念时，身后充当背景的隶体墨书"无事忙"三个大字，亦算是彼时心境的一个写照吧。来年春季，我与高老师在中美两地居家避疫，彼此问候之余，共同的话题仍不离书稿，期盼它能早日问世。

《砚史》中文版的付梓问世，商务印书馆的编辑们及其他工作人员同样功不可没。在此，特别感谢责任编辑石斌的细心编校与辛勤付出，将书稿中的谬误之处减少至最低，并耐心面对我与高老师的不时催促。

詹镇鹏

辛丑孟秋于羊城

是为记

图书在版编目（CIP）数据

砚史：清初社会的工匠与士人 ／（美）高彦颐著；
詹镇鹏译. — 北京：商务印书馆，2022（2022.11重印）
ISBN 978-7-100-19612-3

Ⅰ. ①砚… Ⅱ. ①高… ②詹… Ⅲ. ①古砚—研究—中
国 Ⅳ. ①K875.44

中国版本图书馆CIP数据核字（2021）第045506号

砚史：清初社会的工匠与士人

〔美〕高彦颐　著

詹镇鹏　译

商 务 印 书 馆 出 版
（北京王府井大街36号　邮政编码100710）
商 务 印 书 馆 发 行
北京富诚彩色印刷有限公司印刷
ISBN 978-7-100-19612-3

2022年5月第1版　　开本 710×1000　1/16
2022年11月第2次印刷　印张 21 3/4

定价：158.00元